Qualitative Sozialforschung

Reihe herausgegeben von
Uwe Flick, Department of Psychology, Freie Universität Berlin, Berlin, Berlin, Deutschland
Beate Littig, Institut für Höhere Studien, Wien, Österreich
Christian Lueders, Abteilung Jugend und Jugendhilfe, Deutsches Jugendinstitut, München, Bayern, Deutschland
Angelika Poferl, Fakultät 12 Erziehungswissenschaft, PS, Technische Universität Dortmund, Dortmund, Nordrhein-Westfalen, Deutschland
Jo Reichertz, Essen, Deutschland

Die Reihe Qualitative Sozialforschung
Praktiken – Methodologien – Anwendungsfelder
In den letzten Jahren hat vor allem bei jüngeren Sozialforscherinnen und Sozialforschern das Interesse an der Arbeit mit qualitativen Methoden einen erstaunlichen Zuwachs erfahren. Zugleich sind die Methoden und Verfahrensweisen erheblich ausdifferenziert worden, so dass allgemein gehaltene Orientierungstexte kaum mehr in der Lage sind, über die unterschiedlichen Bereiche qualitativer Sozialforschung gleichermaßen fundiert zu informieren. Notwendig sind deshalb Einführungen von kompetenten, d. h. forschungspraktisch erfahrenen und zugleich methodologisch reflektierten Autorinnen und Autoren.

Mit der Reihe soll Sozialforscherinnen und Sozialforschern die Möglichkeit eröffnet werden, sich auf der Grundlage handlicher und überschaubarer Texte gezielt das für ihre eigene Forschungspraxis relevante Erfahrungs- und Hintergrundwissen über Verfahren, Probleme und Anwendungsfelder qualitativer Sozialforschung anzueignen.

Zwar werden auch grundlagentheoretische, methodologische und historische Hintergründe diskutiert und z. T. in eigenständigen Texten behandelt, im Vordergrund steht jedoch die Forschungspraxis mit ihren konkreten Arbeitsschritten im Bereich der Datenerhebung, der Auswertung, Interpretation und der Darstellung der Ergebnisse.

Weitere Bände in der Reihe http://www.springer.com/series/12481

Carsten G. Ullrich

Das Diskursive Interview
Methodische und methodologische Grundlagen

2. Auflage

Carsten G. Ullrich
Fakultät für Bildungswissenschaften
Universität Duisburg-Essen
Essen, Deutschland

Qualitative Sozialforschung
ISBN 978-3-658-27572-3   ISBN 978-3-658-27573-0 (eBook)
https://doi.org/10.1007/978-3-658-27573-0

Die Deutsche Nationalbibliothek verzeichnet diese Publikation in der Deutschen Nationalbibliografie; detaillierte bibliografische Daten sind im Internet über http://dnb.d-nb.de abrufbar.

© Springer Fachmedien Wiesbaden GmbH, ein Teil von Springer Nature 2019, 2020
Das Werk einschließlich aller seiner Teile ist urheberrechtlich geschützt. Jede Verwertung, die nicht ausdrücklich vom Urheberrechtsgesetz zugelassen ist, bedarf der vorherigen Zustimmung des Verlags. Das gilt insbesondere für Vervielfältigungen, Bearbeitungen, Übersetzungen, Mikroverfilmungen und die Einspeicherung und Verarbeitung in elektronischen Systemen.
Die Wiedergabe von allgemein beschreibenden Bezeichnungen, Marken, Unternehmensnamen etc. in diesem Werk bedeutet nicht, dass diese frei durch jedermann benutzt werden dürfen. Die Berechtigung zur Benutzung unterliegt, auch ohne gesonderten Hinweis hierzu, den Regeln des Markenrechts. Die Rechte des jeweiligen Zeicheninhabers sind zu beachten.
Der Verlag, die Autoren und die Herausgeber gehen davon aus, dass die Angaben und Informationen in diesem Werk zum Zeitpunkt der Veröffentlichung vollständig und korrekt sind. Weder der Verlag, noch die Autoren oder die Herausgeber übernehmen, ausdrücklich oder implizit, Gewähr für den Inhalt des Werkes, etwaige Fehler oder Äußerungen. Der Verlag bleibt im Hinblick auf geografische Zuordnungen und Gebietsbezeichnungen in veröffentlichten Karten und Institutionsadressen neutral.

Springer VS ist ein Imprint der eingetragenen Gesellschaft Springer Fachmedien Wiesbaden GmbH und ist ein Teil von Springer Nature.
Die Anschrift der Gesellschaft ist: Abraham-Lincoln-Str. 46, 65189 Wiesbaden, Germany

Einleitung

Das vorliegende Lehrbuch stellt die Forschungsmethode des Diskursiven Interviews vor. Trotz seiner relativen Kürze soll es einen umfassenden Einblick in die Methodologie und Praxis dieser interpretativen Methode ermöglichen. Die Ausführungen umfassen daher sowohl das praktische Vorgehen bei der Durchführung und Interpretation Diskursiver Interviews als auch die methodologischen Überlegungen, die dem Diskursiven Interview zugrunde liegen.

Die Darlegungen reagieren auch auf zahlreiche Nachfragen, Einwände und Erläuterungsbedarfe, mit denen ich seit der Erstvorstellung des Diskursiven Interviews (Ullrich 1999) immer wieder konfrontiert wurde, und haben insofern auch den Zweck, viele solcher Fragen dauerhafter zu klären. Dennoch bestehen hinsichtlich des Diskursiven Interviews natürlich weitere Klärungsbedarfe und offene Fragen, die hier an den gegebenen Stellen auch jeweils deutlich gemacht werden.

Das Diskursive Interview wurde für die Erfassung und Rekonstruktion sozialer Deutungsmuster entwickelt und versteht sich daher auch primär als deutungsmusteranalytische Methode, die auf einem wissenssoziologischen Verständnis sozialer Deutungsmuster basiert. Die Erläuterungen und Begründungen der einzelnen methodischen Schritte erfordern jedoch oft allgemeinere Ausführungen über grundlegende Fragen der qualitativen Sozialforschung bzw. von Interviewmethoden. Dies kann für Leser/innen mit Vorkenntnissen und Erfahrungen mit qualitativen Methoden manchmal durchaus ermüdend sein, eröffnet aber zugleich die Möglichkeit, auch für andere Forschungsrichtungen von Interesse zu sein. So habe ich angesichts der vielen ungeklärten Fragen und „weißen Flecken" der qualitativen Interviewmethodologie zumindest die Hoffnung, dass einige der hier vorgestellten Überlegungen auch allgemein zur Verbesserung des Verständnisses methodologischer Fragen im Zusammenhang mit qualitativen Interviews beitragen können.

Bevor das Diskursive Interview erläutert werden kann, ist kurz zu klären, was hier als soziales Deutungsmuster verstanden wird und worin eine Deutungsmusteranalyse besteht (Kap. 1). Eine theoretische Auseinandersetzung mit dem Deutungsmusterkonzept ist zwar nicht das zentrale Anliegen dieses Buches, aber in einem operationalen Sinne unvermeidlich, um zu verdeutlichen, wie das Diskursive Interview auf die Merkmale sozialer Deutungsmuster reagiert und deren kommunikative Funktionen zu nutzen versucht.

Auf dieser Basis werden im zweiten Kapitel die theoretischen und methodologischen Grundannahmen des Diskursiven Interviews ausführlich dargelegt. Dabei wird deutlich, dass sich das Diskursive Interview als ein integriertes Forschungsdesign versteht, das alle Forschungsschritte umfasst. Neben den allgemeinen wissenssoziologischen Prämissen werden in diesem Kapitel vor allem die Interaktionssituation des Forschungsinterviews und ihre Auswirkungen auf die Datengewinnung diskutiert. Ein anderer hier zentraler Aspekt sind die Logiken und Strukturen unterschiedlicher Stimulus- und Frageformen sowie deren Wirkungen auf die Antworten der Befragten und die in Diskursiven Interviews entstehenden Textsorten.

Die Kap. 3 und 4 befassen sich dann ausführlich mit den beiden Hauptphasen qualitativ-empirischer Forschung, der Datengewinnung und der Dateninterpretation. Im dritten Kapitel sind dabei vor allem die verschiedenen Frage- und Stimulustypen zentral, die in Diskursiven Interviews angewendet werden. In diesem Zusammenhang wird auch erläutert, welche besonderen Frageformen zur Hervorlockung von Deutungsmustern für das Diskursive Interview wichtig sind und wie sie verwendet werden können. Zudem werden in diesem Kapitel das Sampling und die Rekrutierung erläutert und Probleme bei der Durchführung Diskursiver Interviews (u. a. bei der Verwendung von Leitfäden, forschungsethische Fragen) diskutiert.

Für die Dateninterpretation (Kap. 4) ist entscheidend, wie aus dem gewonnenen Textmaterial soziale Deutungsmuster rekonstruiert werden können. Hierfür sieht das Diskursive Interview eine kontrastierende Interpretationsstrategie vor, die detailliert begründet und erläutert wird. Bei dieser werden die sozialen Deutungsmuster sukzessiv durch systematische und wiederholte Vergleiche aus individuellen Deutungsmustern bzw. Derivationen herausgearbeitet. Weitere in diesem Abschnitt erörterte Themen sind Fragen der Transkription, die angemessene Einbeziehung von Kontexten sowie Formen und Schritte der Typenbildung.

Das fünfte und letzte Kapitel befasst sich schließlich mit Aspekten der Qualitätssicherung. Hier geht es vor allem darum, wie die Glaubwürdigkeit von Forschungsergebnissen, die mit Diskursiven Interviews erzielt wurden, gesichert und verdeutlicht werden kann und wie deren Reichweite (Geltungsbereich) erhöht werden kann.

Inhaltsverzeichnis

1 Deutungsmuster und Deutungsmusteranalyse................. 1
   1.1 Deutungsmuster....................................... 1
      1.1.1 Was sind (soziale) Deutungsmuster?................. 2
      1.1.2 Eigenschaften sozialer Deutungsmuster.............. 10
      1.1.3 Soziale Deutungsmuster, individuelle Deutungsmuster und Derivationen.................. 14
   1.2 Deutungsmusteranalyse................................ 15
   1.3 Deutungsmusteranalyse: Forschungsbeispiele............ 24

2 Theoretische und methodologische Grundannahmen des Diskursiven Interviews................................ 37
   2.1 Drei methodologische Prämissen....................... 37
   2.2 Das Diskursive Interview als soziale Situation........ 42
      2.2.1 Die Situativität der Datengewinnung und die methodologische Fundamentalkritik an (qualitativen) Interviews........................ 45
      2.2.2 Interviews als soziale Interaktion.................. 48
      2.2.3 Die aktive Nutzung der Interviewinteraktion im Diskursiven Interview........................... 52
   2.3 Fragen und Antworten in qualitativen Interviews....... 57
      2.3.1 Formen und Wirkungen von Interviewfragen........... 58
      2.3.2 Antworten und Textsorten........................... 65

3 Datenerhebung mit Diskursiven Interviews................... 71
   3.1 Sampling und Rekrutierung............................. 72
   3.2 Das Diskursive Interview als leitfadenstrukturiertes Interview.... 81

		3.2.1	Leitfadeninterviews	81
		3.2.2	Allgemeine Kriterien für die Konstruktion eines Leitfadens	84
		3.2.3	Frage- und Stimulustypen	88
		3.2.4	Besondere Fragen und Stimuli zur Hervorlockung individueller Derivationen	94
	3.3		Die Durchführung Diskursiver Interviews als Leitfadeninterviews	101
		3.3.1	Faktoren, die auf die Interviewinteraktion einwirken können	102
		3.3.2	Die Verwendung von Leitfäden in Diskursiven Interviews	104
		3.3.3	Weitere Aspekte der Interviewdurchführung	108
		3.3.4	Forschungsethische Aspekte	114
4	**Zur Auswertung Diskursiver Interviews**			**119**
	4.1		Transkription	119
	4.2		Die Rekonstruktion sozialer Deutungsmuster aus Interviewtranskripten	123
		4.2.1	Kontrastierende Interpretation	123
		4.2.2	Kontrastierung als Interpretationsstrategie des Diskursiven Interviews	132
	4.3		Exkurs: Kontextualisierung bei der Analyse Diskursiver Interviews	140
	4.4		Typenbildung	146
5	**Qualitätssicherung beim Diskursiven Interview**			**159**
	5.1		Glaubwürdigkeit	161
	5.2		Reichweite	166
	5.3		Qualitätssicherung bei der Deutungsmusteranalyse mit Diskursiven Interviews	168

Literatur 173

Sach- und Personenverzeichnis 191

Deutungsmuster und Deutungsmusteranalyse

Die Methode des Diskursiven Interviews wurde als Instrument zur Erfassung und Rekonstruktion sozialer Deutungsmuster entwickelt. Zum Verständnis des Diskursiven Interviews ist es daher notwendig zu klären, was Deutungsmuster sind und warum die Rekonstruktion sozialer Deutungsmuster sozialwissenschaftlich bedeutsam ist. Vor allem aber basieren die methodischen Verfahren des Diskursiven Interviews auf einem spezifischen Verständnis sozialer Deutungsmuster; sie lassen sich ohne eine Vorstellung davon, was Deutungsmuster sind und wie sie funktionieren, nicht nachvollziehen.

Dieses erste Kapitel befasst sich daher zunächst mit dem Deutungsmusterkonzept und der Deutungsmusteranalyse. Im ersten Abschnitt wird versucht, aus dem Dickicht unterschiedlicher Ansätze und Definitionen eine für die Darlegung des Diskursiven Interviews hinreichende Arbeitsdefinition sozialer Deutungsmuster zu gewinnen (Abschn. 1.1). Nach dieser notwendigen terminologischen Vorarbeit befasst sich der zweite Abschnitt mit der Deutungsmusteranalyse, also mit dem Spektrum empirischer Strategien zur Rekonstruktion sozialer Deutungsmuster (Abschn. 1.2). Im letzten Abschnitt werden dann einige Forschungsbeispiele in synoptischer Form vorgestellt (Abschn. 1.3).

1.1 Deutungsmuster

In diesem Abschnitt geht es zunächst darum allgemein zu klären, was im weiteren Verlauf für unsere Zwecke mit dem Begriff Deutungsmuster bezeichnet wird. Es geht also um die Frage, wie der Begriff Deutungsmuster sinnvoll definiert werden kann und wodurch sich der Deutungsmusterbegriff von anderen Konzepten unterscheidet (Abschn. 1.1.1). Eine grundsätzliche Begriffsexegese oder umfassende klassifikatorische Abgrenzungen werden nicht angestrebt; sie erfolgen nur so weit, wie dies zur Gewinnung eines für die Erläuterung des Diskursiven Interviews ausreichenden Grundverständnisses erforderlich ist. Dabei soll auch verdeutlicht werden, worin das sozialwissenschaftliche Interesse an einer Rekonstruktion sozialer Deutungsmuster begründet ist.

Nach diesen Klärungen werden die zentralen Eigenschaften oder Funktionen sozialer Deutungsmuster kurz vorgestellt (Abschn. 1.1.2). In den späteren Ausführungen zum methodischen Vorgehen (insb. Kap. 3 und 4) wird auf einige dieser Eigenschaften wiederholt Bezug genommen. Schließlich wird die für das Diskursive Interview wichtige Unterscheidung zwischen sozialen Deutungsmustern, individuellen Deutungsmustern und (individuellen) Derivationen erläutert (Abschn. 1.1.3).

1.1.1 Was sind (soziale) Deutungsmuster?

Die nähere Bestimmung dessen, was im Folgenden als soziale Deutungsmuster bezeichnet wird, ist aus zwei Gründen wichtig: Zum einen erklärt sich aus dem (Forschungs)Interesse an Deutungsmustern das generelle methodische Interesse an der Frage, wie soziale Deutungsmuster erfasst und rekonstruiert werden können. Das sozialwissenschaftlich begründete Interesse an Deutungsmustern ist die zentrale Voraussetzung auch für das Diskursive Interview als Forschungsmethode. Darüber hinaus erklären sich die konkreten Vorgehensweisen des Diskursiven Interviews aus (m)einem spezifischen Verständnis der Art und der Wirkungsweise sozialer Deutungsmuster. M. a. W. und wie in Abschn. 1.2 noch deutlicher wird: In dem Maße, in dem Deutungsmuster anders definiert (als hier vorgeschlagen) oder auch nur andere Merkmale als vorrangig angesehen werden, wird man auch zu einem anderen methodischen Vorgehen als dem Diskursiven Interview neigen.

Es geht also nicht um eine umfassende Begriffsexegese oder gar eine Theorie sozialer Deutungsmuster (oder auch nur Vorüberlegungen für eine solche Theorie), sondern um die Erläuterung eines allgemeinen Verständnisses über die soziale Wirklichkeit und wie man sich ihr methodisch nähern kann. Die Ausführungen in diesem Abschnitt erheben daher keinen Anspruch auf Originalität und sollen keine neuen Aspekte des Deutungsmusteransatzes erschließen. Vielmehr soll versucht werden, die (wie ich vermute: relativ konsensuellen) Kernvorstellungen des Deutungsmusterkonzepts zu verdeutlichen.

1.1 Deutungsmuster

In der internationalen Fachsprache ist der Begriff Deutungsmuster (in dieser Form) nicht existent und zudem schwer zu übersetzen.[1] Zudem sind sowohl im Deutschen als auch im Englischen viele alternative oder konkurrierende Begriffe verbreitet, meist ohne dass deutlich wäre, ob bzw. worin Unterschiede zum Deutungsmusterbegriff bestehen. Als inhaltlich passendste Übersetzung erscheint mit der von Durkheim (1981 [1912]) geprägte Begriff der „collective representation" (frz.: „représentation collective"). Da aber der Deutungsmusterbegriff im deutschen Sprachgebrauch verbreiteter ist und „kollektive Repräsentationen" umgekehrt (zu[2]) stark mit der Durkheimianischen Tradition assoziiert werden könnten, wird hier der Begriff soziales Deutungsmuster verwendet.

Definitionen und Deutungsmusteransätze

Der Begriff Deutungsmuster (oder soziales/kollektives Deutungsmuster) wird recht unterschiedlich und oft in eher lockerer Form verwendet. Er wird nur selten klar definiert, noch ist der Deutungsmusterbegriff gut von alternativen und konkurrierenden Begriffen abgegrenzt. Dies ist zum einen ganz sicher darin begründet, dass es kein einheitliches theoretisches Konzept und auch keine Theorie sozialer Deutungsmuster gibt.[3] Die Einführung des Deutungsmusterbegriffs

---

[1]Übersetzungsvorschläge gibt es zumindest einige: in jüngeren Veröffentlichungen z. B. „patterns of interpretation" (Müller 2013), „interpretive frames" (Alemann 2014), „collective mindsets" (Pohlmann et al. 2014) und „interpretative patterns of meaning" (Schetsche und Schmied-Knittel 2013).

[2]Zu stark nicht etwa, weil Durkheims Denken für die wissenssoziologische Perspektive unangemessen wäre, sondern weil durch diese Begriffswahl womöglich andere und direktere Bezüge des Deutungsmusterkonzepts gewissermaßen ausgeblendet würden und auch weil das Deutungsmusterkonzept stärker an andere Theorietraditionen anknüpft.

[3]Das Fehlen einer Theorie sozialer Deutungsmuster wird seit Beginn der Verwendung des Deutungsmusterbegriffs beklagt (für Versuche einer stärkeren theoretischen Fundierung und Einordnung vgl. aber z. B. Keller 2014; Konderding 2008; Plaß und Schetsche 2001). Ob es einer solchen Theorie bedarf und ob sie überhaupt möglich wäre, ist aber zu bezweifeln: Kein Bedarf besteht, weil „Deutungsmuster" ein Konzept und kein Aussagensystem ist. Als Konzept basiert es auf (vor)theoretischen Prämissen oder Axiomen, deren Tragfähigkeit sich in deren Umsetzung in Theorie und Forschung erweisen muss. Wie viele andere soziologische Grundbegriffe (z. B. Rolle oder Interaktion) hat sich das Deutungsmusterkonzept zudem in unterschiedlichen Theorietraditionen entwickelt. Daher ist eine „isolierte", eigenständige Deutungsmustertheorie nicht vorstellbar, sondern bestenfalls unterschiedliche Deutungsmustertheorien. Dagegen könnten (insb. wissenssoziologische und kommunikationstheoretische) Weiterentwicklungen von Erklärungsansätzen, die die Handlungsrelevanz unterschiedlicher Wissensformen in den Blick nehmen, sicher mehr Aufschluss über die Funktionsweise sozialer Deutungsmuster ermöglichen.

in die (deutschsprachige) Theorie und in die qualitative Sozialforschung erfolgte zudem von unterschiedlicher Seite und daher auch aus unterschiedlichen methodologischen und theoretischen Positionen und mit unterschiedlichen Zielsetzungen. In keinem Fall aber hat er dabei einen zentralen theoretischen Status erlangt.[4]

Zweitens gehen mit dieser breiten, aber unscharfen Einführung eine relativ hohe Popularität des Deutungsmusterbegriffs und ein entsprechend unspezifischer Gebrauch einher, wobei als Deutungsmuster meist nicht weiter definierte Wissensformen bezeichnet werden. Schließlich existiert eine Reihe alternativer oder ähnlicher Begriffe (wie Metaphern, Orientierungsmuster, cognitive maps, Stereotype, scripts, Deutungsrahmen/frames[5]), die sich im Bedeutungsgehalt mit dem des Deutungsmusters überschneiden – oder zumindest zu überschneiden scheinen, denn auch diese Konzepte sind selten genau definiert und werden ebenso häufig wie unscharf verwendet.

Für eine klarere und begründete Differenzierung handlungsleitender Wissensformen sowie zur Strukturierung dieses Feldes wären vergleichende Analysen dieser Konzepte oder gar eine Typologie handlungsleitender Wissensformen erforderlich. Hiervon ist man jedoch noch weit entfernt. Dieser im Bereich der Sozialwissenschaften sicher nicht ungewöhnliche Umstand dürfte u. a. auf unterschiedliche disziplinäre Hintergründe – Wissensformen-Begriffe sind vor allem in der Soziologie, der Psychologie und in den Kommunikationswissenschaften verbreitet – sowie auf die verschiedenen theoretischen Einbettungen und Bezugspunkte zurückzuführen sein.

---

[4]Mit Arnold (1983) können wir für den Deutungsmusteransatz im engeren Sinn drei wesentliche Theorieimpulse unterscheiden: Diese sind die Wissenssoziologie insbesondere in der Tradition von Schütz (1993; Schütz und Luckmann 1979) und Berger und Luckmann (1990), die sog. Arbeiterbewusstseinsforschung (Popitz et al. 1957; Neuendorff und Sabel 1978; Thomssen 1980) und die von strukturalistischen Ideen ausgehende objektive Hermeneutik Oevermanns (1973, 2001; Oevermann et al. 1979). Zu ergänzen wäre hier noch die historisch-genetische Perspektive (u. a. Honegger 1978, 2001; Schütze 1986). Zur Definition und zur theoretischen Einbettung des Deutungsmusterkonzepts vgl. a. Keller (2014), Lüders (1991), Lüders und Meuser (1997), Meuser und Sackmann (1991), Müller (2013), Plaß und Schetsche (2001) und Schetsche (2000).

[5]Auf die zum Teil sehr unterschiedlichen theoretischen Bezüge dieser und weiterer Termini kann hier nicht eingegangen werden. Sofern diese Begriffe nicht einfach unspezifisch verwendet werden, ist es aufgrund der oft gegensätzlichen theoretischen Rahmungen meist nicht möglich, Unterschiede zwischen Deutungsmustern und diesen Konzepten grundsätzlich und in allgemeiner Form zu klären. Schon hier kann aber festgehalten werden, dass Unterschiede oft bestehen oder zumindest bestehen können und dass Deutungsmuster daher nicht einfach als Synonym von „script", „Metapher" usw. gelten kann.

1.1 Deutungsmuster

Eine „verbindliche" oder konsensuelle Definition (sozialer) Deutungsmuster gibt es also nicht.[6] Ein Vergleich unterschiedlicher Definitionen würde daher schnell zeigen, dass von den einzelnen Forschern und Theoretikerinnen unterschiedliche Eigenschaften und Funktionszusammenhänge genannt oder akzentuiert werden. Gleichwohl lassen sich deutliche Überschneidungen erkennen, sodass sich eine definitorische Schnittmenge identifizieren lässt, die, wenn nicht von allen, so doch von den meisten geteilt wird, die sich in ihren Arbeiten auf das Konzept sozialer Deutungsmuster beziehen.

Eine m. E. sehr nah an dieser Schnittmenge liegende Definition ist nach wie vor die von Arnold (1983, S. 894). Demnach können als soziale Deutungsmuster „die mehr oder weniger zeitstabilen und in gewisser Weise stereotypen Sichtweisen und Interpretationen von Mitgliedern einer sozialen Gruppe bezeichnet [werden], die diese zu ihren alltäglichen Handlungs- und Interaktionsbereichen lebensgeschichtlich entwickelt haben. Im Einzelnen bilden diese Deutungsmuster ein Orientierungs- und Rechtfertigungspotenzial von Alltagswissensbeständen in der Form grundlegender, eher latenter Situations-, Beziehungs- und Selbstdefinitionen, in denen das Individuum seine Identität präsentiert und seine Handlungsfähigkeit aufrechterhält."

Hier kann diese Definition vorläufig als Arbeitsgrundlage dienen (s. a. Abschn. 1.1.2).[7] Wesentlich für Deutungsmuster ist demnach, dass sie

- kollektiv bzw. sozial geteilt sind („individuelle" Deutungsmuster sind daher nie unabhängig von sozialen),
- als Alltagsmodelle oder -theorien gelten können,

---

[6]Aber zumindest eine klassische und wohl auch am häufigsten zitierte, nämlich die des oft als eine Art „Vater" des Deutungsmusterkonzepts angesehenen Oevermann: „Unter Deutungsmustern sollen nicht isolierte Meinungen und Einstellungen zu einem partikularen Handlungsobjekt, sondern als nach allgemeinen Konsistenzregeln strukturierte Argumentationszusammenhänge verstanden werden. Soziale Deutungsmuster haben also ihre je eigene ‚Logik', ihre je eigenen Kriterien der ‚Vernünftigkeit' und ‚Gültigkeit', denen ein systematisches Urteil über ‚Abweichung' korreliert. Insofern sind sie durchaus wissenschaftlichen Hypothesensystemen als Argumentationszusammenhängen mit spezifischen Standards der Gültigkeit vergleichbar." Und weiter: „Soziale Deutungsmuster sind funktional immer auf eine Systematik von objektiven Handlungsproblemen bezogen, die deutungsbedürftig sind" (Oevermann 1973, S. 3).

[7]Dennoch sollen hier zumindest drei Unterschiede zu meinem Verständnis sozialer Deutungsmuster benannt werden:
(1) So besteht m. E. kein Grund, warum Deutungsmuster, wie bei Arnold bereits *definitorisch* auf soziale Gruppen beschränkt sein sollen. Die soziale Verbreitung und Verteilung von Deutungsmustern ist eine empirische Frage. Neben klassen-, milieu- oder gruppenbegrenzten Deutungsmustern können daher z. B. auch individuelle, familiale oder kulturelle und historische bestehen.

- sich in praktischen Handlungsvollzügen bewähren müssen, d. h. „erfolgreich", aber nicht „wahr" sein müssen,
- ein Mindestmaß an Komplexität aufweisen (sich also nicht auf einzelne, insb. kognitive und normative Elemente oder Funktionen reduzieren lassen) und
- kommuniziert und zur Legitimierung von Handlungen verwendet werden.

Im Folgenden wird also von einem breiten Verständnis (sozialer) Deutungsmuster ausgegangen. Demnach setzen sich Deutungsmuster aus unterschiedlichen Einheiten zusammen und können z. B. neben kognitiven auch normative und evaluative Elemente enthalten. Zudem werden mit Deutungsmustern üblicherweise Wissensformen der „mittleren Ebene" bezeichnet, die komplexer und abstrakter als einfache Typenbegriffe sind, anderseits aber „kleinräumiger" als etwa Ideologien oder Diskurse.

> **Deutungsmuster von Armut (ein Beispiel)**
> „Armut" kann als Beispiel für ein überaus komplexes Phänomen gelten, für das eine Vielzahl konkurrierender, sozial ungleich verteilter und historisch wie kulturell variierender Deutungsmuster besteht. Je nach Art der verwendeten Deutungsmuster wird Armut unterschiedlich definiert und setzt sich aus unterschiedlichen Einzelaspekten zusammen. Deutungsmuster der Armut umfassen daher[8]:
>
> - Armutsdefinitionen, u. a.: Armutsarten (Einkommensarmut, Bildungsarmut usw.), Armutsmessung (relative vs. absolute Armut), soziale

---

(2) Ein Verständnis von Deutungsmustern als „Situations-, Beziehungs- und Selbstdefinitionen" und als „stereotype Sichtweisen und Interpretationen" ist zwar weit, aber dennoch eine nicht notwendige Verengung. Warum sollte es nicht z. B. auch in Bezug auf Gegenstände, soziale Gruppen und Kategorien, historische Prozesse u. a. m. Deutungsmuster geben?

(3) Dass Deutungsmuster „ein Orientierungs- und Rechtfertigungspotential (…) *in der Form* grundlegender (…) Situations-, Beziehungs- und Selbstdefinitionen" (Hervorh. von mir) bilden, legt es nahe, dass Deutungsmuster Situationsdefinition *sind*. Dagegen wird hier davon ausgegangen, dass Deutungsmuster in Situationsdefinitionen (oder allgemeiner: auf Bezugsprobleme) *angewendet* werden, also nur im Grenzfall mit Situationsdefinitionen zusammenfallen.

[8]Vgl. hierzu u. a.: Gans (1992); Geremek (1991); Groenemeyer (1999); Leibfried und Voges (1992); van Oorschot und Halman (2000); De Swaan (1993).

1.1 Deutungsmuster

Standards und Grenzwerte (Wann ist jemand arm? Sind z. B. Empfänger/innen von Arbeitslosengeld II, Besucher/innen von Tafeln usw. arm?), kulturelle/historische Relativität von Armut (u. a. Armut in Entwicklungsländern)
- Armutsursachen, u. a.: Unvermeidlichkeit von Armut, Armut als Folge politischer oder wirtschaftlicher Fehlentwicklungen, Armut als Folge des Fehlverhaltens von Armen
- Armutsbetroffenheit, u. a.: Welche sozialen Gruppen sind (besonders) häufig arm (Junge, Alte, Frauen, Kinder, Alleinerziehende, Migrant/innen, Arbeitslose?)? Wie hoch ist das Armutsrisiko (auch das eigene)?
- Armutsfolgen, u. a.: für „die Armen" (wie materielle Not, Verstetigung, Stigmatisierung), für Nicht-Arme (u. a. Kriminalitätsfurcht, soziales Gewissen), für die Gesellschaft (z. B. soziale Konflikte, Exklusion, Verdrängung oder Problematisierung von Armutsformen), für die Politik (u. a. sozialpolitische Armutsbekämpfung, Invisibilisierung von Armut)
- Armutsbewertungen, u. a.: Armutsfurcht, positive Armutsvorstellungen (freiwillige Armut)

Schon die hier angeführten und keineswegs erschöpfenden Aspekte verdeutlichen, dass auf Armut bezogene Deutungsmuster in unterschiedlicher Weise zu Komplexitätsreduzierungen führen (müssen). Je nachdem, welche Aspekte in den Vordergrund gerückt werden, können z. B. bagatellisierende („hierzulande ist doch keiner wirklich arm"), dramatisierende („die Armut steigt immer mehr an"), viktimisierende („die Armen sind meist selbst schuld"), sozialisierende („Armut muss politisch verhindert werden") und fatalistische („Armut kann jeden treffen") Deutungsmuster unterschieden werden.

Als soziale Deutungsmuster können also die von einem Kollektiv geteilten Vorstellungen über vergleichsweise komplexe Phänomene bezeichnet werden. Zu diesen zählen u. a. Armut, Arbeitslosigkeit, Demokratie, Ethnizität, Krieg, Nationalität, soziale Probleme, soziale Ungleichheit oder Zweigeschlechtlichkeit (aber auch weniger „auffällige" Dinge wie Familie, Arbeit, Schule usw.). Daher ist es auch zu einfach anzunehmen, dass Deutungsmuster den Akteuren klare Handlungsoptionen bieten (wenn nicht gar Handlungsanweisungen). Vielmehr enthalten sie in der Regel vielschichtige und keineswegs unbedingt konsistente Interpretationen eines Phänomens (und entsprechende Handlungsoptionen).

Der wissenssoziologische Deutungsmusteransatz
Ein Interesse an Deutungsmustern kann sich aus unterschiedlichen methodologischen Richtungen entwickeln. Besonders häufig finden sich im Bereich der Deutungsmusteranalyse jedoch wissenssoziologische Positionen. Dies ist nicht überraschend, wenn man berücksichtigt, dass die Wissenssoziologie sich für die Art und Wirkung unterschiedlicher Wissensformen interessiert. Auch dem Diskursiven Interview liegt ein wissenssoziologisches Deutungsmusterverständnis zugrunde.

Das wissenssoziologische Interesse an der Rekonstruktion sozialer Deutungsmuster (oder allgemeiner: sozialen Sinns) ergibt sich aus drei wesentlichen axiomatischen Annahmen:

1. Annahme einer relativen Autonomie und handlungsleitenden Wirkung von Deutungsmustern:
   Die erste besteht darin, dass Kenntnisse über sozial verbreitete Deutungsmuster soziologisch wichtig, d. h. für die Erklärung sozial typischer Handlungen (Handlungsmuster) und Phänomene von Bedeutung sind. Sie sind dies, weil sie zwar in womöglich komplexen Wirkungsbeziehungen mit sozialstrukturellen Faktoren stehen, aber nicht deren „Epiphänomene" sind, sich also nicht ausschließlich aus diesen herleiten lassen.
2. Annahme der Kollektivität (Sozialität) von Deutungsmustern:
   Das Interesse an der Analyse sozialer Deutungsmuster ergibt sich, zweitens, aus der Überzeugung, dass individuelle Wahrnehmungen und Deutungen der sozialen und physischen Welt sowie auf diesen Wahrnehmungen und Deutungen beruhende Handlungsorientierungen und tatsächliche Handlungen von kollektiven Interpretations- und Legitimationsangeboten (allgemeiner: kollektiven Wissensvorräten) abhängig, also nicht ohne diese vorstellbar sind. Die Kernannahme ist also, dass soziale Deutungsangebote entscheidend für die Handlungsfähigkeit von Akteuren sind und daher auch für Handlungserklärungen. Anders formuliert: Wollen wir Handlungen und Handlungsmuster erklären, müssen wir die Deutungsmuster kennen, an denen sich die Akteure bei ihren Handlungen orientieren.
3. Annahme der Latenz von Deutungsmustern und einer Rekonstruktionsnotwendigkeit:
   Die dritte Prämisse besagt, dass soziale Deutungsmuster nicht „offensichtlich", nicht unmittelbar erkenn- oder beobachtbar sind. Vielmehr bilden sie die latente Basis für Entscheidungen, Handlungen, Urteile usw., also für direkt beobachtbare oder erfassbare Phänomene. Die diesen Manifestationen zugrunde liegenden Deutungsmuster müssen und können nur in einem umfassenden Analyseprozess aus diesen beobachtbaren Evidenzen rekonstruiert werden.

1.1 Deutungsmuster

Ein wissenssoziologisches Konzept sozialer Deutungsmuster ist von (radikal-) *konstruktivistischen* Positionen abzusetzen. So gehen wissenssoziologische Deutungsmusteranalysen davon aus, dass Deutungsmuster in einem mehr oder weniger deutlichen funktionalen Bezug zu einer (für die handelnde, Deutungsmuster-anwendende Person) „objektiven Situation" bzw. dem sich aus einer Situation ergebenden Handlungs-, Deutungs- oder *Bezugsproblem*[9] stehen. Dabei ist von einem engen wechselseitigen Bedingungsverhältnis von Deutungsmuster(n) und Bezugsproblem auszugehen: Was von den Handelnden als Situation oder Handlungsproblem wahrgenommen wird, hängt zum einen erheblich von den ihnen sozial verfügbaren Deutungsmustern ab. Andererseits stellen situative Konstellationen Handelnde vor für sie „objektive" Handlungsprobleme.[10] Sie sind im Durkheimschen Sinne „soziale Tatsachen" (Durkheim 1984 [1895]).

Unabhängig davon, welche Rolle die Deutungsmuster bei der Situationsdefinition spielen, werden erfolgreiche und stabile Deutungsmuster immer eine gewisse Situationsadäquanz aufweisen und bei der Bewältigung der Handlungsaufgaben „funktionieren". Da aber ein optimales Passungsverhältnis von Bezugsproblem und Deutungsmuster(n) – sei es, dass die Situationsdefinition die Deutungsmuster vollständig determiniert oder umgekehrt von diesen vollständig bestimmt wird – bestenfalls ein theoretischer Grenzfall ist, ist von einem permanenten Prozess wechselseitiger Adjustierungen von Deutungsmustern und

---

[9]Wenn im Folgenden das, worauf sich Deutungsmuster beziehen, als Bezugsproblem bezeichnet wird, geschieht dies in Ermangelung eines geeigneteren, vor allem eines theoretisch gehaltvolleren Begriffs, aber auch in Anknüpfung an einen im Kontext der Deutungsmusteranalyse verbreiteten Sprachgebrauch. Die Bezeichnung als Bezugs*problem* soll aber in keiner Weise Deutungsmuster auf den Bereich „soziale Probleme" oder individuelle Entscheidungs- und Handlungsprobleme begrenzen. „Problematisch" ist hier (zumindest in der Perspektive des Deutungsmusterverwenders) allein die Deutung eines Phänomens, die dann zum Rückgriff auf Deutungsmuster führt. Dass Deutungsprobleme dann auch oft zu individuellen Handlungsproblemen führen und Deutungsmuster dann handlungsermöglichend sind, ist eine häufig zu beobachtende Folge, aber keine notwendige Bedingung für das Vorhandensein von Deutungsmustern.

[10]Im Unterschied zu heute so verbreiteten Postmodernismen und Radikalkonstruktivismen war Oevermann (1973, S. 4) hierzu bereits erfrischend klar: „Natürlich treten objektive Handlungsprobleme immer schon als kulturell interpretierte, also als in Begriffen von Deutungsmustern interpretierte Probleme, in das Handlungsfeld des Subjekts. Insofern stehen Deutungsmuster immer am Anfang einer soziologischen Kausalanalyse. Andererseits lassen sich Deutungsmuster ohne die Rückbeziehung auf objektive Probleme sozialen Handelns, auf die sie antworten, nicht erklären".

Bezugsproblem auszugehen. Deutungsmuster sind damit immer der Gefahr negativer Erfahrungsproben ausgesetzt.

Eine weitere wichtige Konsequenz eines wissenssoziologischen Deutungsmusterkonzepts ist, dass es sich einer einfachen Verortung auf der Handlungs- oder Strukturebene entzieht. Dies ermöglicht eine Erklärung von Handlungsmustern ohne deterministische oder voluntaristische Verkürzungen. So werden Deutungsmuster als soziale Phänomene verstanden, die nicht auf Individualmerkmale zurückgeführt werden können. Entsprechend werden Handlungen primär als Folge handlungsleitender Deutungsmuster verstanden. Gleichzeitig werden aber gerade die individuellen Transformationsleistungen fokussiert. Soziale Deutungsmuster erhöhen die Handlungskompetenz von Akteuren, indem sie einerseits überhaupt erst individuelle Handlungsorientierungen generieren, zugleich aber nur „legitimierte", d. h. solche, die im Rahmen des dominanten Diskurses stehen. Handlungsorientierungen und Handlungsentscheidungen können so als Produkte sozialkontextueller Bedingungen verstanden und analysiert werden.[11]

Eine wissenssoziologische Deutungsmusteranalyse legt somit den Schwerpunkt auf die *Konstitutionsbedingungen von Handlungsorientierungen* und stellt die Rekonstruktion handlungsleitender Deutungsmuster in den Mittelpunkt des Forschungsinteresses. Die theoretische wie methodische Herausforderung besteht darin aufzuzeigen, auf welche Deutungsmuster sich die Akteure beziehen und wie sie diese in Situationsdefinitionen und Handlungsorientierungen transformieren.

1.1.2 Eigenschaften sozialer Deutungsmuster

Gemeinhin wird angenommen, dass Deutungsmuster eine wesentliche Voraussetzung für die Handlungsfähigkeit individueller Akteure sind. Sie stellen einen zentralen Teil der Opportunitätsstruktur sozialen Handelns dar (vgl. Arnold 1983) und definieren dabei das Spektrum möglicher Handlungsformen: Nur soweit wir auf Deutungsmuster zurückgreifen können, können wir in Situationen und auf Handlungsprobleme reagieren; und gleichzeitig eröffnen die sozial verfügbaren

---

[11]Dass dieses Potenzial sozialer Deutungsmuster nach wie vor nicht hinreichend ausgeschöpft wird, ist vielleicht auch auf die in den Sozialwissenschaften verbreitete Fokussierung auf das Bourdieusche Habituskonzept (Bourdieu 1976) zurückzuführen, die – trotz früher Betonung von Parallelen und sich ergänzenden Orientierungen (u. a. Matthiesen 1989) – zu einem Festhalten am strukturalistischen Bias des Habituskonzepts geführt hat. Noch 2001 betont auch Oevermann die Nähe seines Deutungsmusterverständnisses zum Habituskonzept (Oevermann 2001, S. 46).

1.1 Deutungsmuster

Deutungsmuster immer nur eine spezifische Auswahl von „sozial legitimen" Handlungsoptionen aus dem Spektrum denkbarer Reaktionsweisen. Deutungsmuster sind damit zugleich *handlungsermöglichend als auch handlungssteuernd.* Handlungsfähigkeit können Deutungsmuster generieren, indem sie nicht nur einfache Interpretationsfolien anbieten, sondern auch normative, evaluative und praktische Elemente enthalten. Deutungsmuster sind also relativ komplex. Sie „sagen" einem Handelnden nicht nur, was der Fall ist, sondern auch, wie eine vorliegende Handlungssituation (normativ, ästhetisch) zu bewerten ist und welche praktischen Reaktionsformen möglich oder sinnvoll sind.[12]

Handlungsrelevante Deutungen sind aber nur möglich, wenn die prinzipiell unendliche Möglichkeit von Situationsdefinitionen und Problemwahrnehmungen begrenzt wird. Selbst relativ komplex werden Deutungsmuster dadurch handlungsrelevant, dass sie die Komplexität der Situation reduzieren und auch dadurch eine für den Handelnden schlüssige (scheinbar konsistente) Situationsdefinition bieten. Sie vereinfachen komplexe Zusammenhänge und kompatibilisieren konfligierende Deutungen, Normen und Werte. *Komplexitätsreduktion* und *„Konsistenzfiktion"* sind dabei Mechanismen zur Herstellung von Handlungsfähigkeit und sollten nicht dazu verleiten, Deutungsmuster tatsächlich für konsistent oder komplexitätsreduzierend zu halten. So betonte bereits Oevermann (1973, S. 24), dass „soziale Deutungsmuster nie ein vollständig geschlossenes und in sich widerspruchsfreies System von Interpretationen" sind.

Weitere Deutungsmustern oft zugeschriebene Eigenschaften betreffen ihren Bewusstheitsgrad, ihre logische Struktur sowie die Bedeutung der Erfahrungsbewährung.

1. Damit Deutungsmuster handlungsermöglichend sind, bleiben sie im Prozess des Handelns meist latent (Annahme einer relativen *Latenz* von Deutungsmustern). Handelnde müssen die Situationen, in denen sie sich befinden und auf die sie reagieren müssen, meist schnell erfassen. Deutungsmuster werden dabei „blitzartig" abgerufen und auf die vorliegende Situation angewandt; sie sind dabei „nur begrenzt reflexiv verfügbar" (Meuser und Sackmann 1992, S. 19). Zu längeren Überlegungen – und sei es auch nur die Suche nach einem passenden Deutungsmuster – besteht in einem Großteil sozialer Interaktionen

---

[12]Vor allem durch diese Komplexität unterscheiden sich Deutungsmuster auch von fast allen „konkurrierenden" Konzepten (s. o.). Dies gilt für alle primär kognitiven Konzepte (cognitive maps, scripts, frames, Metaphern), aber z. B. auch für normative (Einstellungen, Werte).

kaum Gelegenheit; sie wären zumindest nachteilig. Denn gerade durch den schnellen „Abruf" von Deutungsmustern sind, so eine zentrale Idee, Handelnde oft überhaupt erst in der Lage, zugleich schnell und „richtig" (situationsgemäß) zu reagieren. Umgekehrt bedeutet dies: Wenn Handelnde auf Situationen stoßen, für die sie über keine passenden Deutungsmuster verfügen, werden sie im Allgemeinen nur langsam reagieren können, weil sie zunächst das Handlungsproblem verstehen müssen.

Dies bedeutet jedoch nicht, dass Deutungsmuster den Handelnden grundsätzlich nicht reflexiv verfügbar, ihnen also dauerhaft verschlossen und unbewusst wären. Im Gegenteil: Individuelle Deutungsmuster können gezielt (wenn auch nicht im Handlungsvollzug) zum Gegenstand von Selbstreflexionen gemacht werden. Oft genug werden Handelnde sogar dazu genötigt: zum einen, wenn ihre individuellen Deutungsmuster versagen; zum anderen, wenn sie mit anderen, womöglich gegensätzlichen Deutungsmustern konfrontiert werden.

2. Ein weiteres Merkmal sozialer Deutungsmuster ergibt sich bereits implizit aus den beschriebenen Wirkungen: Deutungsmuster sind selbst *weder „logisch" noch konsistent.* Sie sind in dem Maße erfolgreich, wie sie Handeln ermöglichen bzw. den Akteuren plausible Weltbilder bieten. Dazu ist es geradezu erforderlich, dass sie die soziale Wirklichkeit vereinfachen. Nutzer/innen von Deutungsmustern müssen insofern eine gewisse Inkonsistenztoleranz aufbringen, also Deutungsmuster anwenden, auch wenn diese offensichtlich in sich widersprüchlich sind.

Dies gilt nicht nur für einzelne Deutungsmuster, sondern noch mehr für die Gesamtheit der Deutungsmuster eines Akteurs. Grundsätzlich ist von einem „urwüchsigen" Konglomerat hierarchischer, u. a. im Grad ihrer Generalisierung und damit hinsichtlich der Breite ihres Anwendungsbereiches unterschiedlicher sowie vielfach aufeinander bezogener Deutungsmuster auszugehen. In vielen Situationen werden Handelnde daher oft auf mehrere, konkurrierende und sich womöglich ausschließende Deutungsmuster zurückgreifen können, aber auch die damit verbundenen kognitiven Dissonanzen aushalten und austarieren müssen.

3. Deutungsmuster sind *erfahrungsabhängig,* aber auch relativ *erfahrungsresistent:* Einerseits können Deutungsmuster auf Dauer nicht bestehen, wenn sie „irreal" sind und dem Nutzer kein situationsangemessenes Handeln ermöglichen. Andererseits werden Deutungsmuster, die sich in früheren Situationen bewährt haben, nicht schon bei jeder kleineren Irritation korrigiert. Dazu wird es erst kommen, wenn sich Deutungsmuster dauerhaft als inadäquat erweisen.

Die Anwendung falscher, weil situativ unpassender Deutungsmuster kann erhebliche, im Extremfall fatale Nachteile haben. Deutungsmuster werden von

1.1 Deutungsmuster

den Anwendern daher spätestens dann reflektiert und revidiert, wenn Handlungsfolgen unbefriedigend und auf falsche Situationsdefinitionen zurückzuführen sind. Meist werden dies nur kleinere Korrekturen, Ergänzungen, Differenzierungen und Neujustierungen sein. Ein endgültiges Verwerfen eines bisher bewährten Deutungsmusters dürfte dagegen eine seltene (und womöglich krisenhafte) Ausnahme sein. Die Fähigkeit zu solchen Anpassungen des Sets individueller Deutungsmuster muss als eine grundlegende Voraussetzung von Handlungsfähigkeit gelten. Ein dauerhaftes Festhalten an offensichtlich inadäquaten Deutungsmustern wird in der Regel sozial pathologisiert.[13]

Zwei weitere, eng miteinander verbundene Eigenschaften sozialer Deutungsmuster sind für die Methode des Diskursiven Interviews von zentraler Bedeutung: die Kollektivität und die Legitimationsfunktion sozialer Deutungsmuster.

4. Soziale Deutungsmuster lassen sich am besten als Teil eines kollektiven Wissensvorrates verstehen. Dies bedeutet, dass soziale Deutungsmuster ein *soziales, emergentes Phänomen* sind: Sie manifestieren sich im Individualbewusstsein stets nur partiell und in spezifischen individuell-idiosynkratischen Transformationen. Deutungsmuster werden also – in einem hier nicht näher zu definierenden sozialen und kulturellen Raum – sozial geteilt und kommuniziert. Sie werden vom einzelnen (zunächst im Sozialisationsprozess) erlernt und müssen immer wieder „kommunikativ validiert" (d. h. von Mitgliedern der eigenen Gruppe oder Kultur bestätigt) werden. (Ist dies nicht der Fall, weicht ein Akteur also zu weit von den sozial akzeptierten Deutungsmustern ab, droht auch hier die Gefahr einer Pathologisierung.)

5. Umgekehrt bedeutet dies: Handlungen müssen sowohl zur *Legitimierung* nach außen als auch für die Handelnden selbst auf sozial akzeptierte (bzw. auf als sozial geteilt angenommene) Deutungsmuster zurückgeführt werden. Handelnde können ihr Handeln nur insoweit als „sinnhaft" darstellen, wie es mit von anderen Mitgliedern des gemeinsamen Erfahrungsraumes geteilten (oder zumindest ihnen bekannten und tolerierten) Deutungen übereinstimmt. Deutungsmuster haben aufgrund ihres kollektiven Charakters insofern auch normative Geltungskraft (vgl. Meuser und Sackmann 1992, S. 19).

---

[13]Die Reichweite sozialer Reaktionen ist hierbei groß und reicht von Irritationen in Interaktionssituationen über kulturell akzeptierte oder tolerierte Formen von Devianz bis hin zu psychotherapeutischen Eingriffen. Die sozialen Reaktionen sind dabei selbst wiederum von sozialen Deutungsmustern geleitet. Wie insbesondere der gesellschaftliche Umgang mit religiösen Deutungen zeigt, können diese einzelnen Handelnden ebenfalls – und wider aller empirischen Evidenz – aufgenötigt werden.

1.1.3 Soziale Deutungsmuster, individuelle Deutungsmuster und Derivationen

Bisher wurde der Deutungsmusterbegriff noch eher unspezifisch verwendet. Für unsere Zwecke sind aber drei Arten oder Ebenen von Deutungsmustern begrifflich zu unterscheiden:

1. Dies sind zunächst *soziale Deutungsmuster*, die als Teil eines kollektiven Wissensvorrats „Eigentum" dieser Kollektivität sind. Sie bilden den Horizont der legitimen und möglichen Deutungen. Sie sind in dem Sinne sozial geteilt, wie davon auszugehen ist, dass sie als Teil eines Kollektivbewusstseins die Grundlage für erfolgreiche Interaktionen und Kommunikationen in einem angebbaren sozialen Raum sind. Diese Gesamtheit der sozial verfügbaren Deutungsmuster ist amorph und inkonsistent. Der kollektive Wissensvorrat stellt zudem konkurrierende und widersprüchliche Deutungsmuster bereit.
2. Es ist davon auszugehen, dass kein Mitglied eines Deutungsmusterkollektivs alle verfügbaren Deutungsmuster kennt oder gar anwendet. Dies gilt sowohl für das gesamte Spektrum sozialer Deutungsmuster, für die konkurrierenden Deutungsmuster eines Bezugsproblems als auch für einzelne Deutungsmuster. *Individuelle Deutungsmuster* stellen daher a) immer eine Auswahl oder Teilmenge der verfügbaren Deutungsmuster dar und sind b) notwendig individuelle Variationen der sozialen Deutungsmuster. Kein einzelnes Mitglied repräsentiert daher ein soziales Deutungsmuster, sondern immer nur individuelle Adaptionen und das heißt immer auch unvollständige (partielle), wenn nicht alternierte Versionen sozialer Deutungsmuster.
3. Diese individuellen Adaptionen sozialer Deutungsmuster orientieren das situative Handeln von Akteuren. Hiervon sind Deutungsmuster zu unterscheiden, die zur Kommunikation und Legitimation von Handlungen herangezogen werden. Diese sollen hier als *Derivationen* bezeichnet werden.[14] Auch Derivationen sind Anwendungen sozialer Deutungsmuster. Derivationen können insofern zwar nicht mit sozialen Deutungsmustern gleichgesetzt werden, sind aber Ausdruck

---

[14]Der Begriff der Derivation geht auf Pareto (1955 [1916]) zurück und bildet zusammen mit seinem strukturellen Pendant des Residuums den Kern der Paretoschen Wissenssoziologie (vgl. a. Eisermann 1962, S. 170 ff.). Der hier verwendete Derivationsbegriff weicht dadurch vom Paretoschen ab, dass hier damit nur „in Handlungsbegründungen verwendete Deutungsmuster" bezeichnet werden (und nicht alle Formen von „Handlungsrationalisierungen"). Zugleich wird auf die bei Pareto zumindest implizite Ideologieannahme verzichtet.

1.2 Deutungsmusteranalyse

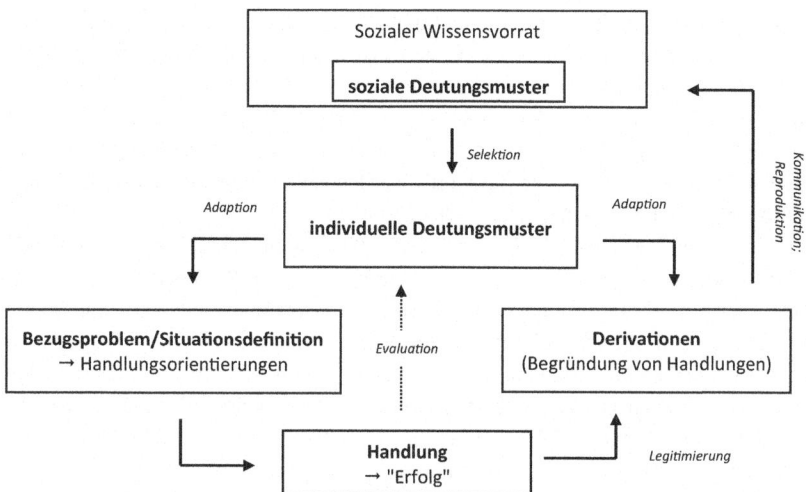

Abb. 1.1 Soziale Deutungsmuster, individuelle Deutungsmuster und Derivationen

dessen, was als sozial geteilt angenommen wird. Derivationen sind auch nur im Grenzfall mit den handlungsleitenden individuellen Deutungsmustern identisch, werden meist aber eine größere Schnittmenge mit diesen haben. Grundsätzlich dürften die in Interaktionen zur Handlungsbegründung verwendeten Derivationen aber mehr oder weniger von den individuellen Deutungsmustern abweichen – nicht zuletzt auch schon deshalb, weil Derivationen deutlich stärker expliziert werden müssen. Die sozialen Deutungsmuster werden schließlich durch ihre Anwendung als Derivationen immer wieder bestätigt, reproduziert und verändert (s. Abb. 1.1).

Wie in den nachfolgenden Kapiteln (insb. Kap. 2 und 4) noch ausgeführt wird, sind Derivationen von entscheidender Bedeutung für die Methode des Diskursiven Interviews, das sich die Kommunizierbarkeit und gleichzeitige Kommuniziernotwendigkeit von Deutungsmustern zunutze macht.

1.2 Deutungsmusteranalyse

Die Deutungsmusteranalyse ist keine Methode, sondern ein Forschungsbereich bzw. ein Ansatz, der ein spezifisches Forschungsinteresse an Deutungsmustern begründet und aus diesem Interesse methodische Überlegungen ableitet.

Der empirische Zugang zu Deutungsmustern kann auf unterschiedlichen, wenn auch nicht auf beliebigen Wegen erfolgen. Die Deutungsmusteranalyse ist aber auch mehr als ein Forschungsfeld oder – gegenstand. Denn nicht jedes Interesse an Deutungsmustern führt auch zu einer deutungsmusteranalytischen Herangehensweise. Wenn z. B. nur die sozialräumliche Verbreitung als bekannt unterstellter Deutungsmuster „kartiert" werden soll, ist hierzu keine deutungsmusteranalytische Vorgehensweise erforderlich.

Als *Deutungsmusteranalyse* sollen hier demgegenüber Forschungsformen bezeichnet werden, für die die *Erfassung und Rekonstruktion sozialer Deutungsmuster* zentral sind. Auch hierfür wird auf unterschiedliche Methoden zurückgegriffen, die aber diese grundlegende Zielrichtung teilen. Die Deutungsmusteranalyse kann somit von Ansätzen und Forschungsinteressen unterschieden werden, bei denen Deutungsmuster zwar eine Rolle spielen oder gar ein zentrales Element der Analyse darstellen, die ihr Forschungsziel aber nicht darin sehen, soziale Deutungsmuster zu rekonstruieren.[15]

Deutungsmusteranalytische Forschung muss also zweierlei leisten: soziale Deutungsmuster „finden" und, weil sie nicht unmittelbar sichtbar sind, rekonstruieren (und damit sichtbar machen). Dazu ist in einem ersten Schritt *Material* zu gewinnen, *das Deutungsmuster enthält*. Dieses Material kann sehr unterschiedlich sein: Oft wird man hierzu „natürliche" Dokumente (z. B. Zeitungsartikel) oder im Forschungsprozess erzeugte Texte (z. B. Interviewtranskripte) verwenden; aber auch Bild- und Videomaterial (insb. auch multimediales Material) kann für eine Deutungsmusteranalyse genutzt werden.

Ist dieses Material gewonnen, kann mit der Rekonstruktion der sozialen Deutungsmuster begonnen werden. Eine Rekonstruktion ist notwendig, weil soziale Deutungsmuster als sozial geteilte Wissensform nicht einfach gefunden, festgestellt oder gemessen werden können. Denn wie gesehen (s. Abschn. 1.1.1), „verbergen" sich soziale Deutungsmuster gewissermaßen in individuellen Deutungsmustern und Derivationen.

---

[15]Dies schließt natürlich nicht aus, dass sich deutungsmusteranalytische Forschung und andere mit Deutungsmustern befasste Forschungsrichtungen fruchtbar ergänzen können. So lassen sich für die Analyse sozialer Deutungsmuster und deren Wirkungsformen sehr gut „Arbeitsteilungen" insbesondere mit der historischen und wissenssoziologischen Diskursforschung und der Konversationsanalyse vorstellen. Die Diskursforschung befasst sich ohnehin oft explizit mit den Prozessen der Entstehung und Durchsetzung sozialer Deutungsmuster (z. B. Honegger 1978; Schütze 1986) oder betrachtet Deutungsmusteranalysen als Teil einer Diskursrekonstruktion (Keller 2014). Konversationsanalytische Arbeiten könnten dagegen insbesondere über die kommunikative Funktion und Praxis von Deutungsmustern (Legitimierung, Validierung) Aufschluss geben.

1.2 Deutungsmusteranalyse

Was wir in Datenform – vornehmlich in Texten – finden, sind zunächst individuelle *Derivationen*. Aber natürlich enthält nicht jeder Text Derivationen oder besteht gar nur aus solchen. Daher muss das Datenmaterial zuerst daraufhin analysiert werden, ob es Derivationen enthält. Ist dies der Fall, können diese individuellen, sich in Texten manifestierenden Derivationen interpretativ erschlossen werden.

Es ist also schon auf der Ebene der individuellen Derivationen nicht davon auszugehen, dass diese direkt erfragt oder anders erfasst werden können, oder gar, dass die Nutzer/innen ihre Derivationen selbst kenntlich machen. Dagegen spricht vor allem die relative Latenz der individuellen Deutungsmuster, die den Nutzern/Nutzerinnen vor allem bei verbalen Äußerungen kaum präsent sein werden. Zudem erfordert die relativ hohe Komplexität von Derivationen, die rekonstruktive Erschließung des Deutungsmuster- bzw. Derivationen-spezifischen Sinnzusammenhangs.[16]

Von grundlegender Bedeutung für eine deutungsmusteranalytische Perspektive ist nun, dass *soziale Deutungsmuster* nie direkt zugänglich sind, sondern nur über den Umweg individueller Anwendungen der entsprechenden Deutungsmuster erfasst werden können. Diese oft sicher durchaus idiosynkratischen Adaptionen müssen so analysiert, verdichtet und von nutzerspezifischen Merkmalen bereinigt werden, dass sie konsistente soziale Deutungsmuster erkennen lassen. Die Rekonstruktion der sozialen Deutungsmuster erfolgt also auf der Basis der bereits freigelegten individuellen Derivationen bzw. in einem parallelen Prozess der Derivationen- und Deutungsmusterrekonstruktion (vgl. a. Abschn. 4.2).

Oft wird eine Deutungsmusteranalyse erst als abgeschlossen betrachtet werden, wenn alle Deutungsmuster eines Bezugsproblems rekonstruiert worden sind. Dazu gehören auch innere Ausdifferenzierungen der meist eher geringen Zahl sozialer Deutungsmuster eines Bezugsproblems. Häufig wird dies in Form einer *Typologie* versucht. Dies setzt aber bereits bei der Gesamtplanung und bei der Datenerhebung voraus, dass hierfür die notwendigen Voraussetzungen im Datenmaterial vorhanden sind (vgl. hierzu a. Abschn. 4.4).

Insgesamt sind also vier Schritte oder Stufen zu unterscheiden (s. Abb. 1.2): die Gewinnung von Datenmaterial, aus dem sich Deutungsmuster rekonstruieren lassen, die Rekonstruktion der Derivationen, die Rekonstruktion sozialer Deutungsmuster und schließlich die Erschließung des Feldes empirisch beobachtbarer bzw.

---

[16]Aus diesem Grund hat es sich auch als schwierig erwiesen, Deutungsmuster mit standardisierten Methoden zumindest nachzuweisen (vgl. Lüdemann 1992; Ullrich 2008). Der Deutungsmusteransatz „verträgt" sich ganz offensichtlich nur schlecht mit der Variablen- und Subsumtionslogik standardisierter Forschung.

Abb. 1.2 Schritte der Deutungsmusteranalyse

rekonstruierbarer sozialer Deutungsmuster. Nur die ersten drei Schritte sind dabei unverzichtbare Bestandteile einer Deutungsmusteranalyse. Ob darüber hinaus das gesamte Feld sozialer Deutungsmuster eines Bezugsproblems erfasst und rekonstruiert werden soll, hängt von der jeweiligen Fragestellung ab.

Die Erfassung individueller Derivationen
Davon ausgehend, dass eine Deutungsmusteranalyse primär auf Texte als Datenmaterial zurückgreifen muss, können zunächst zwei grundsätzliche Wege der Datenerhebung (oder „Materialbeschaffung") sowie zwei grundlegende Arten von Daten unterschieden werden: Das Datenmaterial kann entweder gezielt im Forschungsprozess erzeugt werden oder in „natürlichen" Daten bestehen; und es kann in mündlicher oder schriftlicher Form vorliegen. Insgesamt ergeben sich daraus vier grundlegende Strategien, um für Deutungsmusteranalysen geeignetes Material zu gewinnen:

1. Häufig werden für Deutungsmusteranalysen *im Forschungsprozess erzeugte verbale Daten* verwendet. Dies erfolgt in fast allen Fällen in Form von qualitativen Interviews oder Gruppendiskussionen und auf der Basis von Transkriptionen mündlicher Äußerungen. Der Vorteil einer gezielten Erzeugung von Datenmaterial im Forschungsprozess, das Derivationen bzw. Deutungsmuster enthält, ist vor allem darin zu sehen, dass die Forscher/innen durch auf die Elizitation von Derivationen gerichtete Strategien für reiches Material sorgen können. Ein Nachteil dieser Vorgehensweise könnte in der Reaktivität von Interviews und Gruppendiskussionen gesehen werden. Dies ist vor allem dann ein Problem, wenn die tatsächlich handlungsleitenden Deutungsmuster rekonstruiert werden sollen, die, wie dargelegt, mit den in Gesprächen offenbarten Derivationen nicht identisch sein müssen.
2. Eine Deutungsmusteranalyse ist aber nicht auf mündliche Daten angewiesen. So lassen sich Derivationen und Deutungsmuster auch aus *im Forschungsprozess erzeugten Schrifttexten* rekonstruieren. Voraussetzung dafür ist, dass Untersuchungspersonen durch Aufforderungen und Anreize erfolgreich zur Abfassung entsprechender Texte veranlasst werden. Dies kann vor allem in Form schriftlich-qualitativer Befragungen (vgl. Schiek 2014) erfolgen oder

1.2 Deutungsmusteranalyse

durch andere Aufforderungen zur schriftlichen Textproduktion (klassisch: Aufsatz oder Tagebuch). Qualitativ-schriftliche Formen der Datenerhebung sind mit vielen Schwierigkeiten verbunden, unter denen das Motivationsproblem[17] das wichtigste sein dürfte. Durch die Möglichkeit zur Nutzung neuer Medien ist diese Form der Datenerhebung in jüngerer Zeit jedoch deutlich attraktiver geworden. So können insbesondere Online-Interviews und Online-Gruppendiskussionen (Chats, Forumsdiskussionen) recht gut zur Produktion schriftlicher Daten, die auch für Deutungsmusteranalysen geeignet scheinen, genutzt werden (vgl. u. a. Früh 2000; Ullrich und Schiek 2014).

3. Der dritte Weg einer „Materialbeschaffung" für eine Deutungsmusteranalyse ist die Aufzeichnung oder Sammlung *„natürlicher" mündlicher Daten* (insb. aufgezeichnete Gespräche). Diese ermöglichen eine von den Einwirkungen einer Datenerhebung (also z. B. von Interviews) unbeeinflusste Erfassung von Derivationen. Insgesamt erscheinen natürliche Gesprächsdaten als primäre Datenquelle aber wenig geeignet, da kein gezieltes Hervorlocken von Derivationen möglich ist. Daher würde eine Deutungsmusteranalyse eine eher große Menge solchen Materials erfordern, was nur bei Nutzung archivierter Audiodateien (z. B. von Radiosendungen) in einer akzeptablen Form möglich sein dürfte.

4. Eine solche Einschränkung gilt nicht für *„natürliches" schriftliches Datenmaterial*, denn die Materialbasis scheint hier schier unendlich. So können Zeitungen, Zeitschriften, Parteiprogramme, Flugblätter, Parlamentsprotokolle, Fachliteratur, Sachbuch- und Ratgeberliteratur, Belletristik, Werbetexte u. v. a. m. das Ausgangsmaterial für eine Deutungsmusterrekonstruktion bilden. Eine erhebliche Einschränkung ergibt sich hier aber daraus, dass auf diese Weise womöglich vor allem öffentlich dominante Deutungsmuster erfasst und sichtbar werden. Insbesondere durch das Internet sind aber auch in zunehmendem Maße gegendiskursive Text- und Deutungsangebote zunehmend zugänglich und deutungsmusteranalytisch nutzbar.

Eine Durchsicht von Forschungsarbeiten mit deutungsmusteranalytischem Ansatz macht schnell deutlich, dass die Erzeugung verbalen Datenmaterials im

---

[17]Die Erzeugung (längerer) schriftlicher Primärtexte im Forschungsprozess scheitert meist an der zu geringen Motivation der untersuchten Personen (die Verfassung eines schriftlichen Berichts etc. ist weit aufwendiger als z. B. Fragen in einem mündlichen Interview zu beantworten). Eine umfassendere Textproduktion kann zwar durch stärkere (finanzielle) Anreize erreicht werden; diese bergen aber die Gefahr einer „Ersatzmotivation" und damit einer Artefakteproduktion (wenn, im Extremfall, Berichte und Erzählungen frei erfunden werden, um dafür bezahlt zu werden).

Forschungsprozess am verbreitetsten ist (vgl. u. a. Bögelein und Vetter 2019 sowie Abschn. 1.3). Dies kann primär auf den erwähnten Vorteil einer gezielten Elizitation von Derivationen zurückgeführt werden. In jüngerer Zeit ist jedoch eine Zunahme von Dokumentenanalysen zu beobachten, die insbesondere durch die wachsende diskursanalytische Forschung zu erklären ist (vgl. Keller 1997; Meuser 2010).

Zur Erzeugung von Datenmaterial, aus dem sich Derivationen und Deutungsmuster rekonstruieren lassen, werden vor allem qualitative Interviews verwendet, und zwar in erster Linie Leitfadeninterviews. Sofern die Form des Leitfadeninterviews dabei weiter spezifiziert wird, werden meist das Problemzentrierte Interview (u. a. Alemann 2014; Bastian 2014; Bosancic 2014; Streckeisen et al. 2007; Weigelt 2010) oder das Diskursive Interview (u. a. Alemann 2014; Bögelein 2016; Markova 2017; Sachweh 2010) angewendet. Seltener finden sich demgegenüber stärker erzählgenerierende Interviewformen wie das Narrative und das biografische Interview (z. B. Kunze 2011) bei einem deutungsmusteranalytischen Vorgehen.[18]

Auch *Gruppendiskussionen* sind ein geeignetes Instrument zur Erfassung von Deutungsmustern. Hierbei kann die entstehende Gruppendynamik dazu genutzt werden, um Deutungsmuster sichtbar zu machen. Gruppendiskussionen scheinen besonders geeignet zur Erfassung sozialer Sinnstrukturen, da in solchen Gruppendiskussionen kollektiv geteilte Sinnwelten und Milieuspezifika (also auch soziale Deutungsmuster) deutlicher zum Vorschein kommen als etwa in Einzelinterviews. Gegenüber Interviewtechniken haben Gruppendiskussionen zudem den Vorteil, dass stärkere Eingriffe durch die Diskussionsleitung nicht erforderlich sind, da entsprechende Anreize durch die Teilnehmer der Gruppendiskussion selbst gesetzt werden.

Im deutschen Sprachraum beruft sich das Gros der akademischen Forschung mit Gruppendiskussionen auf die konzeptionellen Überlegungen Bohnsacks (1989, 1991, 2000) und Przyborskis (2004); Przyborski und Riegler (2010), die sich wiederum vor allem aus der Mannheimschen Wissenssoziologie herleiten.[19] Diese Richtung des

---

[18]Besonders häufig werden auch „Experteninterviews" (vgl. u. a. Bogner et al. 2002; Gläser und Laudel 2009; Meuser und Nagel 1991) für deutungsmusteranalytische Forschung eingesetzt. Dies ist vor allem auf das starke Interesse an der Rekonstruktion des Deutungswissens des jeweiligen Expertentyps zurückzuführen (u. a. Bogner und Menz 2001; Meuser 1992). Experteninterviews definieren sich jedoch über den Forschungsgegenstand. Sie stellen keinen eigenen Interviewtyp dar und sind meist Leitfadeninterviews.

[19]Diese Methodenschule (der Dokumentarischen Interpretation) versteht sich zwar nicht dezidiert als deutungsmusteranalytisch, verfolgt aber ähnliche Zielsetzungen. Bohnsack (1992, 1997) verwendet den Begriff des Orientierungsmusters, der deutliche Parallelen zum Deutungsmusterbegriff aufweist.

1.2 Deutungsmusteranalyse

Gruppendiskussionsverfahrens ist in ihrem Anwendungsbereich allerdings dadurch begrenzt, dass sie nur mit Realgruppen durchgeführt werden bzw. soweit konjunktive Erfahrungen (Mannheim 1980) unterstellt werden können. Erfasst und rekonstruiert werden auf diesem Weg also zunächst gruppentypische Deutungsmuster, die von den Mitgliedern der Realgruppe geteilt werden. Die Deutungsmusteranalyse bleibt dadurch auf solche „konjunktiven Erfahrungsräume" beschränkt. Übergreifende soziale Deutungsmuster sowie Unterschiede zwischen Deutungsmustern unterhalb und quer zu sozialen Gruppen sind auf diesem Weg nicht erfassbar.[20] Es wird also bereits vorausgesetzt, was eigentlich noch zu eruieren wäre, nämlich die Kenntnis des sozialen Verbreitungsraums von Deutungsmustern.

Die Rekonstruktion individueller Derivationen und sozialer Deutungsmuster
Es besteht ein weitgehender Konsens, *dass* Deutungsmuster bzw. Derivationen aus dem Datenmaterial rekonstruktiv zu erschließen sind. Keine Einigkeit besteht dagegen bei der Frage, *wie* mithilfe welcher Verfahren diese Rekonstruktionen am besten gelingen können. So stellen schon Lüders und Meuser fest, dass „für die Deutungsmusteranalyse kein spezifisches Verfahren der Dateninterpretation entwickelt worden" ist (Lüders und Meuser 1997, S. 67). Hieran hat sich nichts geändert und es gibt wohl auch keinen Grund, warum Derivationen und Deutungsmuster nicht auf unterschiedlichen Wegen rekonstruiert werden können sollten.

So ergibt ein Blick in die neuere Forschungsliteratur auch hier ein eher buntes Bild, zumal oft mehrere Verfahren in einer Studie verwendet werden. Dabei sind die im deutschen Sprachraum verbreiteten hermeneutischen Verfahren auch hier am häufigsten zu finden. So werden Deutungsmuster insbesondere mit der objektiven Hermeneutik (Bastian 2014; Kunze 2011; Meuser 2010; Streckeisen et al. 2007; Wolde 2007), der Dokumentarischen Methode (Müller 2014; Weigelt 2010), der Mayringschen Inhaltsanalyse (Alemann 2014; Scholz 2012) sowie der Grounded Theory Methodology (Alemann 2015; Wolde 2007) rekonstruiert.

---

[20]Bohnsack definiert „konjunktive Erfahrungsräume" allerdings relativ weit und fasst darunter auch Milieus und Generationen (1991, S. 115). Dies würde gegen eine Beschränkung auf Realgruppen sprechen, die aber nach wie vor die dominante Gruppenform dieser Forschungsrichtung ist (vgl. u. a. Bohnsack et al. 2007). Entsprechend ließe sich argumentieren, dass sich auch (oder gerade) mit künstlich zusammengestellten Gruppen Deutungsmuster erschließen lassen (so z. B. Mensching 2010; Müller 2014). Auch hier stellt sich aber das Problem, dass bereits hinreichende Kenntnisse über die soziale Verteilung von Deutungsmustern bestehen müssen, um die Diskussionsgruppen zusammenstellen zu können. Der Unterschied zwischen sozialen und an „konjunktive Erfahrungsräume" gebundene Deutungsmuster besteht jedoch vor allem darin, dass soziale Deutungsmuster nicht nur über milieugebundene Interaktionen, sondern auch über öffentliche Diskurse gebildet und validiert werden.

Scheinbar kommen also viele, wenn nicht (fast) alle Verfahren der sozialwissenschaftlichen Hermeneutik (Hitzler und Honer 1997) für die Deutungsmusteranalyse infrage. Bei allen methodischen und methodologischen Unterschieden lassen sich bei diesen zwei wesentliche Grundstrategien erkennen, die unterschiedliche Ansatzpunkte für Deutungsmusteranalysen bieten. Dabei handelt es sich um kontrastierende und um sequenzanalytische Interpretationsstrategien.

1. Schon Ende der 1990er Jahre resümierten Lüders und Meuser, dass sich in einer „überschaubaren Zahl von Fällen" die „Sequenzanalyse als das geeignete und bislang kaum umstrittene Verfahren herauskristallisiert" (1997, S. 68) habe. Welche Gründe für sequenzanalytische Interpretationsverfahren bei der Rekonstruktion sozialer Deutungsmuster sprechen, erläutern sie jedoch nicht. Insofern kann vermutet werden, dass die Verbreitung sequenzanalytischer Verfahren in erster Linie auf den allgemeinen Erfolg von objektiver Hermeneutik (nach Oevermann), Narrationsanalyse (nach Schütze) und der Methode der dokumentarischen Interpretation (nach Bohnsack)[21] in der deutschsprachigen Sozialforschung zurückzuführen ist[22] – und nicht darauf, dass Deutungsmuster nur sequenzanalytisch rekonstruiert werden könnten.

Ein zweiter Grund ist sicher die enge „genealogische" Verbindung von objektiver Hermeneutik und Deutungsmusteransatz, die mit Oevermann einen gemeinsamen „Vater" haben (u. a. Oevermann 1973, 2001; Oevermann et al. 1979). Das Verhältnis von objektiver Hermeneutik und Deutungsmusteranalyse ist aber zumindest ambivalent, wie u. a. die Auseinandersetzung Oevermanns mit Vertretern anderer deutungsmusteranalytischer Richtungen zeigt (Oevermann 2001; Plaß und Schetsche 2001). Problematisch ist vor allem, dass die objektive Hermeneutik aufgrund der Hypostasierung des Strukturbegriffs (vgl. Reichertz 1988) über kein theoretisches oder methodisches Mittel zur sozialen Lokalisierung von Deutungsmustern verfügt. M. a. W.: Eine mit der objektiven Hermeneutik oder einem anderen sequenzanalytischen Verfahren durchgeführte Rekonstruktion von Sinnstrukturen wird immer nur eine – wenn auch höchst genaue und gut substantiierte – Rekonstruktion *individueller* Derivationen sein. Für eine Rekonstruktion *sozialer* Deutungsmuster fehlt den auf Fallstrukturen ausgerichteten sequenzanalytischen Verfahren das Instrumentarium.

---

[21]Die in jüngerer Zeit zunehmend über ihren Ursprungskontext hinaus angewendete Konversationsanalyse ist demgegenüber bisher noch ohne größeren Einfluss auf deutungsmusteranalytische Arbeiten.

[22]Für einen Überblick und eine vergleichende Darstellung sequenzanalytischer Verfahren vgl. insb. Kleemann et al. (2009).

1.2 Deutungsmusteranalyse

2. Die Alternative zu sequenzanalytischen Vorgehensweisen sind kontrastierende Analysestrategien. Bei diesen ist der systematische (synoptische) Vergleich von Textstellen die Basisstrategie der Interpretation. Dabei werden überwiegend thematisch ähnliche, aber aus unterschiedlichen Textstellen stammende Textteile kontrastiert (vgl. Kelle und Kluge 1999, S. 56 ff.). Damit unterscheiden sich diese Verfahren grundlegend von den genannten sequenzanalytischen, die Texte als Sinneinheiten verstehen und Sinn durch interpretativen Nachvollzug des Produktionsprozesses eines Textes zu erfassen versuchen. Kontrastierende Analysestrategien zielen dagegen auf sozial geteiltes Orientierungswissen. Sie verwenden dafür Interpretationsverfahren, die solche Vergleiche dezidiert vorsehen, wie die von Strauss und Corbin entwickelte Grounded Theory Methodology (Strauss 1991; Strauss und Corbin 1990; vgl. a. Charmaz 2014; Dey 1999; Strübing 2008), oder zumindest zulassen, wie insbesondere die Inhaltsanalyse nach Mayring (1983). Darüber hinaus ist mit kontrastierenden Verfahren auch die Erschließung eines Feldes sozialer Deutungsmuster möglich und wird oft explizit angestrebt (vgl. Kelle und Kluge 1999, S. 75 ff.; Abschn. 4.2). Typisch und durch die Notwendigkeit bedingt, die Übersicht und Kontrolle über scheinbar „ausufernde" Textmengen zu behalten, ist schließlich die Verwendung von für qualitative Textanalysen geeignete Software.

Dass Sequenzanalysen für die Rekonstruktion von Deutungsmustern dennoch oft als alternativlos gelten, mag auch darin begründet sein, dass kontrastierende (bzw. nicht-sequenzialistische) Interpretationsformen als zugleich „unscharf" und methodologisch „dünn" wahrgenommen werden.[23] Mit der zunehmenden Rezeption und Anwendung der Grounded Theory Methodology (Strauss 1991; Strauss und Corbin 1990), die u. a. die „constant comparative method" der „alten" Grounded Theory (Glaser und Strauss 1967) methodisch umzusetzen versucht, aber auch seit Kelles und Kluges (1999) Darstellung kontrastierender und typologisierender Auswertungsstrategien sollte sich diese Wahrnehmung geändert haben. Kritisch anzumerken bleibt aber, dass klare und methodisch wie methodologisch überzeugende Darstellungen kontrastierender Vorgehensweisen kaum zu finden sind. (Wie in Kap. 2 begründet und in Kap. 4 ausführlicher dargelegt wird, ist die kontrastierende Auswertung die zentrale Interpretationsstrategie einer Deutungsmusteranalyse mit Diskursiven Interviews).

---

[23]So ist die Haltung vieler qualitativer Sozialforscher/innen z. B. gegenüber der Inhaltsanalyse nach Mayring (1983), z. T. aber auch gegenüber der Grounded Theory Methodology (Strauss und Corbin 1990) oft zumindest ambivalent. In einigen Lehrbüchern werden diese Methoden nicht oder – gemessen an den Anforderungen sequenzanalytischer Verfahren – als defizitäre Methoden dargestellt.

1.3 Deutungsmusteranalyse: Forschungsbeispiele

Um einen besseren Eindruck zu vermitteln, auf welche Weise und mit welchen Ergebnissen Deutungsmusteranalysen durchgeführt werden, sollen in diesem Abschnitt beispielhaft einige Forschungsarbeiten vorgestellt werden. Die Auswahl fokussiert auf im engeren Sinne deutungsmusteranalytische Studien. Das schließt zum einen Forschungen aus, die mit ähnlichen oder konkurrierenden Konzepten arbeiten. Gleiches gilt für Arbeiten, die zwar grundsätzlich an Deutungsmustern interessiert sind, für die aber deren Rekonstruktion nicht das zentrale Anliegen ist. Dies gilt insbesondere für Studien mit historisch-genetischen und diskursanalytischen Forschungsinteressen sowie für solche, die mit standardisierten Methoden die soziale Verbreitung von Deutungsmustern untersuchen.

Innerhalb dieses konzeptionellen Rahmens ist die Auswahl der vorgestellten Studien dann eher zufällig und subjektiv, versucht aber, unterschiedliche methodische Zugänge und Forschungsfelder zu berücksichtigen. Sie will daher auch nicht in irgendeiner Form repräsentativ sein, sondern nur einen ersten Einblick in die Praxis des Forschungsbereichs Deutungsmusteranalyse ermöglichen. Die Vorstellung der deutungsmusteranalytischen Untersuchungen erfolgt in kurzen Steckbriefen oder Stenogrammen, die einem einheitlichen Muster folgen:

So werden zunächst jeweils kurz die Fragestellung bzw. das Forschungsthema vorgestellt. Sofern es aus den Selbstdarstellungen hervorgeht, sollte dabei auch deutlich werden, warum eine Deutungsmusteranalyse als richtiger Zugang zum jeweils interessierenden Ausschnitt sozialer Lebenswelten angesehen wird und wie dies methodologisch begründet wird. Im zweiten und dritten Schritt wird dann das Vorgehen bei der Datenerhebung (Aus welchem Material werden Deutungsmuster rekonstruiert? Wie wird Deutungsmuster-haltiges Material gewonnen?) und bei der Datenauswertung (Wie werden soziale Deutungsmuster aus dem zuvor gewonnenen Material rekonstruiert?) erläutert. Besonderes Gewicht wird hierbei auf die Frage gelegt, wie die einzelnen Analyseschritte jeweils begründet werden. An die Darstellung der verwendeten Forschungsmethoden schließt sich eine kurze Zusammenfassung zentraler Forschungsergebnisse an. In einem letzten Schritt soll schließlich jeweils eine kurze theoretische und methodologische Einordnung der deutungsmusteranalytischen Studien versucht werden.

Eine über den engeren methodischen und methodologischen Kontext hinausgehende Kritik der deutungsmusteranalytischen Studien ist nicht beabsichtigt und sollte auch nicht in die Stenogramme hineingelesen werden. Im Gegenteil: Alle hier vorgestellten Forschungsarbeiten, die in chronologischer Reihenfolge vorgestellt werden, unterstreichen m. E. eindrucksvoll, dass die deutungsmusteranalytische Perspektive qualitativ hochwertige und wegweisende Forschungsergebnisse hervorbringen kann – und dies auch dann, wenn methodische Umsetzungen unklar sind oder nur sehr vage begründet werden.

1.3 Deutungsmusteranalyse: Forschungsbeispiele

Brenke, Karl; Peter, Michael (1985): Arbeitslosigkeit im Meinungsbild der Bevölkerung. In: Michael von Klipstein; Burkhard Strümpel (Hrsg.): Gewandelte Werte, erstarrte Strukturen. Wie Bürger Wirtschaft und Arbeit erleben. Bonn: Verlag Neue Gesellschaft. S. 87–127

Forschungsthema und Fragestellung	Die Untersuchung von K. Brenke und M. Peter hat die Deutungsmuster (oft auch nur „Bilder" genannt) von Arbeitslosigkeit und Arbeitslosen zum Gegenstand. Es wird untersucht, welche Deutungsmuster die Wahrnehmung von Arbeitslosigkeit und der Arbeitslosen festgestellt werden können. Der Untersuchungszeitraum sind die frühen 1980er Jahre; durchgeführt wurde sie in Westdeutschland (BRD). Die Autoren nehmen keinerlei Bezug auf deutungsmusteranalytische Literatur, können aber am ehesten der Tradition der „Arbeiterbewusstseinsforschung" zugerechnet werden
Datenerhebung	Die Studie hat neben dem qualitativen auch einen quantitativen Teil (Sekundäranalysen von Surveydaten). Zum qualitativ-methodischen Vorgehen bei der Erfassung der „Arbeitslosigkeitsbilder im Spiegel der qualitativen Interviews" (105 ff.) wird nur erwähnt, dass qualitative Interviews durchgeführt wurden (88), in denen „die Befragten ihre Ansichten mit eigenen Worten darlegen konnten" (105). Weitere Angaben zu Interviewform oder konkreteren Aspekten (z. B. zu einem Leitfaden) fehlen. Auch über die Zahl der Interviews oder das Samplingverfahren fehlen jegliche Angaben
Datenauswertung	Auch darüber, wie die „qualitativen Interviews" ausgewertet wurden und wie Deutungsmuster aus dem Material rekonstruiert werden, werden von Brenke und Peter keinen Angaben gemacht
Zentrale Ergebnisse	Als Ergebnis stellen Brenke und Peter zunächst „deutliche Orientierungsmängel und Verunsicherungen" fest und damit auch, dass viele Befragte sowohl hinsichtlich der Ursachen als auch von Maßnahmen gegen Arbeitslosigkeit keine klaren Deutungsmuster haben bzw. nicht mitteilen (105 f.). Darüber hinaus arbeiten die Autoren vier Gruppen von Deutungsmustern zu Arbeitslosigkeit heraus: 1) Die erste umfasst Deutungsmuster, die in Arbeitslosigkeit eine „Folge ökonomischer Fehlentwicklungen" sehen. Hierbei unterscheiden Brenke und Peter drei Subtypen, die sie als „kapitalismuskritische Reformen" (u. a. Arbeitslosigkeit aufgrund von technischer Rationalisierung), als marktorientierte Gewerkschaftskritik" (u. a. Lohnhöhe als Ursache von Arbeitslosigkeit) und als „importierte Arbeitslosigkeit" (Arbeitslosigkeit infolge von Lohnkonkurrenz und hoher Rohstoffpreise) bezeichnen. 2) Im zweiten Typus wird Arbeitslosigkeit als „Folge des Systems" angesehen, und zwar entweder des politischen oder des wirtschaftlichen. 3) Im dritten Deutungsmustertyp werden „Arbeitslosigkeit und Wirtschaftskrise als Folge falscher Werte" (z. B. Egoismus/fehlende Solidarität; Anspruchsmentalität) verstanden. 4) Die vierte Gruppe umfasst schließlich victimisierende Deutungsmuster, die die Ursache von Arbeitslosigkeit entweder bei Arbeitslosen selbst sehen oder diese auf die Arbeitsplatzkonkurrenz durch Migranten („Ausländer") zurückführen (120 ff.)

Brenke, Karl; Peter, Michael (1985): Arbeitslosigkeit im Meinungsbild der Bevölkerung. In: Michael von Klipstein; Burkhard Strümpel (Hrsg.): Gewandelte Werte, erstarrte Strukturen. Wie Bürger Wirtschaft und Arbeit erleben. Bonn: Verlag Neue Gesellschaft. S. 87–127

Methodologische Einordnung	Die vorgestellten sozialen Deutungsmuster von Arbeitslosigkeit sind nicht sehr klar (Typen 2 und 3) und in sich sehr heterogen (Typ 1 und Typ 4). Infolgedessen ist die Typologie auch nicht sehr trennscharf (z. B. Typen 1 und 2). Ebenso wird nicht systematisch zwischen Arbeitslosigkeit als Phänomen, Auswirkungen von Arbeitslosigkeit, Ursachen von Arbeitslosigkeit und der Wahrnehmung der Arbeitslosen unterschieden. Kritisch ist aber vor allem anzumerken, dass methodische Informationen kaum vorhanden sind. Bereits dies, aber auch viele Teile der Darstellung selbst lassen einen eher geringen Grad methodischer und methodologischer Reflexion vermuten. Daher handelt es sich bei den vorgestellten Deutungsmustern wohl eher um Deskriptionen und Zusammenfassungen von Befragtenäußerungen als um interpretative Rekonstruktionen im engeren Sinne. Zumindest im Vergleich zu heutigen Ansprüchen an die Reflexion und Dokumentation des methodischen Vorgehens ist die Studie von Brenke und Peter als methodisch und methodologisch „unbedarft" einzuschätzen. Dennoch oder auch gerade deswegen zeigt sie aber auch, dass der Deutungsmusteransatz eine interessante Forschungsperspektive bietet. Denn auch rückblickend und mit über 30 Jahren Abstand vermitteln die Ergebnisse von Brenke und Peter einen überaus illustren Eindruck über die Wahrnehmung von Arbeitslosigkeit in den 1980er Jahren

1.3 Deutungsmusteranalyse: Forschungsbeispiele

Behnke, Cornelia; Meuser, Michael (1997): Zwischen aufgeklärter Doppelmoral und partnerschaftlicher Orientierung. Frauenbilder junger Männer. Zeitschrift für Sexualforschung 10: 1–18
Meuser, Michael (2010): Geschlecht und Männlichkeit. Soziologische Theorie und kulturelle Deutungsmuster. 3. Aufl. Wiesbaden: VS-Verlag

Forschungsthema und Fragestellung	Die in unterschiedlichen Veröffentlichungen vorgestellte Studie wurde 1995 durchgeführt und befasste sich vor dem Hintergrund sich verändernder Geschlechterverhältnisse und -diskurse mit den Frauenbildern junger Männer, einem bis dahin vernachlässigten Thema. Das Frauenbild der jungen Männer wird dabei als wichtiger Indikator für deren Beteiligung an gesellschaftlichen Veränderungsprozessen in Bezug auf Genderfragen angesehen, u. a. weil ein „männlich konstruiertes" Frauenbild grundlegend für die bestehende Geschlechterordnung sei
Datenerhebung	Die Datenerhebung erfolgte mit Gruppendiskussionen im Sinne Bohnsacks (1991), was damit begründet wird, dass nicht individuelle Einstellungen, sondern kollektive Sinngehalte im Vordergrund des Erkenntnisinteresses stehen. Insgesamt wurden 30 Realgruppen (sozial existierende Gruppen) mit Teilnehmern im Alter zwischen 20 und 60 Jahren untersucht, die in unterschiedlichen Milieus und Kontexten angesiedelt waren (u. a. Facharbeiter, Herrenclub, Studenten, „Männergruppe"). Das Sampling wurde als „theoretical sampling" durchgeführt, sodass noch während der Datenanalyse neue Gruppen nach dem Prinzip des minimalen und maximalen Kontrasts in die Untersuchung einbezogen wurden. In den Gruppendiskussionen wurde eine möglichst hohe „Selbstläufigkeit des Diskurses" angestrebt, damit die Teilnehmer möglichst ungehindert ihren Relevanzstrukturen und Schwerpunktsetzungen folgen konnten. Die Steuerung der Gesprächssituation durch die Forschenden wurde daher minimiert und beschränkte sich wesentlich auf einen Eingangsstimulus („Was heißt es oder was bedeutet es für Sie/Euch, ein Mann zu sein?")
Datenauswertung	Die Auswertung der Gruppendiskussionen orientierte sich an der „dokumentarischen Methode der Interpretation" (Bohnsack 1991), die ursprünglich speziell für die Analyse von Gruppendiskussionen entwickelt wurde und für die Rekonstruktion kollektiv geteilter Deutungsmuster von Männlichkeit daher besonders geeignet erscheint. Dabei wird aber der „komparative" Aspekt dieser im Kern sequenziellen Methode (ein Vergleich auf Gruppenebene) stärker akzentuiert. (Das genaue, schrittweise Vorgehen oder Zwischenergebnisse werden nicht dargestellt.)

Behnke, Cornelia; Meuser, Michael (1997): Zwischen aufgeklärter Doppelmoral und partnerschaftlicher Orientierung. Frauenbilder junger Männer. Zeitschrift für Sexualforschung 10: 1–18
Meuser, Michael (2010): Geschlecht und Männlichkeit. Soziologische Theorie und kulturelle Deutungsmuster. 3. Aufl. Wiesbaden: VS-Verlag

Zentrale Ergebnisse	Im Ergebnis stellen die Autor/innen zum einen „habituelle Verunsicherungen" bei einigen Männergruppen fest, zum anderen aber vor allem deutliche Unterschiede zwischen den untersuchten Gruppen, die von an alten Rollenmodellen orientierter „habitueller Sicherheit" über „prekäre Sicherheiten" bis zur „institutionalisierten Dauerreflexion" und einer „Suche nach Authentizität" reichen. Mit diesen übergreifenden Grundmustern korrespondieren jeweils andere, z. T. auch gegensätzliche Deutungen und Wirklichkeitskonstruktionen, die ausführlich rekonstruiert und dargelegt werden. Deren geteilter Hintergrund ist die offene oder implizite Auseinandersetzung mit feministischer Gesellschaftskritik und daraus abgeleiteten Forderungen nach Veränderungen. Unterschiede zwischen den Gruppen(diskussionen) führen Behnke und Meuser schließlich auf milieu- und sozialräumliche Kontexte zurück
Methodologische Einordnung	Mit Hinblick auf die verwendete Forschungsmethode, aber auch mit ausdrücklichem Verweis auf die unterschiedlichen soziologischen Theorierichtungen und insbesondere auf die Wissenssoziologie K. Mannheims wird die eigene Position als eine wissenssoziologische Perspektive beschrieben. Erst durch die Einnahme einer solchen Perspektive werde es möglich, kollektive (im Gegensatz zu individuellen) Bedeutungszusammenhänge zu erfassen. Ein expliziter Bezug auf ein bestimmtes Deutungsmusterkonzept erfolgt nicht; der Deutungsmusterbegriff wird eher in einem allgemein-wissenssoziologischen Sinne benutzt und häufig durch offenbar als synonym empfundene Begriffe ersetzt. Aufgrund des klar rekonstruktiv ausgerichteten methodischen Vorgehens und der Selbstverortung der Forscher/innen kann diese Studie aber eindeutig der wissenssoziologischen Deutungsmusteranalyse zugerechnet werden

1.3 Deutungsmusteranalyse: Forschungsbeispiele

Rüling, Anneli (2007): Jenseits der Traditionalisierungsfallen. Wie Eltern sich Familien- und Erwerbsarbeit teilen. Frankfurt/M.: Campus

Forschungsthema und Fragestellung	A. Rülings Untersuchung befasst sich mit den Strategien zur Vereinbarkeit von Familie und Beruf von (heterosexuellen) Elternpaaren. Es wird gefragt, wann eine Arbeitsteilung zwischen Eltern gleichberechtigt gelebt wird, welche Deutungsmuster und Handlungsstrategien dabei wirkmächtig sind und auf welche strukturellen Widerstände die Paare stoßen. Die Nichtverwirklichung von Gleichberechtigung (auch) bei egalitär orientierten Paaren bildet ein zentrales Forschungsinteresse. Dabei wird angenommen, dass die gesellschaftlichen Rahmenbedingungen traditionellere Settings bevorzugen („Traditionalisierungsfallen"), weshalb egalitär orientierte Paare dagegen spezifische Handlungsstrategien entwickeln müss(t)en. Zur Beantwortung dieser Fragen wurden Elternpaare untersucht, die eine egalitäre Arbeitsteilung zumindest teilweise umsetzen. Die Rekonstruktion der Deutungsmuster soll dabei eine Lücke zwischen dem bereits gut erforschten Bereich der wohlfahrtsstaatlichen Rahmenbedingungen und den individuellen (Aus)Handlungsprozessen schließen
Datenerhebung	Die Studie basiert auf Daten, die zwischen 2001 und 2003 erhoben wurden. Insgesamt wurden 25 junge Elternpaare interviewt, die eine egalitäre (Paar)Arbeitsteilung umzusetzen versuchen. Das Vorgehen bei der Auswahl der Elternpaare kann als „selctive sampling" verstanden werden. Die Gewinnung der Interviewdaten bestand aus zwei Teilen: Zum einen wurden leitfadengestützte Einzelinterviews mit beiden Elternteilen geführt, zum anderen Paarinterviews. Die leitfadengestützten Interviews orientierten sich am Problemzentrierten Interview (Witzel 1985) und am Diskursiven Interview (Ullrich 1999). Die Einzelinterviews thematisierten vor allem die Arbeitssituation der Befragten sowie deren Alltagsgestaltung und ihre private Arbeitsteilung. In den Paarinterviews bildeten eine gemeinsame Bilanzierung des Paares sowie deren weitere Lebensplanung einen Schwerpunkt. Darüber hinaus war hier die Sicht auf die familienpolitischen Rahmenbedingungen wichtig, die auch anhand beispielhafter Modelle diskutiert, gewichtet und eingeschätzt werden sollten
Datenauswertung	Bereits im ersten Auswertungsschritt wurden auf der Basis synoptischer Fallbeschreibungen Paar-Typen gebildet. Der zweite Auswertungsschritt befasste sich mit den partnerschaftlichen Aushandlungsprozessen sowie dem Umgang mit sozialpolitischen Rahmenbedingungen. Hierzu wurden die Kodiertechniken der Grounded Theory Methodology (Strauss und Corbin 1990) verwendet. Schließlich wurden auf Basis der ersten Auswertungsschritte Extremfälle von „Traditionalisierungsfallen" identifiziert und zum Gegenstand eingehender Fallanalysen gemacht, um die unterschiedlichen Aushandlungsprozesse der Paare tiefergehend zu untersuchen und bestehende Widersprüche zu verdeutlichen

Rüling, Anneli (2007): Jenseits der Traditionalisierungsfallen. Wie Eltern sich Familien- und Erwerbsarbeit teilen. Frankfurt/M.: Campus	
Zentrale Ergebnisse	Es werden drei Traditionalisierungsfallen unterschieden: 1) Ein drohendes Armutsrisiko durch einen beruflichen Wiedereinstieg der Mutter, 2) eine Überforderung durch die Koordination der beruflichen Entwicklung beider Elternteile und 3) geschlechtsspezifische Deutungen bei Kinderbetreuung und Hausarbeit. Mit diesen strukturellen Settings korrespondieren jeweils spezifische Deutungsmuster und Handlungsstrategien. Aufgrund struktureller Hürden (vor allem der sozialpolitischen Privilegierung traditioneller Arbeitsteilung), aber auch infolge bestehender Deutungsmuster sind egalitäre Handlungsstrategien immer instabil und müssen ständig erneuert und neu ausgehandelt werden. Sie sind daher immer auch „anstrengend" und mit der Gefahr eines Rückfalls in traditionelle Settings und Paarmuster verbunden
Methodologische Einordnung	Methodologisch verortet Rüling ihre Studie in der Tradition des interpretativen Paradigmas, vermeidet aber darüber hinausgehende methodische und methodologische Festlegungen. Aufgrund der starken Akzentuierung struktureller Aspekte, der Orientierung an der Strukturierungstheorie Giddens (1997), der Einbeziehung von Makrofaktoren (Sozialpolitik) sowie des theoriegeleiteten Samplings ist das Vorgehen jedoch nur zum Teil als interpretativ einzuschätzen. Dem entspricht, dass die „gefundenen" Deutungsmuster an keiner Stelle systematisch aufbereitet oder kontrastiert werden. Daher bleibt unklar, welche Deutungsmuster rekonstruiert wurden und in welchem Verhältnis sie zu den „Traditionalisierungsfallen" stehen. Weitgehend unklar bleibt auch, wie bei der Rekonstruktion der Deutungsmuster methodisch vorgegangen wurde

1.3 Deutungsmusteranalyse: Forschungsbeispiele

Opielka, Michael; Müller, Matthias; Bendixen, Tim; Kreft, Jesco (2009): Grundeinkommen und Werteorientierungen. Eine empirische Analyse. Wiesbaden: VS-Verlag

Forschungsthema und Fragestellung	Die Studie von M. Opielka und Mitarbeitern untersucht den Zusammenhang zwischen dem Konzept des Grundeinkommens und Wertorientierungen. Es soll geklärt werden, welche Werte zu einer Befürwortung eines (bisher als sozialpolitisches Instrument nicht existierenden) Grundeinkommens führen und welche zu einer Ablehnung. Ein zentraler Ausgangspunkt ist die Feststellung, dass die Zustimmung zu einem Grundeinkommen nicht an klassischen politischen Einstellungen abgelesen werden könne. Die Gründe für die häufig reflexartig ablehnenden Urteile müssen also auf einer „tieferen" als der Ebene politischer Einstellungen gesucht werden, die sich nach Ansicht der Autoren als Deutungsmuster verstehen lassen. Davon ausgehend, dass zukünftige Einstellungen in der Bevölkerung von den aktuellen Einschätzungen der „Eliten" (vor)geprägt werden, versuchen Opielka und Mitarbeiter, die für die Beurteilung eines Grundeinkommens relevanten Deutungsmuster unterschiedlicher gesellschaftlicher Eliten (Wirtschaft, Politik, Soziale Arbeit) zu erfassen
Datenerhebung	Das Forschungsprojekt umfasst zwei Erhebungsformen, und zwar Experteninterviews und Gruppendiskussionen. Durch die Experteninterviews „sollte ein Einblick in die Deutungen wirtschaftlicher und politischer Ethik in Bezug auf die Idee eines Grundeinkommens bei Personen erhalten werden, die das Meinungsbild in Deutschland in näherer Zukunft prägen" (43). Dazu wurden Interviews mit Personen der höheren Führungsebene aus dem Bereich der Sozial- und Arbeitsmarktpolitik durchgeführt. Insgesamt wurden 13 Interviews mit Expertinnen und Experten realisiert, die durchschnittlich etwas mehr als eine Stunde dauerten. Diese Experteninterviews waren „narrativ angelegt"; darüber hinaus wurde im späteren Interviewverlauf ein Leitfaden verwendet, der auch konfrontative Fragen enthielt. Im zweiten Teil wurden drei Gruppendiskussionen (Fokusgruppen) mit künstlichen, für die Forschung zusammengestellten Gruppen durchgeführt. Je eine Gruppendiskussion wurde mit (Eliten)Vertreter/innen aus den Bereichen Wirtschaft (8 Teilnehmer/innen), Politik (8) und Soziale Arbeit (6) durchgeführt. In den Fokusgruppen wurden gezielt gegensätzliche Akteure gewählt, um „strukturelle Ambivalenzen von Deutungsmustern" gezielt herauszuarbeiten
Datenauswertung	Wie das Datenmaterial analysiert wurde, wird leider nur sehr vage beschrieben und muss zum Teil aus den Ergebnissen „rekonstruiert" werden. Klar scheint, dass die Auswertung zumindest der Experteninterviews im Kern mit der Grounded Theory Methodology (Strauss 1998) erfolgte. Unter der Verwendung qualitativer Analysesoftware wurde das Material kodiert und auf Basis dieser Kodierungen interpretiert. Für die Auswertungsmethodik der Gruppendiskussionen ist anzunehmen, dass hier, zumindest ergänzend, auch die Dokumentarische Methode (Bohnsack 1989) verwendet wurde

\multicolumn{2}{l}{**Opielka, Michael; Müller, Matthias; Bendixen, Tim; Kreft, Jesco (2009): Grundeinkommen und Werteorientierungen. Eine empirische Analyse.** Wiesbaden: VS-Verlag}
Zentrale Ergebnisse	Zentrales Ergebnis der Studie von Opielka und Mitarbeitern ist, dass unterschiedliche Wertekonzepte und Wahrnehmungen (u. a. Gerechtigkeitsvorstellungen, Menschenbild) bei der Beurteilung von Grundeinkommenskonzepten eine zentrale Rolle spielen. Auch die Deutungsmuster, auf die zur Begründung einer Ablehnung oder Befürwortung eines Grundeinkommens zurückgegriffen wird, unterscheiden sich zum Teil deutlich. Hinsichtlich der drei Gruppendiskussionen zeigten sich zudem erwartbare Unterschiede bei der allgemeinen Beurteilung eines Grundeinkommens: Während die (Elite-)Vertreter der Wirtschaft diese durchweg und kategorisch ablehnen, stehen die „Politiker/innen" diesem positiv gegenüber, während die Vertreter/innen der Sozialen Arbeit ein eher ambivalentes Verhältnis zu einem Grundeinkommen zeigen
Methodologische Einordnung	Die Studie von Oplielka und Mitarbeitern lässt sich keiner methodischen Richtung zuordnen. Auch das Deutungsmusterkonzept wird in einer eher eklektizistischen Form verwendet, ohne die bei einer Bezugnahme auf unterschiedliche methodologische Ansätze entstehenden Widersprüche zu thematisieren. Entsprechend unscharf sind auch die beschriebenen Deutungsmuster. Ein systematisierender Vergleich oder eine typisierende Verdichtung werden nicht durchgeführt. Das methodische Vorgehen ist insgesamt nur sehr knapp dargelegt, zeigt aber auch schon so deutliche Defizite. Diese betreffen insbesondere die Zusammenstellung der Diskussionsgruppen, die man durchaus als tendenziös bezeichnen könnte

1.3 Deutungsmusteranalyse: Forschungsbeispiele

Sachweh, Patrick (2010): Deutungsmuster sozialer Ungleichheit. Wahrnehmung und Legitimation gesellschaftlicher Privilegierung und Benachteiligung. Frankfurt/M.: Campus

Forschungsthema und Fragestellung	Forschungshintergrund der Studie von P. Sachweh ist der Anstieg von Armut und Einkommensungleichheit in Deutschland seit den 1990er Jahren. Das Forschungsinteresse besteht darin zu klären, wie (wachsende) soziale Ungleichheit von Menschen in unterschiedlichen sozialen Lagen wahrgenommen, gedeutet und auch legitimiert wird. Forschungsleitend ist dabei die Vermutung, dass sich dies nur mit komplexen sozialen Deutungsmustern erklären lässt und dass diese rekonstruktiv, aus in Interviews gewonnenem Material erschlossen werden müssen
Datenerhebung	Die Auswahl der befragten Personen erfolgte zum Teil als „theoretical sampling". Ein durch die Fragestellung gesetztes Auswahlkriterium war dagegen die soziale bzw. Klassenlage, wobei die Befragten gleichermaßen aus besonders privilegierten und aus benachteiligten Lagen rekrutiert wurden. Dies basierte auf der Annahme, dass in diesen Bevölkerungsgruppen das Bedürfnis nach Legitimierung sozialer Ungleichheiten besonders ausgeprägt ist. Zugleich wurden auch andere Merkmale zielgerichtet variiert (z. B. Geschlecht und berufliche Situation). Als Erhebungsinstrument wurden Diskursive Interviews (Ullrich 1999) verwendet, weil diese konzeptionell auf die Rekonstruktion sozial geteilter Deutungsmuster ausgerichtet sind. Leitgedanke bei der Konzeption und Ausgestaltung der Interviews war es, die Befragten mit einem ausgearbeiteten Leitfaden und spezifischen Fragetechniken zu Stellungnahmen und Begründungen zu veranlassen, weil bei diesen häufig auf Deutungsmuster zurückgegriffen wird. Ergänzend wurden Verfahren, die vor allem aus dem Problemzentrierten Interview (Witzel 1985) bekannt sind, verwendet (Gedächtnisprotokolle über die Interviewsituation; Kurzfragebögen mit soziodemografischen Daten). Insgesamt wurden 20 Interviews mit einer Länge von etwa 60–90 min durchgeführt
Datenauswertung	Die Datenauswertung orientierte sich am für Diskursive Interviews vorgesehenen Vorgehen und zielte darauf, in einer kontrastierenden Analysestrategie soziale Deutungsmuster aus den individuellen Deutungsmustern bzw. Derivationen zu rekonstruieren. Die Analyse des Textmaterials erfolgte über eine durchgehende Kodierung und der Zusammenfassung der Codes zu Kategorien, wobei auf Verfahrensweisen der Grounded Theory Methodology (Strauss und Corbin 1996) und der kontrastierenden Analyse nach Kelle und Kluge (1999) zurückgegriffen wurde. Entsprechend wurden sowohl „deduktive" (theoretische) als auch „induktive" (empirische) Codes verwendet, die die Grundlage für die vergleichenden Rekonstruktionen der sozialen Deutungsmuster bildeten. Dabei wurden u. a. auch paraphrasierende und explizierende Interpretationstechniken (nach Mayring 1993) verwendet

Sachweh, Patrick (2010): Deutungsmuster sozialer Ungleichheit. Wahrnehmung und Legitimation gesellschaftlicher Privilegierung und Benachteiligung. Frankfurt/M.: Campus	
Zentrale Ergebnisse	Die Studie kommt zu einer Vielzahl von Teilergebnissen u. a. zu den Erscheinungsformen und Ursachen sozialer Ungleichheit. Für die zentrale Frage der Legitimierung von Ungleichheit(en) erwiesen sich insbesondere „Gerechtigkeitssemantiken" als grundlegend. Insbesondere Vorstellungen von Leistungsgerechtigkeit, die sich allerdings wiederum deutlich unterscheiden können, scheinen dabei nahezu universell geteilt zu werden. Gleiches konnte Sachweh aber auch, wenn auch etwas abgeschwächter, für Vorstellungen von Bedarfsgerechtigkeit feststellen. Andere Gerechtigkeits- und Gleichheitskonzepte sowie nicht-normative Deutungen erwiesen sich dagegen als sozial differenzierter
Methodologische Einordnung	Der Studie liegt ein eher wissenssoziologisches (und kulturalistisches) Verständnis sozialer Deutungsmuster zugrunde. Dabei wird davon ausgegangen, dass Deutungsmuster von Inkonsistenzen geprägt sein können (also nicht logisch oder konsistent sein müssen). In Bereich der Ungleichheitsforschung sieht sich die Arbeit in einem Gegensatz zu marxistischen, funktionalistischen und strukturalistischen Ansätzen, die die Frage nach der Wahrnehmung von Ungleichheit nicht oder nur am Rande problematisieren. Sie versteht sich aber weniger als Alternative zu klassischen Erklärungen sozialer Ungleichheit denn als Perspektivenerweiterung, die die Repräsentationen sozialer Ungleichheit auf einer subjektorientierten Ebene in den Blick nimmt

1.3 Deutungsmusteranalyse: Forschungsbeispiele

Bögelein, Nicole (2016): Deutungsmuster von Strafe. Eine strafsoziologische Untersuchung am Beispiel der Geldstrafe. Wiesbaden: Springer VS

Forschungsthema und Fragestellung	Die „strafsoziologische" Arbeit von N. Bögelein steht in einer Reihe von Studien, die sich mit Strafvorstellungen und -empfinden befassen (Punitivitätsforschung). Bögeleins Forschungsgegenstand ist die Wahrnehmung und Beurteilung von Geldstrafen. Genauer untersucht sie, wie Personen, die zu einer Geldstrafe verurteilt wurden, ihre Strafe wahrnehmen, bewerten und vor allem auch, wie sie diese für sich selbst legitimieren. Hierfür greift sie auf ein deutungsmusteranalytisches Forschungsdesign zurück. Eine leitende Idee ist dabei, dass eine Rekonstruktion der Deutungsmuster von zu Geldstrafen Verurteilten auch Rückschlüsse auf gesellschaftlich verbreitete und allgemein geteilte Deutungsmuster von Strafe ermöglichen Die Bedeutung des Themas wird aus unterschiedlichen Straftheorien abgeleitet. Die Geldstrafe wird hierzu als besonders relevant beschrieben, da sie sowohl die mit Abstand häufigste als auch die am wenigsten untersuchte und öffentlich verhandelte Strafform darstelle und zudem in Hinblick auf den Strafzweck umstritten sei
Datenerhebung	Die Studie basiert auf Daten aus einem Evaluationsprojekt zur Haftvermeidung, die zwischen 2011 und 2013 erhoben wurden. Das Sampling zielte darauf, alle erwartbaren Merkmalskombinationen zu erfassen. Die Samplingkriterien wurden also bereits zu Beginn der Studie aufgrund theoretischer Überlegungen festgelegt („selective sampling"). Der Zugang zur Zielgruppe (Rekrutierung) erfolgte durch sog. Gatekeeper (also über Institutionen wie JVAs) und durch Selbstselektion (u. a. durch Verteilung von „Werbe-Flyern"). Zur Gewinnung des Deutungsmustermaterials wurden Leitfadeninterviews durchgeführt, die sich überwiegend am Konzept des Diskursiven Interviews (Ullrich 1999) orientierten, aber auch Elemente des Problemzentrierten Interviews (Witzel 1986) enthielten. Insgesamt wurden 44 Interviews mit Personen geführt und ausgewertet, die zum Zeitpunkt des Interviews eine Geldstrafe abbezahlten (6), diese mit gemeinnütziger Arbeit ableisteten (6) oder eine Ersatzfreiheitsstrafe verbüßten (32). Die Interviews waren eher kurz (14 bis 66 min), was Bögelein auf eine geringe „Diskursivierungsbereitschaft" (2016: 127) ihrer Befragten zurückführt. Auch andere Besonderheiten des Befragtentyps und mögliche Auswirklungen auf das Antwortverhalten werden ausführlich diskutiert
Datenauswertung	Die Datenauswertung erfolgte in einem mehrstufigen Prozess und in Kombination kontrastierender und sequenzanalytischer Vorgehensweisen. Dabei bildeten in Anlehnung an die Objektive Hermeneutik (Oevermann et al. 1979) durchgeführte sequenzanalytische Feinanalysen eines Teils der Interviews (9) die Grundlage für eine fallkontrastierende Rekonstruktion sozialer Deutungsmuster. Diesen Deutungsmustern wurde dann mittels einer strukturierenden Inhaltsanalyse (Mayring 1983) in den übrigen Interviews nachgespürt. Schließlich wurde nach (Quasi)Korrelationen zwischen Deutungsmustern und Straftypen gesucht

Bögelein, Nicole (2016): Deutungsmuster von Strafe. Eine strafsoziologische Untersuchung am Beispiel der Geldstrafe. Wiesbaden: Springer VS	
Zentrale Ergebnisse	Bögelein rekonstruiert sechs Deutungsmuster, auf die die zu Geldstrafen verurteilten Befragten zurückgreifen: Diese unterteilt sie in Deutungsmuster mit und ohne moralische Dimension. Ohne moralische Dimension sind die Deutungsmuster „Geld statt Strafe" (monetäre Deutung), „Strafe als Schicksal" (fatalistische Deutung) und „Strafe als Risikokalkül" (rationale Deutung). Mit moralischer Dimension sind die Deutungsmuster „Legitimität der Strafe" (legitime Strafe), „Strafe als ausgleichende Gerechtigkeit und Wiedergutmachung" (gerechte Strafe) sowie „Strafe als Ungerechtigkeit" (ungerechtfertigte Strafe). Die einzelnen Deutungsmuster weisen wiederum eigene Dimensionen auf, werden in ihrer Gesamtheit jedoch als sozial geteilte Deutungsmuster identifiziert. Ein besonderes Augenmerk wird auf die Widersprüche gelegt, die insbesondere bei den Deutungsmustern mit moralischer Dimension auftreten, deren Dynamik als weiterer Beleg für eine Verortung in gesellschaftlichen Wissensbeständen verstanden wird
Methodologische Einordnung	Die Studie ordnet sich keiner methodologischen Richtung explizit zu und versucht, vor allem objektiv-hermeneutische Ideen und ein wissenssoziologisches Verständnis von Deutungsmustern zu verbinden. Vor allem das Vorgehen bei der Datenerhebung wird sehr ausführlich erläutert und begründet. Als „mutig" muss dagegen die Kombination methodisch oft als unvereinbar angesehener Interpretations- und Analysestrategien (wie objektive Hermeneutik und Mayringsche Inhaltsanalyse) gelten, deren Begründungen dann etwas (zu) pragmatisch ausfällt

Theoretische und methodologische Grundannahmen des Diskursiven Interviews

Bevor in den Kap. 3 und 4 das konkrete Vorgehen bei der Datenerhebung und bei der Rekonstruktion sozialer Deutungsmuster dargelegt wird, befasst sich dieses zweite Kapitel zunächst mit den methodologischen Überlegungen, die dem Diskursiven Interview zugrunde liegen. Diese sollen vor allem verdeutlichen, wie das Diskursive Interview die begrifflich-konzeptionellen Klärungen des ersten Kapitels und die sich daraus ergebenden Anforderungen an eine Deutungsmusteranalyse umzusetzen versucht. Dabei wird es immer wieder notwendig sein, etwas stärker auf allgemeine methodologische Fragen einzugehen und vor allem auch Unterschiede zu anderen qualitativen Interviewformen hervorzuheben.

Zunächst werden die grundlegenden methodologischen Prämissen des Diskursiven Interviews erläutert (Abschn. 2.1). Der zweite Unterabschnitt befasst sich mit der Interviewsituation bzw. mit dem Interviewen als spezifischer Kommunikationsform und will verdeutlichen, wie die Besonderheiten der Interviewinteraktion für die Hervorlockung (Elizitation) von Derivationen im Diskursiven Interview genutzt werden können (Abschn. 2.2). Schließlich wird der für Interviewformen zentrale Punkt behandelt, was Fragen in Forschungsinterviews bewirken, zu welchen Arten von Antworten sie führen und welchen Antworttyp das Diskursive Interview anstrebt (Abschn. 2.3).

2.1 Drei methodologische Prämissen

Das Diskursive Interview versteht sich als ein methodisches Vorgehen, das alle der in Abschn. 1.2 erläuterten Stufen einer Deutungsmusteranalyse umfasst: die Gewinnung von Material, aus dem sich Deutungsmuster rekonstruieren lassen, die Rekonstruktion individueller Derivationen, die Rekonstruktion sozialer

Deutungsmuster durch eine kontrastierende Analyse und die Erschließung des Feldes sozialer Deutungsmuster eines Gegenstandsbereichs oder Bezugsproblems. Es ist daher als ein *integriertes Forschungsdesign* angelegt: Alle Forschungsphasen (Sampling, Befragungsform, kontrastierende Interpretation und Typenbildung) sind beim Diskursiven Interview aufeinander abgestimmt und bilden eine funktionale Einheit, die auf die Rekonstruktion sozialer Deutungsmuster ausgerichtet ist.

Rein begrifflich legt das Diskursive Interview zwar den Fokus auf die Datengewinnung. Überlegungen zum „Finden" von Deutungsmustern (bzw. Derivationen-haltigen Material) ergeben sich aber erst aus der Analysestrategie und diese wiederum aus dem allgemeinen Forschungsziel. Erst nachdem also entschieden wurde, soziale Deutungsmuster durch ein kontrastierendes Interpretationsverfahren zu rekonstruieren, stellt sich die Frage nach einer dafür geeigneten Erhebungsform, die hier in einer „diskursiven" Interviewführung gesehen wird.

In diesem Kapitel werden zunächst die allgemeinen methodologischen Überlegungen und Gründe für die Verwendung des Diskursiven Interviews als Verfahren zur Rekonstruktion sozialer Deutungsmuster dargelegt. Sie werden jeweils in den nachfolgenden Kapiteln ausführlicher und vor allem auch hinsichtlich ihrer praktisch-methodischen Umsetzung erörtert.

Das Diskursive Interview basiert auf drei zentralen methodologischen Überlegungen oder *Prämissen,* nämlich

- auf einem wissenssoziologischen Grundverständnis,
- auf der Kommunikativität von Deutungsmustern und deren kommunikativer Elizitierbarkeit; sowie
- auf der Überzeugung, dass Deutungsmuster am besten vergleichend rekonstruiert werden können.

Deutungsmuster als wissenssoziologisches, aber nicht-konstruktivistisches Konzept

Die dem Diskursiven Interview zugrunde liegende theoretische und methodologische Position ist eine wissenssoziologische.[1] Sie ist weder positivistisch

---

[1]Hier ist weder der geeignete Ort noch der nötige Raum, um genauer darauf einzugehen, was alles als Wissenssoziologie oder wissenssoziologisch bezeichnet wird. Hierzu kann nur auf entsprechende Einführungen verwiesen werden (insb. Berger und Luckmann 1990; Knoblauch 2005). Aus den nachstehenden Ausführungen sollte aber deutlich werden, dass die wissenssoziologische Tradition in der Nachfolge von Schütz, Mannheim sowie Berger

2.1 Drei methodologische Prämissen

(zumindest nicht im Sinne der verbreiteten plakativen Verwendungsweise dieses Begriffs) noch konstruktivistisch, sofern damit mehr als ein wissenssoziologischer Sozialkonstruktivismus gemeint ist.

Für die Analyse sozialer Deutungsmuster bedeutet dies zunächst, dass Deutungsmuster soziale Konstrukte sind. Sie sind relativ unabhängig von Handlungssituationen und Bezugsproblemen und ergeben sich nie zwangsläufig aus ihnen. Besonders deutlich wird diese relative Autonomie der Deutungen von nur scheinbar objektiven Problemlagen in historischer oder kulturvergleichender Perspektive. Als geradezu klassisch kann hier der starke Wandel in der gesellschaftlichen Wahrnehmung sozialer Probleme (z. B. Homosexualität, Rauchen, sexueller Missbrauch) gelten.

Mehr noch: Die gesellschaftlich verfügbaren Deutungsmuster bestimmen mit darüber, was überhaupt als Bezugsproblem definiert bzw. wahrgenommen wird. Ob eine Situation von Handelnden z. B. als gefährlich, peinlich, schön oder einfach als alltäglich und normal wahrgenommen wird und ob ein Handlungsbedarf (und welcher) dann daraus abgeleitet wird, hängt maßgeblich davon ab, auf welche Deutungsmuster Akteure situativ jeweils zurückgreifen können.

Handlungsprobleme oder Situationsdefinitionen werden also durch die sozial verfügbaren Deutungsmuster *mit* konstituiert. Dies geht jedoch nicht so weit, dass die Situationen und Bezugsprobleme, auf die sich Deutungsmuster beziehen, *ausschließlich* wegen dieser Deutungsmuster bestehen. Vielmehr haben auch die Situationen und Bezugsprobleme eine Existenz unabhängig von den jeweiligen Deutungen, mit denen sie versehen werden, nur dass sie durch diese in einer bestimmten Art gefasst und wahrgenommen werden.

Nur so macht es auch Sinn, von einer „Erfahrungsabhängigkeit" (bei relativer „Erfahrungsresistenz") von Deutungsmustern zu sprechen (Abschn. 1.2). Bei mangelndem Erfolg oder sich ändernden Umwelten werden individuelle Deutungsmuster immer wieder neu angepasst und dies ist nur denkbar, wenn eine solche „Erfahrungsprüfung" auch möglich ist. So wird z. B. das, was in einer Gesellschaft als Armut gilt, also ob und worin ein als Armut bezeichnetes Phänomen besteht, maßgeblich von den dominanten sozialen Deutungsprozessen bestimmt (vgl. a. Box in 1.1). Dennoch beziehen sich Armutsdiskurse und -deutungen immer auch auf materielle Substrate (also z. B. ein bestimmtes Einkommens- und Versorgungsniveau).

---

und Luckmann gemeint ist und dass diese Wissenssoziologie deutliche Parallelen im Symbolischen Interaktionismus und der Ethnomethodologie aufweist (vgl. a. Keller 2012).

Schließlich sind soziale Deutungsmuster keine Eigenschaft von Personen, sondern Teil eines kollektiven Wissensbestandes. Handelnde können sich „ihre" Deutungsmuster daher auch nicht einfach selbst gestalten oder „rational" zwischen vorhandenen Deutungsmustern wählen: Welche Deutungsmuster situativ passend oder angemessen sind, ist in der Regel bereits „sozial entschieden" und dem Handelnden „auferlegt", denn dies ist eine Voraussetzung für die handlungsermöglichende Wirkung von Deutungsmustern. Nur selten, insbesondere im Fall ihres Versagens, werden Deutungsmuster dagegen bewusst reflektiert. Aus diesem Grund sind nicht die Anwender oder Träger von Deutungsmustern das, wofür sich das Diskursive Interview interessiert, sondern ausschließlich die sozialen Deutungsmuster selbst. Die Befragten sind daher auch nur in dem Sinne „Fälle", als sie Träger sozialer Deutungsmuster sind; sie fungieren nur als „Informanten" über soziale Deutungsmuster (bzw. als Zugänge zu diesen).

Deutungsmuster müssen kommuniziert und zur Begründung von Handlungen verwendet werden

Wie in Abschn. 1.2 erläutert, sind Deutungsmuster für die Orientierung in sozialen Situationen ebenso unverzichtbar wie für die Begründung von Handlungen und Entscheidungen. Daher wird man in fast allen Texten auf Deutungsmuster stoßen. In besonderem Maße wird dies aber der Fall sein, wenn Texte einen hohen Anteil von Begründungen, Erklärungen und Argumentationen aufweisen. Das Diskursive Interview bietet sich immer dann als Verfahren an, wenn solche Deutungsmuster-intensiven Texte nicht in ausreichendem Maße vorhanden sind, wenn spezifische Deutungsmuster konkreter sozialer Gruppen oder Personentypen rekonstruiert werden sollen oder wenn eine gezielte und systematische (kontrollierte) Varianz angestrebt wird.

Als Erhebungsform macht sich das Diskursive Interview nun die grundlegende Kommunikations- und Validierungsfunktion sozialer Deutungsmuster zunutze, indem es darauf ausgerichtet ist, Begründungen eigener Handlungen und von Beurteilungen zu generieren. Die Kernstrategie des Diskursiven Interviews besteht dabei darin, ein Instrumentarium zur Generierung von Antworten (Texten bzw. Textsorten) bereitzustellen, die sich in besonderer Weise zur Rekonstruktion von Deutungsmustern eignen. Dies besteht, wie in Kap. 3 ausführlich erläutert wird, in unterschiedlichen Fragetechniken, die Befragte zur Begründung ihrer Handlungen und zur Beurteilung von Situationen und Bezugsproblemen veranlassen.

2.1 Drei methodologische Prämissen

Diese Fragetechniken und das Interesse an Begründungen können für Teile der qualitativen Methoden irritierend sein, weil dadurch Grundprinzipien qualitativer Forschung scheinbar verletzt werden (vgl. hierzu Abschn. 2.3 und Kap. 3). Schon hier soll daher zweierlei betont werden:

1. Mit dem Diskursiven Interview wird nur konsequent vollzogen, was in vielen Interviewformen eher ausgeblendet wird, nämlich dass es sich um ein Gespräch zwischen zwei Personen handelt und dass die Aussagen der befragten Person immer (auch) ein gemeinsames Produkt beider Interaktionsteilnehmer/innen sind.
2. Dies, die Interaktivität bzw. *Reaktivität* der Datengewinnung, wird im Diskursiven Interview aber nicht zu minimieren versucht (hierauf zielen alle „naturalistischen" Interviewempfehlungen sowie standardisierte Befragungstechniken), sondern ist hier überhaupt erst die *Voraussetzung für die Erfassung sozialer Deutungsmuster* und individueller Derivationen. Insofern gibt es hier auch kein Problem sozialer Erwünschtheit: Im Diskursiven Interview wird es mit Sicherheit zu „sozial erwünschten" Antworten kommen; aber: Diese sind Ausdruck davon, was die Befragten als kommunizierbare Deutungen ansehen. Sie sind daher kein Problem, sondern eine logische Konsequenz des dargelegten Verständnisses sozialer Deutungsmuster.

Dies bedeutet aber auch, dass das Diskursive Interview nicht an den „wahren" Motiven oder „authentischen" Erzählungen von Befragten interessiert ist, sondern ausschließlich daran, welche Deutungen und Begründungen diese für legitim und daher für sozial kommunizierbar halten. Eine Deutungsmusteranalyse mit Diskursiven Interviews zielt also nicht auf die Ebene subjektiver Sinngehalte, sondern auf das Spektrum sozialer Deutungsangebote. Ob Befragte sich tatsächlich an den im Interview offenbarten Derivationen orientieren oder orientiert haben, ist dafür unerheblich, wenn allerdings auch durchaus wahrscheinlich.

Kontrastierende Interpretation als Weg zur Rekonstruktion sozialer Deutungsmuster

Als Teil des kollektiven Wissensbestandes können Deutungsmuster dem/der einzelnen Nutzer/in immer nur in Teilen bewusst sein. So manifestieren sich Deutungsmuster zwar in fast jeder sprachlichen Äußerung (oder zumindest Begründung) in Form von Derivationen. Diese *sind* aber keine sozialen Deutungsmuster, sondern individuelle Adaptionen von Deutungsmustern oder Deutungsmusterteilen. Es gehört daher zu den Grundüberlegungen des

Diskursiven Interviews, dass *soziale* Deutungsmuster – im Unterschied zu individuellen Derivationen – nur durch ein kontrastierendes Interpretationsverfahren rekonstruiert werden können. *Sozialer Sinn erschließt sich* daher nicht über Einzelfallanalysen, sondern nur *dadurch, dass Bedeutungsgehalte in ihrer Sozialität rekonstruiert und deutlich gemacht werden.*[2]

Aus diesem Grund ist auch die terminologische und rekonstruktionslogische Unterscheidung von sozialen Deutungsmustern und individuellen Derivationen so wichtig. Will man *soziale* Deutungsmuster rekonstruieren, kann man sich nicht mit fallspezifischen Rekonstruktionen subjektiver Sinngehalte zufriedengeben: Die Erfassung und Rekonstruktion individueller Derivationen ist nur ein, wenn auch bedeutsamer, Zwischenschritt zur Rekonstruktion sozialer Deutungsmuster.

Kontrastierungen können auf unterschiedlichen Ebenen und zu unterschiedlichen Zeitpunkten des Analyseprozesses erfolgen. Wie in Kap. 4 ausführlich dargelegt wird, sind im Diskursiven Interview auf drei Ebenen kontrastierende Analysen vorgesehen: zur Rekonstruktion der individuellen Derivationen eines Bezugsproblems, zur Rekonstruktion der sozialen Deutungsmuster sowie zur Erschließung des gesamten Feldes aller sozialen Deutungsmuster eines Bezugsproblems. Die Durchführung dieser Kontrastierungen erfordert ein Datenmaterial, das entsprechend umfang- und kontrastreich ist. Daher ist sowohl beim Sampling (Zahl und Merkmale der befragten Personen), vor allem aber auch bei der Interviewführung dafür zu sorgen, dass in hinreichendem Maße Vergleichsmöglichkeiten bestehen.

2.2 Das Diskursive Interview als soziale Situation

Das „Forschungsinterview ist eine besondere Art menschlicher Kommunikation" (Kohli 1978, S. 1). Und wie bei allen anderen Kommunikationsformen ist davon auszugehen, dass sich die Form der Kommunikation auf die Art und den Inhalt der dabei entstehenden „Texte" auswirkt. So ist auch unbestritten, dass der Interaktionsprozess, in dem Interviewdaten gewonnen werden, einen Einfluss auf die Art der gewonnenen Daten hat. Zu den wichtigen Einflussgrößen werden dabei

---

[2]Das ist nicht im Sinne der sozialen Häufung oder Verteilung von Deutungsmustern zu verstehen. Auch soll nicht behauptet werden, Einzelfallanalysen ließen keine Rückschlüsse auf latente oder generative Strukturen zu. Eine Rekonstruktion des spezifisch *sozialen* Charakters dieser Sinnstrukturen erfordert jedoch eine Kontrastierung (vgl. hierzu ausführlich: Abschn. 4.2.1).

2.2 Das Diskursive Interview als soziale Situation

insbesondere soziale und Persönlichkeitsmerkmale von Befragten und Interviewer/innen sowie das gesamte Setting des Interviews (z. B. der Interviewort) gezählt.

Die grundlegende Bedeutung des Interviewkontextes ist in der qualitativen Sozialforschung seit jeher bekannt und anerkannt. Sie wurde seither periodisch immer wieder betont oder gar „neu entdeckt" (vgl. u. a. Briggs 1986; Cicourel 1974; Deppermann 2013; Douglas 1985; Hoffmann-Riem 1980; Holstein und Gubrium 1995; Hopf 1978; Kohli 1978; Kvale 2007; Lucius-Hoene und Deppermann 2004; Mishler 1986). Welche Folgen dies für den Umgang mit Interviewdaten hat, bleibt bei einer solchen Feststellung aber oft unklar oder es werden hieraus durchaus gegensätzliche Schlüsse gezogen.

Hinsichtlich der Einflüsse der Interviewsituation können in der Sozialforschung zwei Grundstrategien unterschieden werden, die man als konventionelle bzw. als reflexive Umgangsformen bezeichnen kann. Die konventionellen Formen gehen von einem *problematischen Einfluss der Interviewsituation* aus: Alle Spezifika der Interviewsituation können demnach einen unerwünschten und nicht kontrollierbaren Einfluss auf die Antworten der befragten Personen haben. Dominant sind hier daher Strategien einer Minimierung dieses Einflusses. Diese können, abhängig von der methodologischen Position und den konkreten Forschungsinteressen, sehr unterschiedlich sein und reichen von der Standardisierung der Befragung in der Surveyforschung über methodische Regeln der Interviewführung (z. B. im Narrativen Interview) bis hin zur Forderung nach intensiven Interviewerschulungen.

Eine zweite, in den Folgen entgegengesetzte konventionelle Umgangsform besteht in der Leugnung bzw. Ignorierung dieses Einflusses. Dabei wird argumentiert, dass – im Unterschied zu standardisierten Befragungen – in qualitativen Interviews der Interviewkontext entweder keinen Einfluss auf die Antworten hat oder den „richtigen". Dies wird mit dem „natürlichen" Charakter der Erhebungssituation, die einem Alltagsgespräch nachempfunden ist bzw. ein solches simuliert, und der dadurch gesicherten „ökologischen Validität" (Cicourel 1982) qualitativer Interviews begründet. Dank der der Alltagskommunikation äquivalenten („natürlichen") Form der Kommunikation würden sich Befragte genau in der Art äußern, wie sie das auch sonst in alltagsweltlichen Gesprächsformen tun.

Reflexive Strategien basieren meist auf konstruktivistischen und konversationsanalytischen Überlegungen. Im Gegensatz zu den konventionellen erkennen sie die *prinzipielle Interaktionsabhängigkeit der in Interviews gewonnenen Daten* an. Interviewantworten gelten in dieser Perspektive also immer als durch die Interviewsituation mit-konstruiert. Hieraus wird vor allem gefolgert, dass der Interviewkontext bei der Interpretation der Interviewdaten berücksichtigt werden müsse. Dabei wird „die bewusste Wahrnehmung und Einbeziehung des Forschers und der Kommunikation mit dem ‚Beforschten' als konstitutives Element des Erkenntnisprozesses" (von Kardorff 1995, S. 4) aufgefasst. Das klingt einleuchtend und einfach, insbesondere wenn die Forscher/innen, wie gefordert, (selbst)reflektiert vorgehen (Breuer 2010), scheint der üblichen Interviewpraxis aber kaum zu entsprechen. Denn jenseits proklamativer Forderungen und einzelner Exemplifizierungen (z. B. Deppermann 2013) zeigt das Gros qualitativer Interviewforschung eher wenig Interesse an der Aufdeckung der Prozesse, in denen die Forschungsdaten gewonnen werden.[3]

Hier soll für das Diskursive Interview ein dritter Weg des Umgangs mit der Interviewsituation deutlich gemacht werden. Es soll gezeigt werden, dass die Situationsabhängigkeit der Datengewinnung mit qualitativen Interviews nicht als Problem oder Störgröße verstanden werden muss und dass die Interviewinteraktion nicht nur für die Interpretation der Befragtenantworten wichtig ist. Vielmehr zielt das Diskursive Interview darauf, die Interaktionsdynamik des Interviews aktiv und produktiv für die Datengewinnung zu nutzen, also bereits im Prozess des Interviewens selbst (Abschn. 2.2.3).

Um die methodologischen Überlegungen dafür zu verdeutlichen, muss aber zunächst die Situationsthematik etwas ausführlicher dargelegt werden. Deren Tragweite, wenn nicht Dramatik wird deutlich, wenn man sich mit einer verbreiteten Folgerung aus der Situationsabhängigkeit bzw. Reaktivität von Interviewdaten befasst, nämlich der radikal-methodologischen Kritik an Interviews, die diese als Mittel der Datengewinnung ablehnt (Abschn. 2.2.1). Welche Vorschläge zum Umgang mit der Situativität und Reaktivität von Interviews im Bereich der qualitativen Methoden diskutiert werden und welche Schwierigkeiten sich dabei ergeben, wird in Abschn. 2.2.2 ausgeführt.

---

[3]Dies gilt selbst für die methodologisch anspruchvollste Interviewform, das Narrative Interview (Schütze 1976a, b, 1977, 1983). So kritisiert Mey (2000, S. 142), das Narrative Interview bzw. Schütze vernachlässige „situative Aspekte weitgehend, da er davon ausgeht, daß sich die Dynamik des Erzählvorgangs gegenüber den Bedingungen der aktuellen Kommunikationssituation (also dem Interview) durchsetzt".

2.2.1 Die Situativität der Datengewinnung und die methodologische Fundamentalkritik an (qualitativen) Interviews

Dass Bedeutungen bzw. die Aussagen von Befragten im Interview nicht einfach nur aktualisiert, sondern in einem gewissen Sinne erst interaktiv erzeugt werden, hat zu zwei grundlegenden methodologischen Kritiken an der Verwendung qualitativer Interviews geführt (vgl. a. Hammersley 2013, S. 67 ff.; Hammersley und Gomm 2008; Murphy et al. 1998, S. 120 ff.).

Die ältere, vergleichsweise moderate und vor allem auf *konversationsanalytischen* Überlegungen beruhende *Kritik* lässt Interviews wie andere reaktive Methoden als Mittel zweiter Wahl erscheinen (vgl. u. a. Ten Have 2004, S. 56 ff.). Interviews würden demzufolge zwangsläufig allein schon durch die Notwendigkeit, Fragen zu stellen, von den Interviewerinnen und Interviewern mit konstruiert. Die Informationen der Befragten werden daher im Interview auch nicht „offenbart", sondern erst in der Interaktion von Interviewer/innen und Befragten „produziert". Daher seien Protokolle natürlicher Interaktionen (etwa aufgezeichnete Gespräche) Interviewtranskripten als Datenmaterial immer vorzuziehen.[4]

Diese Form der Kritik relativiert die Einsatzmöglichkeiten von Interviews zwar deutlich; zumindest grundsätzlich akzeptiert sie diese aber als Methode der Datenerhebung. Der Verzicht auf Interviews auf der einen (konversationsanalytischen) Seite und deren Nutzung auf der anderen (interpretativen) kann dabei mit unterschiedlichen Forschungszielen (hier: soziale Konstruktionsprozesse; dort: Erfassung sozialen Sinns) begründet werden.

---

[4]Die ethnomethodologische Konversationsanalyse befasst sich mit den sozialen Konstruktionsleistungen in und von Gesprächen (also u. a. auch Interviews). Sie interessiert sich dafür, wie soziale Ordnung in Interaktionsprozessen hergestellt wird und analysiert daher überwiegend solche sehr basalen Prozesse und Mechanismen (wie die Organisation des Sprecherwechsels oder sog. Reparaturhandlungen). Dagegen interessiert sie sich nicht für die konkreten Inhalte (und Sinngehalte) der untersuchten Konversationen (vgl. u. a. Ten Have 2007). Konsequenterweise beschäftigen sich Konversationsanalytiker/innen daher mit Interviews und Gruppendiskussionen, wenn überhaupt, nur als eine spezifische Art der Kommunikation (vgl. u. a. Baker 2002; Wolff und Puchta 2007). Anders formuliert: Sie fragen danach, wie Interviews und wie Bedeutungen in Interviews (aber nicht welche) interaktiv hergestellt werden.

Dies ändert sich mit der konstruktivistischen Radikalisierung der Kritik am Interview grundlegend. Denn diese *radikale epistemologische*[5] *Kritik* behauptet in letzter Konsequenz nichts anderes als die methodologische Unhaltbarkeit von Interviews als Mittel der Datengewinnung und begründet diese damit, dass Bedeutungen immer und *nur* in der Interaktionssituation konstruiert werden.[6] „Antworten" in Interviews seien daher ausschließlich und nicht mehr als ein Produkt einer je spezifischen Interviewinteraktion und haben keine darüber hinausgehende (unabhängige) Bedeutung. Problematisch sei dabei zudem, dass durch die Fragen der Interviewer/innen ein bestimmter Realitätsbezug, eine spezifische Sicht der sozialen Welt unterstellt wird. Die Interviewer/innen haben damit unvermeidbar einen wirklichkeitsvorstrukturierenden und insofern verfälschenden Einfluss (vgl. Potter und Hepburn 2005, S. 11 ff.).

Die radikale Kritik richtet sich somit gegen die – grundsätzlich wohl allen Interviewformen ursprünglich „selbstverständliche" – Vorstellung, dass die gewonnenen Daten einen Zugang zu den Vorstellungen der/s Befragten oder zu ihrer/seiner Lebens- und Sozialwelt ermöglichen: „It challenges the use of these data as a window into the minds of informants and/or as giving access to information about the social worlds in which informants live." (Hammersley und Gomm 2008, S. 89).

Wenn dies richtig ist, ließen sich Interviews (welcher Art auch immer) tatsächlich nicht mehr gewissenhaft als Instrumente der Datengewinnung nutzen – oder bestenfalls für eher vorbereitende und explorative Aufgaben, bis akzeptablere Formen der Datengewinnung eingesetzt werden (können). Vertreter dieser radikalen Interviewkritik (z. B. Potter und Hepburn 2005, S. 19 ff.) fordern daher auch, Interviews entweder durchgehend und nur als soziale Interaktionen zu analysieren oder (besser) auf Interviews zu verzichten und dafür auf Aufzeichnungen natürlicher Gespräche zurückzugreifen.

Es lässt sich jedoch leicht zeigen, dass diese radikale Kritik am Interview auf fragwürdigen Prämissen und Verkürzungen beruht und zurückzuweisen ist:

---

[5]Auf andere Formen durchaus auch radikaler, aber nicht epistemologischer Kritik an (qualitativen) Interviews – hervorzuheben sind hier insbesondere die feministische Kritik (u. a. Oakley 1981) sowie unterschiedliche Varianten forschungsethischer Kritik (vgl. u. a. Ten Have 2004, S. 72 ff.) – kann hier nicht eingegangen werden.

[6]„The radical critique of interviews as a means of collecting data about external reality (…) is seen by its proponents as the logical outcome of the understanding that interviews are essentially contextually situated social interactions" (Murphy et al. 1998, S. 120).

2.2 Das Diskursive Interview als soziale Situation

1. Zunächst unterstellt sie in geradezu naiv-positivistischer Weise, dass (Interview-) externe Ereignisse und Erfahrungen in Interviews unmittelbar erfasst werden sollen (Mishler 2005). Die Reflexion des Interaktionskontextes in qualitativen Interviewmethoden zeigt jedoch, dass ein derart krudes Verständnis von Interviews als Instrumente eines einfachen „data mining" (Kvale 2007) ungerechtfertigt ist. Es entspricht weder dem methodologischen Selbstverständnis noch der interpretatorischen Praxis vieler qualitativer Arbeiten, die auf Interviews als Erhebungsinstrument zurückgreifen.[7]
2. Auch der Vorwurf, Interviewantworten würden erst und nur durch das Interview ausgelöst, überzeugt nicht. Natürlich sind Interviews reaktive Verfahren und die Auffassung, dass non-reaktive Verfahren (bei denen die Forschenden die soziale Realität, die sie erforschen, nicht durch den Vorgang der Forschung beeinflussen) reaktiven vorzuziehen sind, dürfte zu den verbreitetsten Vorstellungen in der qualitativen Sozialforschung gehören. Andererseits sind zumindest alle verbalen Daten (also z. B. auch Zeitschriftenartikel, Tagebucheinträge und aufgezeichnete Gespräche) fast immer reaktiv (und darüber hinaus oft intentional[8]), indem sie sich direkt oder indirekt auf andere Äußerungen beziehen. Wer daher allein aufgrund der Reaktivität von Interviews diese als Instrumente der Datengewinnung ablehnt, müsste konsequenterweise auf die Verwendung aller anderen Arten verbaler Daten verzichten – oder aber diese Ablehnung mit der interview*spezifischen* Reaktivität begründen.[9]
Schließlich basiert die Reaktivitätskritik – ähnlich wie die der Theorieabhängigkeit bzw. Wirklichkeitsunterstellung von Interviewfragen – auf einem eigentümlichen Realismus, der zumindest für eine konstruktivistisch orientierte

---

[7]Besonders elaboriert ist hier sicher das Narrative Interview (Schütze 1976a, b), das sich auf erzähltheoretische Annahmen stützt.

[8]Dass (Interview)Äußerungen nicht nur reaktiv, sondern zugleich auch oder sogar nur intentional (oder pro-aktiv) sein können, gehört m. E. zu den in der konventionellen Interviewforschung am stärksten unterschätzten Aspekten. Denn auch wenn eine Antwort im Interview zunächst reaktiv ist, schließt dies nicht aus, dass Befragte mit ihren Antworten auch „agieren" und z. B. gezielt Themen setzen (vgl. a. Holstein und Gubrium 1995). Ten Have (2004, S. 66 ff.) zeigt darüber hinaus anhand exemplarischer Analysen, dass auch Interviewfragen nicht nur prospektiv auf mögliche Antworten ausgerichtet sind, sondern auch immer einen „Vergangenheitsbezug" zu vorangehenden Gesprächselementen haben.

[9]Man kann, ganz im Gegensatz zur radikalen Interviewkritik, in der spezifischen Reaktivität von Interviews sogar einen Vorteil sehen. Denn diese Form von Reaktivität kann – anders als die Reaktivität sog. „natürlicher" verbaler Daten – im Forschungsprozess genau beobachtet und in Teilen wohl auch kontrolliert werden.

Interviewkritik überraschend ist. Denn Reaktivität ist nur solange ein Problem, solange man so etwas wie „wahre Werte" unterstellt, die dann durch das reaktive Vorgehen nicht erfasst oder verzerrt werden. Die schwersten Kanonen der konstruktivistischen Interviewkritik zielen damit im Kern also auf fast alle Forschungsmethoden. Sie sind keine Kritik an qualitativen Interviews, sondern eine radikale und in ihrer Radikalität unbegründete Epistemologie, die in letzter Konsequenz den erkenntnistheoretischen Wert jeglicher empirischen Forschung bestreitet.

3. Der dritte Fehler radikaler Interviewkritik besteht in einer eklatanten Fehlinterpretation interaktionistischer und wissenssoziologischer Postulate. Zu deren Grundüberzeugungen gehört zwar, dass Bedeutungen interaktiv erzeugt und verändert werden (vgl. u. a. Blumer 1973) – aber natürlich nicht nur und vor allem nicht immer wieder vollkommen neu. Durch jede interaktive Bezugnahme auf Deutungen mögen diese zwar, wenn auch oft nur inkrementell, modifiziert werden. Daraus folgt aber keineswegs, dass in jeder Interaktion (und daher auch in Interviews) Bedeutungen immer vollständig neu und unabhängig von Problembezügen und sozial geteilten Wissensbeständen konstruiert werden.[10]

2.2.2 Interviews als soziale Interaktion

Wenn in ihrer Radikalität auch unangemessen, so schärft die radikale epistemologische Kritik an qualitativen Interviews doch den Blick für bisher ungelöste Probleme der Interviewmethodologie und für eine vielleicht zu bequeme,

---

[10]Um dies – eigentlich eine soziologische Trivialität – einmal deutlich zu betonen: Singuläre Interaktionssituationen (also auch ein Interview) sind für die Genese sozialen Sinns (Bedeutungskonstruktion) weder hinreichend noch notwendig. Sie sind *nicht hinreichend,* weil Bedeutungen in Interaktionen ausnahmslos unter Bezug auf (unterstelltes) gemeinsames Wissen „generiert" werden (und das heißt fast immer: verändert, aber nicht völlig neu erschaffen werden) und weil Bedeutungen immer durch eine Vielzahl von Interaktionen erprobt, validiert und tradiert werden (müssen), um als sozialer Sinn wirkmächtig werden zu können. Andererseits sind Bedeutungen *nicht notwendig* auf konkrete Interaktionen angewiesen, denn (etwa im Sozialisationsprozess erworbene) soziale Deutungsmuster und andere Wissensbestände können in singulären Interaktionen auch nur einfach aktiviert werden, ohne dass sie dadurch in mehr als nur inkrementeller Weise modifiziert würden.

2.2 Das Diskursive Interview als soziale Situation

selbstzufriedene Interviewpraxis. Angesichts der Möglichkeiten, die Interviews eröffnen, fordern aber auch die meisten Kritiker/innen nur selten einen völligen Verzicht auf Interviewmethoden. Die typische Forderung besteht dann auch darin, dass *Interviews als soziale Interaktionen verstanden und als eine Form gemeinsamer Bedeutungskonstitution interpretiert* werden sollten[11], insbesondere durch eine ergänzende konversationsanalytische Analyse der Interviewinteraktion (vgl. u. a. Deppermann 2013; Holstein und Gubrium 2002, 2011; Mishler 1986; Talmy 2011). Hierdurch sei zumindest die Überwindung eines naiv-positivistischen Verständnisses des Interviewens gewährleistet, das nur den Einfluss der Interviewsituation zu minimieren sucht oder versucht, durch das Sammeln ethnografischer Kontextinformationen die Qualität der Interviewdaten zu erhöhen. Die systematische Analyse der Interviewinteraktion und die konsequente Behandlung von Interviewdaten als Interaktionsprodukte verhinderten nicht nur einen unkritischen Umgang mit in Interviews gewonnenen Informationen, sondern führten auch zu einem substanzielleren inhaltlichen Interpretationsergebnis. Es gehe darum, das für die Konversationsanalyse zentrale „Wie" der Bedeutungsgenerierung (hier: in der Form eines qualitativen Interviews) mit dem klassisch interpretativen Interesse am „Was" (Rekonstruktion von Bedeutungen) zu verknüpfen.

Dieses *„Joint construction-Paradigma"* ist in der neueren Interviewmethodologie relativ unumstritten, weil es einerseits die Kritik am Interview ernstzunehmen, andererseits aber der radikalen Konsequenz eines Verzichts auf Interviews zur Datenerhebung zu entgehen scheint. So dürfte es unstrittig sein, dass die „InterviewerInnenbeiträge (…) sowohl als faktisch steuernder, ermöglichender wie restringierender, bedeutungsschaffender Rahmen für das Handeln der Befragten im Transkript repräsentiert und mitanalysiert werden" müssen (Deppermann 2013, S. 20).

Weder diese generelle Einsicht noch die daraus abgeleiteten Forderungen sind wirklich neu (vgl. u. a. Cicourel 1982; Holstein und Gubrium 1995; Mishler 1986; Silverman 1973). Gleiches gilt jedoch leider auch für das hier zentrale Problem, dass forschungspraktisch kaum klar wird, wie dieser Anspruch eingelöst

---

[11]Die Entschiedenheit, mit der dies gefordert wird, ist irritierend (und vielleicht auf sich unabhängig voneinander entwickelnde methodologische Diskurse zurückzuführen): Schließlich gehört die Auffassung, dass Interviews Interaktionen sind und dass Aussagen in (Forschungs)Interviews daher nicht losgelöst von der Interviewinteraktion und dem gesamten Erhebungskontext verstanden werden können, „seit jeher" zu den zentralen Einsichten der qualitativen Interviewmethodologie (vgl. klassisch: Kohli 1978), ohne dass hierzu erst eine „postmoderne" Methodenkritik erforderlich gewesen wäre.

werden kann. Denn über allgemeine Plausibilisierungen und illustrative Darlegungen (etwa bei Alvesson 2011, Deppermann 2013, Hester und Francis 1994, Holstein und Gubrium 1995, S. 38 ff., Mishler 1986, S. 52 ff., Talmy 2011 und Ten Have 2004) kommen die Vertreter dieser Position nicht hinaus. Es wäre aber zu klären, wie und unter welchen Bedingungen sich das „Wie" der Bedeutungskonstitution im Interview auf das „Was" seiner Inhalte auswirkt und wie es entsprechend interpretativ einzubeziehen ist.

Die Analyse von Forschungsinterviews als soziale Interaktionen (bzw. die Forderung einer solchen Analyse) erfolgt mit mindestens zwei unterschiedlichen Zielsetzungen:

Die erste ist eine Art *Rückzugsstrategie*. Hier führt die Skepsis gegenüber einer interaktionsunabhängigen Welt zum Verzicht auf die Erforschung von Primärerfahrungen und zur Hinwendung zu „Konstruktionen zweiter Ordnung". Diese Rückzugsstrategie unterscheidet sich damit in der Forschungspraxis nicht grundlegend von ethnomethodologischen und konversationsanalytischen Positionen. Sie besteht im Kern darin, die Interviewinteraktion zum bedeutsamen Forschungsgegenstand aufzuwerten (vgl. Baker 2002; Roulston 2014).

Weit häufiger sind jedoch *Validierungsstrategien* (vgl. u. a. Alvesson 2011; Brinkmann 2007; Holstein und Gubrium 1995). So begründet Alvesson (2011, S. 129) die parallele Analyse des „how and what" damit, dass der Abgleich der Befragtenäußerungen mit für Interviewinteraktionen spezifischen Scripts Einwänden gegen die Validität dieser Aussagen entgegenwirke. Denn in dem Maße, wie Aussagen in Interviews nicht auf derartige Skripte zurückgeführt werden können, seien sie ein „strong indicator of how an interviewee experiences the focused social world". Genaue Analysen der Interviewinteraktion sollen hier also die inhaltliche Interpretation absichern, die für Alvesson das zentrale Anliegen qualitativer Interviews bleibt. Dieser Anspruch entspricht durchaus klassischen interpretativen Vorstellungen und lässt sich entsprechend als Einlösen alter methodischer Versprechen verstehen.

Für die „Validierungsstrategie" ergibt sich neben den offenen pragmatischen Fragen auch ein methodologisches Problem. Denn sobald man von der radikalkonstruktivistischen Position, dass Bedeutungen immer nur situativ erzeugt werden, Abstand nimmt und eine Interview-unabhängige Bedeutungswelt konzediert, ist es darüber hinaus auch erforderlich zu klären, warum überhaupt und wie sich die konkrete Interaktionsform (hier also: ein Interview) auf die Erfahrungen und Deutungen der Befragten auswirken soll – und warum und in welchem Sinne dies dann ein Problem darstellt.

Zweifel sind hieran durchaus angebracht. So restringieren Interviewer/innen Befragte zwar durch die Themensetzung und ihr Frageverhalten und steuern

Tab. 2.1 Unterschiedliche methodische Konsequenzen der „joint construction" in Interviews

Strategie	Methodische Einschätzung qualitativer Interviews
Rückzug	• Analyse (nur) der „joint construction" im Interview • De facto-Verzicht auf Interviews zur Erhebung „außer-situativer" Daten • Interesse ist auf Interviews als einer Interaktionsform begrenzt
Validierung	• Analyse der „joint construction" zur Validierung/Flankierung der inhaltlichen Rekonstruktionen • Methodologische Unklarheit (der „joint construction"-Rekonstruktion) • Methodische Unklarheit (Umsetzung bei der Interpretation/Bedeutungsrekonstruktion)
Aktivierung	• Nutzung der „joint construction" bzw. Interaktivität bereits für die Datengewinnung • Gezielt interaktive (diskursive) Gesprächsführung (u. a. im Diskursiven Interview) • Begrenzung qualitativer Interviews auf passende Fragestellungen

dadurch, *welche* Erfahrungen, Deutungsmuster und Wissensbestände von den Befragten aktiviert werden. Diese sind aber natürlich dennoch die Erfahrungen, Deutungsmuster und Wissensbestände dieser Befragten und entstehen nicht erst ex nihilo in der Interviewinteraktion. Die Tatsache, dass Interviews die Aktivierung von Erfahrungen und Deutungen steuern oder überhaupt erst ermöglichen, bedeutet noch nicht, dass sich dies auf die im Interview geäußerten Sinngehalte auswirken *muss* (und daher bei der späteren Interpretation zu berücksichtigen ist). Wahrscheinlicher und auch hinreichend dokumentiert ist hier, dass sich die *Art* der Aktivierung (z. B. die Frageform) – und nicht das „*Ob*" – auf die *Form* der Darstellung, aber nicht auf den *Inhalt,* auswirkt. Kurz: Die Interviewinteraktion wirkt sich nicht auf die Deutungen oder Erfahrungen der Befragten aus, sondern darauf, ob und wie diese aktiviert werden. Eine gemeinsame Herstellung von Bedeutungen in der Interviewinteraktion ist also nicht mit einer gemeinsamen Herstellung von individuellen Erfahrungen, sozialen Deutungsmustern, Expertenwissen usw. gleichzusetzen. Diese sind zwar meist „sprachlich vermittelt", ohne deshalb jedoch in Sprache aufzugehen. Sie können daher über und durch die je spezifische Form der Versprachlichung rekonstruiert werden.

Die Forderung, Interviews immer auch als Interaktionen zu analysieren, scheint somit eher intuitiv einleuchtend als methodologisch zwingend. Denn zum einen sind interpretative und konstruktivistische Herangehensweisen und Forschungsziele methodologisch nicht unbedingt vereinbar. Zum anderen müsste nicht nur für Einzelfälle illustriert, sondern auch prinzipiell begründet werden, dass und wie sich die Analyse des „Wie" auf die des „Was" produktiv auswirkt. Anderenfalls bleibt unklar, ob die Interpretation von Interviewdaten als Ergebnisse sozialer Interaktion sinnvoll oder gar notwendig ist.

Insgesamt können also zunächst zwei Folgerungen aus der Bedeutungskonstitution im Interview unterschieden werden (s. Tab. 2.1): die Rückzugsstrategie und die in der Interviewmethodologie dominante Validierungsposition. Eine dritte methodologische Position und daraus abgeleitete methodische Strategien, die mit der „joint construction" sowohl konsequent als auch konstruktiv umgeht, besteht darin, die Prozesse einer gemeinsamen Bedeutungskonstitution in der Interviewinteraktion bereits beim Interviewen selbst nicht nur zu berücksichtigen, sondern auch für die Datengewinnung zu nutzen (s. Tab. 2.1, Z. 4). Diese *Aktivierungsstrategie* ist für das Diskursive Interview grundlegend und soll daher im folgenden Abschnitt etwas ausführlicher vorgestellt werden.

2.2.3 Die aktive Nutzung der Interviewinteraktion im Diskursiven Interview

Eine weitreichendere Folgerung aus der Situationsabhängigkeit von in Forschungsinterviews gewonnenen Daten als die, sie „nur" interpretativ einzubeziehen, ist, die Interaktionsdynamik im Interview gezielt zur Datengewinnung zu nutzen.

Ein solcher Weg wird bisher nur selten und wenn, meist nur in Teilen, beschritten. Dabei kann hierfür durchaus auf eine Reihe von Vorüberlegungen und Untersuchungen zurückgegriffen werden. Hierzu sind u. a. Analysen und Forschungen über das Interviewen als Tätigkeit (Hermanns 2000) oder Drama (Holstein und Gubrium 1995), über spezifische Rollenerwartungen im Interview (Bogner und Menz 2001) oder auch über die Wirkung einzelner Frageformen (Richardson et al. 1979) zu zählen. Besonders nahe sind hier auch Überlegungen zur Subjektivität und Reflexivität der Forscher/innen, die deutlich zu machen versuchen, dass Forscher/innen bzw. deren nicht „ausschaltbare" Subjektivität nicht unbedingt als Störung oder Fehlerquelle anzusehen sind, sondern auch eine produktive Ressource im Forschungsprozess sein können (vgl. u. a. Breuer 2010;

2.2 Das Diskursive Interview als soziale Situation

Breuer et al. 2011). Nur vereinzelt erfolgt dagegen ein expliziter und offener Umgang mit der Datenerhebungssituation[12]:

Dass eine für die interaktive Erhebungssituation sensibilisierte Interviewführung die Interaktionsdynamik zwischen Interviewer/in und Befragten bewusst und zielgerichtet zur Datengewinnung nutzen und zu empirisch interessanten Ergebnissen führen kann, konnte bereits in vielen Studien gezeigt werden, die sich einer „offensiveren" Interviewführung bedienten (u. a. Bellah et al. 1985; Bourdieu et al. 2002; Hochschild 1981). Dabei ist es sicher kein Zufall, dass diese meist unkonventionell vorgehen, d. h. ohne genauere methodologische Begründung und ohne, dass sie bestimmten Interviewschulen zuzurechnen wären.

Ein bewusster Umgang mit der gemeinsamen Bedeutungskonstitution ist auch die Kernidee des „active interview" von Holstein und Gubrium (1995), mit dem diese nicht eine Interviewvariante, sondern eine grundlegende Auffassung qualitativen Interviewens bezeichnen. Zentral ist dabei die Vorstellung einer aktiven Rolle sowohl der Interviewer/innen als auch der befragten Personen: „All interviews are interpretively active, implicating meaning-making practices in the part of both interviewers and respondents." (1995, S. 4). So wenig wie Befragte auf eine passive Rolle beschränkt seien, so wenig seien auch Interviewer/innen neutrale Instrumente, sondern aktiv an der Datengewinnung beteiligt: „The active interviewer does far more than dispassionate questioning; he or she activates narrative production." (1995, S. 39). Der Einfluss beider Interaktionspartner sei daher sowohl bei der Gewinnung als auch bei der Auswertung von Interviewdaten zu berücksichtigen (1995, S. 4).

Diese Betonung einer aktiven Interviewerrolle ist wegweisend. Holstein und Gubrium bleiben jedoch meist auf der programmatischen Ebene und beschränken sich weitgehend auf beispielhafte Illustrierungen von Techniken

---

[12]Mit den Gruppendiskussionen gibt es allerdings eine Erhebungsmethode, die zur Gewinnung verbaler Daten explizit Interaktionsdynamiken nutzt und sich gerade auch dadurch von Interviews unterscheidet. Insbesondere Gruppendiskussionen in der Tradition Mangolds (1973) und Bohnsacks (1991; Bohnsack et al. 2007) sind Versuche, in gezielt arrangierten Erhebungskontexten Interaktionsdynamiken sich entfalten zu lassen, die Zugänge zu sonst nicht erreichbaren sozialen Wirklichkeitsbereichen ermöglichen sollen. Angestrebt wird dabei eine möglichst „selbstläufige" Gruppendiskussion, die mit nur wenigen Moderationseingriffen auskommt. Die interaktive Situation wird hier also indirekt (passiv) genutzt, indem auf Interaktions- und Kommunikationsmechanismen vertraut wird, die eine möglichst moderationsunabhängige Textproduktion gewährleisten. Dadurch unterscheidet sich diese Form einer Nutzung interaktiver Mechanismen grundlegend von der „aktiven" in Interviews.

aktiven Interviewens (1995, S. 38 ff.). Hierzu zählen sie u. a. „aktives Zuhören", das Benutzen von Hintergrundinformationen oder auch die Wirkung von Vorinformationen und Eingangsfragen auf das Antwortverhalten der Befragten. All diese Faktoren verweisen sicher auf eine aktive Interviewerrolle. Sie werden in der Interviewliteratur aber schon lange diskutiert und stellen insofern keine Innovationen dar (vgl. insb. Briggs 1986; Douglas 1985; Mishler 1986). Vor allem aber sind sie eher Ausdruck einer unvermeidlichen Aktivität. Für die Frage der bewussten und zielgerichteten Ausgestaltung einer aktiven Interviewerrolle bieten sie dagegen kaum Anhaltspunkte.

Das Diskursive Interview versteht sich nun als Versuch, aus Annahmen über die Mechanismen der Interviewinteraktion spezifische Techniken einer gezielten Datengewinnung abzuleiten. Dabei wird die aktive Rolle der Interviewer/innen, das bewusste Gestalten der Interviewinteraktion (und zwar nicht im Sinne einer maximalen „Zurücknahme" des Interviewereinflusses) aus dem spezifischen Forschungsinteresse abgeleitet, für das es entwickelt wurde, also die Erfassung und Rekonstruktion sozialer Deutungsmuster.

Von der in Abschn. 2.1 erläuterten methodologischen Hintergrundannahme ausgehend, dass Deutungsmuster vor allem in Begründungen erkennbar werden, zielt das Diskursive Interview darauf, durch Fragen und andere Begründungsaufforderungen individuelle Derivationen „hervorzulocken". Interviews bieten hierzu grundsätzlich günstige Voraussetzungen, weil durch Fragen ein entsprechender Erwartungsdruck (Ten Have 2004, S. 66 ff.) entsteht.

Das Diskursive Interview geht dabei über andere Formen qualitativer Interviews insofern hinaus, als es für die Hervorlockung (Elizitation) individueller Derivationen explizite Fragetechniken und eine entsprechende Interviewführung vorsieht. Die Interviewer/innen sollen in diesem Sinne aktivierend wirken und sich durch unterschiedliche Arten von Sprechaufforderungen sehr bewusst und notwendig am Prozess der Hervorlockung von Derivationen beteiligen. Darüber hinaus können sie ihre Rolle während des Interviews modifizieren und z. B. von einer eher zurückhaltenden zu einer diskursiveren Interviewführung übergehen.

Während Holstein und Gubrium (1995) mit dem „active interview" die Unvermeidbarkeit, zugleich aber auch die Nutzbarkeit einer aktiven Interviewführung verdeutlicht haben, bietet das Diskursive Interview also eine methodologische Begründung für aktive Formen der Interviewführung in Bezug auf ein spezifisches Erkenntnisziel. Als eine auf wissenssoziologischen Überlegungen basierende Methode kann das Diskursive Interview dabei auf Postulate verzichten, die für viele Richtungen der qualitativen Sozialforschung zentral sind. Wie in Abschn. 2.1 verdeutlicht, ist es für das Diskursive Interview bzw. die Deutungsmusteranalyse nicht erforderlich oder auch nur angestrebt, mit Interviews

2.2 Das Diskursive Interview als soziale Situation

authentische Informationen über Befragte und ihre Sozialwelt zu gewinnen. Denn in dieser Perspektive interessiert nicht, was die befragten Personen „wirklich" meinen, denken oder empfinden, sondern „nur", was sie als Meinungen, Gedanken und Empfindungen kommunizieren (können).[13]

Sofern die Interviewer/innen dabei nicht selbst Deutungsmuster quasi kolportieren, indem sie diese von sich aus vorschnell als Interpretationsoptionen anbieten, kann daher davon ausgegangen werden, dass die von den Befragten geäußerten Derivationen in der Weise authentisch sind, als sie glauben, damit ihre Handlungen und Situationsdefinitionen gegenüber Dritten (hier dem/den Interviewer/in) erklären zu können. Es kommt daher im Interview auch nicht zu einer „gemeinsamen Bedeutungskonstitution", sondern zu einer interaktiven (gemeinsam von Interviewer/in und Befragten ausgelösten) Aktivierung individueller Derivationen sozialer Deutungsmuster. Nicht eine gemeinsame Bedeutungs*genese,* sondern die interaktive Bedeutungs*elizitation* (vgl. a. Cicourel 2005) ist das Ziel und das Ergebnis Diskursiver Interviews. Das entbindet zwar nicht von der Notwendigkeit, diesen Interaktionsprozess interpretativ einzufangen, entlastet aber von dem Verdacht einer rein interviewsituativen und entsprechend begrenzten oder gar fragwürdigen Bedeutungsgenese. Das Interpretationsproblem verlagert sich dabei von der gemeinsamen Bedeutungskonstitution hin zur Frage, ob Deutungsmuster in adäquater Weise aktiviert wurden.

> **Weitere Voraussetzungen für eine methodologische Fundierung aktiven Interviewens**
> Das Diskursive Interview leitet die aktive Interviewführung aus dem Ziel der Elizitation individueller Derivationen ab. Von einer allgemeinen und grundlegenden methodologischen Behandlung des Einflusses des Erhebungskontextes auf die Datengenese in Interviews ist man noch weit entfernt. Mindestens vier Fragenkomplexe wären hierfür zu klären.

---

[13]Mit gewissem Recht kann man behaupten, dass Akteure in letzter Konsequenz auch nur das subjektiv meinen, denken und empfinden können, für das sie über deutende Begriffe verfügen. Ob aber etwa Emotionen tatsächlich nur „sprachlich" existieren (können), ist eine weit in Setzungen oder Annahmen über die conditio humana hineinreichende Frage und kann hier natürlich nicht entschieden werden. Wichtig ist für die hier vertretene Position aber, dass Emotionen und Deutungen nur insoweit kommuniziert werden und soziale Relevanz erlangen können, wie sie sprachlich verfasst (ergo: sozial) sind.

1. Als erstes wäre zu klären, wodurch sich die *Interaktionsform „qualitatives Interview"* von anderen unterscheidet und insbesondere von solchen, in denen „Fragen" und „Antworten" sowie eine entsprechende Rollenverteilung zentral sind (u. a. Bewerbungsgespräche, Prüfungen, Verhöre). Für die Klärung dieser Fragen kann insbesondere auf linguistische und kommunikationstheoretische Konzepte zurückgegriffen werden. Mögliche Ansatzpunkte sind u. a. konversationsanalytische Arbeiten, Interaktionsanalysen in der Tradition Goffmans und Schütz' oder auch Gumperz' (1992) Konzept der Kontextualisierungshinweise.
2. Zweitens wäre zu klären, wodurch sich die unterschiedlichen *qualitativen Interviewformen* hinsichtlich ihrer Vorstellungen über Interviewer- und Befragtenrollen und über die sich daraus ergebenden Folgen für den Interaktionsverlauf (u. a. Themensetzung, Gesprächssteuerung, Fragen) unterscheiden.
3. Als Drittes müsste genauer analysiert werden, wie sich unterschiedliche *Interviewsettings* auf die Interviewinteraktion auswirken. Zum Interviewsetting zählen insbesondere die räumlichen Gegebenheiten, Merkmale der Interviewer/innen und Befragten (und hier insbesondere auch Unterschiede zwischen Interviewer/innen und Befragten, z. B. hinsichtlich des Geschlechts, Alters oder sozialen Status) sowie Besonderheiten der Interviewsituation (z. B. Unterbrechungen). Vor allem empirisch-vergleichende Analysen unterschiedlicher Interviewsettings würden Aufschluss über die Wirkungen situativer Kontexte ermöglichen.[14]
4. Eine vierte Untersuchungsebene ist schließlich die der einzelnen Gesprächselemente wie insbesondere *Fragen* und andere *Sprechaufforderungen*. Da diese für das Diskursive Interview von zentraler Bedeutung sind, soll ihre Rolle im Prozess der Datengewinnung im nächsten Abschnitt ausführlich diskutiert werden.

---

[14]Aufschlussreich können hier auch Vergleiche klassischer Face to Face-Interviews mit (qualitativen) schriftlichen Befragungen (Schiek 2014), Online-Interviews (Früh 2000; Jones 2004) und anderen „kontextarmen" Erhebungssituationen sein (vgl. Schiek und Ullrich 2016).

2.3 Fragen und Antworten in qualitativen Interviews

Im Folgenden wird untersucht, welche Wirkungen Fragen und andere Gesprächstechniken in qualitativen Interviews auf die „Antworten" der Befragten haben.[15] Dahinter steht die viel grundlegendere Frage, warum wir überhaupt (in Interviews oder in anderen Situationen) fragen oder etwas erfragen, warum (mit welchem Erwartungsrecht) wir also meinen, durch Fragen eine oder mehrere Arten von Antworten (genauer: Sprechhandlungen) auslösen zu können, die für uns signifikante Informationen enthalten.

Wie in Abschn. 2.2 gezeigt, sind Interviews eine Form reaktiver Datenerhebung. Daher ist alles, was in einem Interview von einer befragten Person geäußert wird, sowohl Teil als auch Ergebnis einer spezifischen Interaktions- oder Kommunikationssituation, besteht also nicht unabhängig von dieser. Alle Äußerungen, die Befragte im Interview machen, würden – ohne diese Interviewsituation – entweder nie oder zumindest nicht genau in dieser Form erfolgen.

Die meisten, wenn auch nicht alle Äußerungen von Befragten sind zunächst einmal Antworten auf von Interviewer/innen gestellte Fragen, reagieren auf entsprechende Sprechaufforderungen. Dies ist nicht so zu verstehen, dass Fragen zwangsläufig zu bestimmten Antwortformen führen. Befragte haben immer einen mehr oder weniger großen Spielraum, wie sie auf Fragen reagieren. Mehr noch sind die Interpretationsleistungen der Befragten eine notwendige Voraussetzung für das Gelingen der Frage-Antwort-Kommunikation, wie insbesondere Goffman (1981b) deutlich gemacht hat (vgl. a. McHoul 1987).

Dennoch wird hier daran festgehalten, dass Fragen auch einen situations- und rezipientenunabhängigen Einfluss auf die Art der Antwort haben. Denn auch wenn Befragte in ihren Antworten frei sind und ihren eigenen Relevanzstrukturen folgen dürfen (und sollen), besteht kein Zweifel daran, dass die Fragen

---

[13]Die folgenden Ausführungen konzentrieren sich auf für qualitative Forschungsinterviews zentrale Bereiche. Daneben bestehen diverse andere disziplinäre Zugänge und Interessen an „Fragen", die für die Wirkung von Fragen in Forschungsinterviews bedeutsam sein können. Hierzu zählen u. a. journalistische Interviews (z. B. Haller 2001), therapeutische und Beratungsgespräche (z. B. Rogers 1993; Wolff 1986), Gerichtsverfahren und Verhörtechniken, Kommunikationstheorien und -modelle (u. a. Bühler 1999), die Logik von Fragen (z. B. Belnap und Steel 1976; Ladanyi 1965) sowie die „Ethnographie der Kommunikation" (z. B. Goody 1978; Hymes 1974). Zum Unterschied zwischen (sozialwissenschaftlichen) Forschungsinterviews und anderen Formen von Befragungen aus Sicht der Surveyforschung vgl. a. Meulemann (1993).

Tab. 2.2 Formale und funktionale Fragen und Sprechaufforderungen

	Formal: Fragen	Formal: keine Fragen
Funktional: Fragen	**Informationsgenerierende Fragen**	(Informationsgenerierende) **frageäquivalente Sprechaufforderungen**
Funktional: keine Fragen	U. a. rhetorische Fragen und Handlungsaufforderungen	Keine Fragen (z. B. Aussagen)

der Interviewer/innen die Antworten der Befragten, wenn auch unterschiedlich stark, vorstrukturieren. Die Wahrscheinlichkeit, dass sich Befragte zu Dingen äußern, die durch die Interviewerfragen nicht im entferntesten nahgelegt werden, ist zumindest deutlich geringer, als dass sie sich zu Themen äußern, nach denen direkt oder indirekt gefragt wird.[16] Fragen und ihre möglichen Wirkungen sind also entscheidend dafür, welche Daten in Forschungsprozessen gewonnen werden, die auf Interviews zur Datenerhebung zurückgreifen.

2.3.1 Formen und Wirkungen von Interviewfragen

Was Fragen sind, könnte einem im ersten Moment nicht weiter erläuterungsbedürftig erscheinen. Schließlich gehören Fragen, das Fragen als Tätigkeit und das Gefragt-werden zu den alltäglichen Erfahrungen. So einfach ist es aber natürlich nicht. Denn man kann sich leicht davon überzeugen, dass wir als „Frage" durchaus unterschiedliche Dinge bezeichnen und dass Fragen oft große Ähnlichkeiten mit „Nicht-Fragen" haben. Daher ist zunächst zu klären, was hier mit Fragen gemeint ist.

Mit Blick darauf, wie sich Interviewfragen auf die Antworten von Befragten auswirken und welche Unterschiede dabei möglich sind, scheinen folgende Festlegungen sinnvoll:

---

[16]Wie in Abschn. 2.2 gesehen, speist sich hieraus der Generalverdacht der radikalen Interviewkritik, dass Interviewaussagen ausschließlich Produkte der Interviewsituation sind und keinen darüber hinausgehenden Realitätsgehalt haben.

2.3 Fragen und Antworten in qualitativen Interviews

1. Zunächst besteht in qualitativen Interviews ein Interesse an sprachlichen Antworten, die Reaktionen auf Interviewfragen sind, und daher an *Sprechaufforderungen* (genauer: nicht bindenden[17] Sprechaufforderungen). Dies schließt u. a. rhetorische Fragen und handlungsauffordernde Fragen (z. B.: „Können Sie mir helfen?") aus.
2. Für das Interesse an sprachlichen Antworten ist zudem wichtig, dass die Funktion einer Sprechaufforderung im Sinne der mit ihr angestrebten Wirkung grundsätzlich unabhängig von ihrer formalen Struktur ist (s. Tab. 2.2). Oft werden Antworten in qualitativen Interviews, aber auch durch andere Formen von (nicht bindenden) Sprechaufforderungen ausgelöst. Diese sollen hier als frageäquivalent bzw. als *frageäquivalente Sprechaufforderungen* bezeichnet und behandelt werden. Etwaige Unterschiede zwischen Fragen und frageäquivalenten Sprechaufforderungen (meist: „Bitten") hinsichtlich ihrer Antwortwirkung sind keine konzeptionelle, sondern eine empirische Frage, die erst noch zu untersuchen wäre. Entscheidend ist hier also, ob es sich im funktionalen Sinne (und nicht im formalen) um eine Frage im Sinne einer Sprechaufforderung handelt.
3. Als Fragen und frageäquivalente Sprechaufforderungen werden im Folgenden zudem nur *„echte", informationsgenerierende Fragen* (und Sprechaufforderungen) behandelt, die in der intendierten Wirkung die Adressierten zu „informativen Antworten" bringen sollen. Diese im weiteren Sinne informationsgenerierenden Fragen, die in Forschungsinterviews also unmittelbar zur Datenerhebung eingesetzt werden, stehen im Fokus der methodischen Überlegungen zum Diskursiven Interview.[18]

Als Fragen oder „Fragen und andere Sprechaufforderungen" werden im Folgenden also nicht bindende Sprechaufforderungen bezeichnet, die auf eine informative Antwort zielen, auch wenn sie unter formalen Aspekten nicht als Frage gelten würden.

---

[17]Diese Bezeichnung geht m. W. auf Hindelang (1994, S. 58 ff.) zurück, der Fragen damit von anderen Sprechaufforderungen (z. B. Befehlen) unterscheidet.

[18]Unbestritten ist, dass auch andere (formale) Fragen und Sprechaufforderungen sowie die weitere Interviewsituation ein wichtiger Teil der gesamten Interviewinteraktion sind. Dies gilt insbesondere für Fragen zur Organisation der unmittelbaren Gesprächsführung (u. a. Motivierung der Befragten, Filterung, Reparaturen). Diese Gesprächstechniken sind insbesondere in konversationsanalytischen und linguistischen Untersuchungen bereits relativ intensiv untersucht worden. Sie sollten klar von den „informationsgenerierenden" Fragen unterschieden werden.

Zur Bedeutung von Fragen in qualitativen Interviews
In der Methodenliteratur wird die Notwendigkeit einer gründlichen und methodisch überlegten Entwicklung der Interviewfragen immer wieder hervorgehoben. Die Betonung der Wichtigkeit von Fragen steht dabei im Widerspruch zur oft fehlenden methodischen Reflexion. So macht ein Blick in Lehr- und Handbuchliteratur zu qualitativen Interviews (u. a. Gläser und Laudel 2009; Gubrium und Holstein 2012; Helfferich 2009; King und Horrock 2010; Kruse 2014; Kvale und Brinkmann 2009; Reinders 2005; Seidman 1998) den geringen Stellenwert deutlich, den der Aspekt der sachlichen oder inhaltlichen Wirkung von Fragen in der qualitativen Interviewmethodologie hat. Fragetechniken und unterschiedliche Frageformen werden hier meist nur im Zusammenhang mit praktischen Fragen (Leitfadenkonstruktion, Interviewdurchführung) diskutiert. Die im Einzelnen durchaus unterschiedlichen Empfehlungen erfolgen meist in Form von Faustregeln, die entweder gar nicht oder mit forschungspraktischen Überlegungen und Erfahrungen begründet werden (vgl. u. a. Helfferich 2009, S. 108; Kruse 2014, S. 215 ff.). Versuche zur Klassifizierung von Interviewfragen (z. B. Gläser und Laudel 2009, S. 130) wirken aufgrund der fehlenden methodologischen Diskussion entsprechend willkürlich und beruhen auf heterogenen, oft inkommensurablen Kriterien (formalen, gesprächstechnischen, funktionalen).

In der deutschsprachigen Literatur sind Hopfs (1978) Analysen einer „Leitfadenbürokratie" der wichtigste Referenzpunkt für Fragen in qualitativen Interviews. Hopf befasst sich dabei mit Problemen der Interviewführung, die vor allem bei der Verwendung von Leitfäden entstehen wie das „Ignorieren von Anknüpfungspunkten" (1978, S. 103), ein zu „rascher Themenwechsel" (1978, S. 105) oder auch dysfunktionale Rollenübernahmen (1978, S. 110 f.). In diesem Zusammenhang erörtert sie auch problematische Frageformulierungen wie unklare und zu lange Fragen, überladene Fragen sowie suggestive Formulierungen und Unterstellungen (1978, S. 108 ff.). Ihre Überlegungen lehnen sich dabei eng an die auch aus der Surveyforschung bekannten Kriterien und an die Ergebnisse von Richardson et al. (1979) an und beziehen sich nicht auf die sachlich-inhaltliche Funktion von Fragen.

Zur Sensibilisierung von Interviewverfahren für Fragen und Fragewirkungen
Ein stärkeres Interesse an der Wirkungsweise von Fragen ist vor allem vom Problemzentrierten Interview zu erwarten, das unterschiedliche Frage- und Stimulustechniken nicht nur vorsieht, sondern auch offensiv vertritt (vgl. u. a. Mey 2000; Witzel 1985; Witzel und Reiter 2012). Und in der

2.3 Fragen und Antworten in qualitativen Interviews 61

Tat stellen die von Witzel für das Problemzentrierte Interview entwickelten Überlegungen zur Interviewgestaltung und insbesondere zu Mitteln und Strategien der Gesprächsführung nach wie vor den wichtigsten Beitrag zu einer systematischen Betrachtung von Gesprächstechniken und Frageformen dar. Die einzelnen Fragetechniken werden dabei als Strategien zur Vertiefung des Verständnisses, zur Motivierung weiterer Explikationen und zur Vermeidung bzw. Aufklärung von Missverständnissen angeraten (Witzel und Reiter 2012, S. 75 ff.). Diese Empfehlungen basieren vermutlich auf dem Erfahrungswissen der Autoren und Anwender; eine nähere methodologische Begründung, warum diese Wirkungen tatsächlich eintreten, erfolgt jedenfalls nicht. So bleibt der Bezug zu angestrebten Antworttypen oder Textsorten oft vage, obwohl das Problemzentrierte Interview erklärtermaßen an unterschiedlichen Inhalten – neben Erzählungen zumindest noch an „Informationen" und Validierungen – interessiert ist.

Expliziter auf Textmerkmale und deren Analyse orientiert ist das Narrative Interview (Schütze 1976a, 1987), das u. a. auf erzähltheoretischen Überlegungen (Labov 1972; Labov und Waletzky 1967) basiert. Zentrales Anliegen des Narrativen Interviews ist die Hervorlockung von Erzählungen durch spezifische Gesprächstechniken, unter denen die das Interview eröffnende Erzählaufforderung das zentrale Element der Datenerhebung ist. Fragen und andere Stimuli werden daher auf genau diese Qualität hin diskutiert (Wie gut locken sie Erzählungen hervor? Wie gut unterstützen Äußerungen der Interviewer/innen die Erzählung der befragten Person?). Für die Narrationsanalyse ist dann wichtig, Erzählungen von anderen Textsorten (vgl. Abschn. 2.3.2) zu unterscheiden (vgl. u. a. Fischer-Rosenthal und Rosenthal 1997; Riemann 1986). Naturgemäß interessiert sie sich dabei aber nicht (bzw. nur abgrenzend und nicht weiter differenzierend) für andere Antwortformen bzw. Textsorten – vor allem aber nicht dafür, welche Fragen und Stimuli notwendig sind, andere Textsorten als Erzählungen zu erzeugen.

Wie in Abschn. 2.2 verdeutlicht, wird die jüngere Diskussion insbesondere von postmodernen und konstruktivistischen Kritiken an qualitativen Interviews dominiert (vgl. u. a. Fontana 2002; Hammersley und Gomm 2008; Potter und Hepburn 2005). Dies führte u. a. zu einer stärkeren Sensibilisierung für die „joint construction" von Bedeutungen durch Interviewer/innen und Befragte. In dieser Perspektive hätte es durchaus nahegelegen, über die Betonung der Bedeutung der Interviewsituation hinaus auch zu Überlegungen zur Wirkung konkreter

Interaktionselemente – und vor allem zu der von Fragen – zu gelangen. Dies ist jedoch nicht der Fall. Denn diese interviewkritische Diskussion bleibt „im Prinzipiellen" bzw. auf der Ebene der gesamten Interviewinteraktion. Zu einer intensiveren Befassung mit der Wirkung von Fragen oder unterschiedlicher Frageformen hat sie nicht geführt.[19]

Dass wir nur wenig über die Bedeutung von Fragen und anderen Sprechaufforderungen wissen (sowohl allgemein als auch in qualitativen Interviews), liegt vor allem auch daran, dass deren Wirkungen bisher kaum empirisch untersucht wurde. So stammt die einzige bekannte empirisch-experimentelle Untersuchung von Fragewirkungen im Zusammenhang mit qualitativen Interviewmethoden bereits aus den 1960er Jahren. Sie wurde von Richardson und seinen Mitarbeiter/innen (Richardson et al. 1965, 1979) durchgeführt und befasste sich insbesondere mit der Wirkung von Suggestivfragen (leading questions), bei denen sie zwischen Erwartungen (expectations) und Unterstellungen (premises) unterscheiden.[20] Ein unerwartetes Ergebnis dieser Studie war, dass es bei Suggestivfragen nicht häufiger zu Verfälschungen der Antworten kam als bei anderen Fragen (1979, S. 220).[21] Eine ihrer Folgerungen ist daher, dass Suggestivfragen nicht grundsätzlich problematisch sind, sondern nur, wenn sie nicht informiert erfolgen und daher etwas Falsches unterstellen.

Auch Richardson et al. (1965) unterließen es aber, die von ihnen identifizierten Suggestivfragen hinsichtlich ihrer sprachlichen Struktur zu analysieren. Einziges Unterscheidungskriterium bleibt die „Informiertheit" (also ein inhaltliches Kriterium). Eine darüber hinausgehende Analyse, ob bzw. wie Suggestivfragen aufgrund ihrer Formulierung bestimmte und womöglich unterschiedliche Wirkungen haben, findet sich bei Richardson et al. (1965) nicht.

---

[19]Damit fällt die jüngere methodologische Diskussion zumindest in diesem Punkt hinter den bereits Mitte der 1980er Jahre erreichten Stand (vgl. insb. Briggs 1986; Mishler 1986) zurück. Insbesondere Briggs (1986) hatte sich in seinen linguistisch geprägten Überlegungen zu qualitativen Interviews mit den kommunikativen Voraussetzungen und Problemen des Interviewens befasst. So untersuchte er u. a. die Bedeutung von Rollenerwartungen im Interview, von (Frage)Kontexten, von kulturellen Unterschieden bei Kommunikationsnormen sowie der Indexikalität sprachlicher Äußerungen für die Interviewkommunikation.

[20]Ich halte mich hier an die seit der deutschen Teilveröffentlichung (1979) etablierten Übersetzungen. Wie irreführend diese in ihren Konnotationen sein können, ist leicht zu ersehen.

[21]Leider ist die Studie von Richardson et al. (1965) nicht dokumentiert. Daher wissen wir nicht, wie „Verfälschungen" von Antworten festgestellt wurden.

2.3 Fragen und Antworten in qualitativen Interviews

Diese und andere Forschungsbefunde von Richardson et al. (1965) liefern für die Fragetechniken des Diskursiven Interviews wichtige Hinweise und in einigen Fällen auch eine Legitimationsgrundlage für möglicherweise zunächst irritierende Frageformen (s. Kap. 3). Umso bedauerlicher ist es, dass solche Versuche, die Wirkung von Fragen in Forschungsinterviews gezielt zu untersuchen, bislang keine Fortsetzung gefunden haben.[22]

Insgesamt hat also auch das in jüngerer Zeit gestiegene Interesse an Forschungsinterviews als Interaktionsform nicht zu einer intensiveren Auseinandersetzung darüber geführt, durch welche Arten von Fragen und Sprechaufforderungen zu welchen Arten von Antworten aufgefordert wird. Dies gilt bereits für methodologische Überlegungen, noch weit mehr aber für empirische Untersuchungen zu Fragewirkungen.[23]

Was bewirken Fragen? Interaktionstheoretische und linguistische Analysen
Fragen (und Antworten) sind aber nicht nur für die Forschungsmethodologie von Bedeutung, sondern werden natürlich auch aus ganz anderen Blickrichtungen untersucht. Vor allem von konversationsanalytischen, interaktionistischen und linguistischen Fragen- und Gesprächsanalysen können Impulse für die Fragegestaltung in qualitativen Interviews erwartet werden.

---

[22]Länger und intensiver als die qualitative Interviewmethodologie hat sich die Surveyforschung mit der Wirkung von Fragen (und der gesamten Befragungssituation) auf das Antwortverhalten befasst. Im Mittelpunkt stehen dabei Aspekte wie die Fragenanordnung, Frage- und Antwortformen, soziale Erwünschtheit, Akquieszenz und Nonresponse (vgl. u. a. Diekmann 1999, S. 371 ff.; Meulemann 1993). Welchen Antworttyp man durch welche Art von Fragen erzeugt, liegt jedoch außerhalb des Interesses von Untersuchungen aus dem Bereich der Surveyforschung. Dies gilt auch für interaktionistische und konversationsanalytische Analysen standardisierter Befragungen (Fink 1995; Foddy 1993; Houtkoop-Steenstra 2000; Maynard et al. 2002). In erster Linie kann dies darauf zurückgeführt werden, dass in standardisierten Befragungen keine Textsorten erzeugt werden und dass durch die Geschlossenheit und Standardisierung der Antworten bereits bei der Fragebogenkonstruktion entschieden wird, welche Art von Antwort und welche inhaltlichen Antworten überhaupt möglich sind.

[23]Dieses geringe Interesse an der Wirkung von Fragen mag auf die Vorstellung zurückzuführen sein, dass mögliche Probleme bereits durch einfache Sensibilisierung (anhand von „Not to do"-Listen) und durch Schulung der Interviewer/innen zu bewältigen seien. Auch dass die Zugehörigkeit zum gleichen Kulturkreis wie die Befragten, allgemeine soziale Kompetenzen oder auch nur ein sozialwissenschaftliches Studium bereits hinreichend für die Durchführung qualitativer Interviews qualifizieren, scheinen nach wie vor verbreitete Vorstellungen zu sein (vgl. Hopf 2002, S. 357 ff.).

So ist etwa die ethnomethodologische Konversationsanalyse an den Prozessen sozialer Interaktion interessiert, aber nicht an Interviews als Instrumente der Datenerhebung. Dennoch befassen sich konversationsanalytische Untersuchungen dezidiert auch mit Fragen (z. B. Bergmann 1981) und sogar mit Fragen in (standardisierten) Forschungsinterviews (Heritage 2002; Schegloff 2002). Sie tun dies aber mit einem spezifischen Fokus, nämlich dem der Gesprächsorganisation, und interessieren sich daher für solche Fragen und Mechanismen, die zur Gestaltung von Kommunikation erforderlich sind (u. a. Gesprächseröffnung, Organisation des Sprecherwechsels und sog. Reparaturhandlungen). Das konversationsanalytische Interesse richtet sich also immer auf die Form der Kommunikation; Fragen und ihre Wirkungen kommen dabei nur soweit in den Blick, wie sie im Sinne des Kommunikationserfolgs fungieren. Die Wirkung thematischer Fragen, auf welche Art von Antworten (Textsorten) sie zielen, liegt außerhalb des Forschungsinteresses der Konversationsanalyse.

Eine ähnliche Perspektive nimmt Goffman in seinen Interaktionsanalysen (1977, 1982, 1986) ein, vor allem wenn Gespräche ihr zentraler Gegenstand sind (insb. Goffman 1981a). So unterzieht Goffman (1981b) Fragen (bzw. „statements") und Antworten einer genauen, sich insbesondere mit der Konversationsanalyse und dem Konzept der „adjacency pairs" auseinandersetzenden Untersuchung, die auch sprechakttheoretische Überlegungen einbezieht. Er unterscheidet dabei „replies" (in etwa: sprachliche Antworten im Rahmen der Frage) als Unterform von „responses" (in etwa: Reaktionen auf Sprech- und Handlungsaufforderungen). Ähnlich wie den Konversationsanalytikern geht es auch Goffman primär um basale interaktionale Prozesse. Deshalb, sicher aber auch, weil sein Hauptaugenmerk auf den „responses" liegt, unterlässt er es, die sprachlichen Antworten („replies") eingehender zu untersuchen und zu differenzieren. Auch Goffman befasst sich in seinen Analysen daher also nicht mit den durch Fragen erzeugten Antwortformen.

Fragen sind auch ein originärer Gegenstand linguistischer Analysen (vgl. u. a. Conrad 1978; Hundsnurscher 1975; Walther 1975; Yang 2003), ohne dass jedoch ein einheitliches Verständnis über Fragen und vor allem nicht über unterschiedliche Frageformen und -klassifizierungen besteht. Empirische linguistische Untersuchungen über die Verwendung von Fragen und deren Wirkung sind hierbei seltene Ausnahmen. Die Funktion von Fragen wird meist aus ihrer formalen Struktur abgeleitet (vgl. u. a. Hindelang 1995; Vandeweghe 1977; Wagner 2001).

Ähnliches gilt für sprechakttheoretische Ansätze (vgl. u. a. Hindelang 1980, 1994; Klinke 1975; Searle 1971; Wunderlich 1976). Auch hier sind empirische Untersuchungen zur Wirkung von Fragen die Ausnahme (vgl. aber z. B. Rost-Roth 2006). Sikora (2012) konnte aber zumindest zeigen, dass die

2.3 Fragen und Antworten in qualitativen Interviews

kommunikativen Funktionen von Fragen und unterschiedlichen Fragetypen (wie Unterstellung, Kritik, Zweifel) grundsätzlich empirisch rekonstruierbar sind. Dabei macht er auch deutlich, dass gleiche oder ähnliche Fragen je nach Kontext unterschiedliche kommunikative Funktionen haben können bzw. zu unterschiedlichen Sprechhandlungen auffordern.

Insgesamt ist deutlich, dass für die Einschätzung der Wirkung von Fragen in Forschungsinterviews nicht allein auf semantische Analysen und Kategorisierungen von Fragen oder auf konversationsanalytische und interaktionistische Analysen der allgemeinen Interviewinteraktion zurückgegriffen werden kann. Denn sprachwissenschaftliche Analysen fokussieren entweder auf die formale Struktur von Fragen oder auf die Analyse der gesamten Gesprächssituation. Das Interesse an *empirischen* Untersuchungen zu Fragewirkungen ist in diesen Feldern nur sehr gering. Gerade dies – empirische Forschung zur Wirkung von Fragen (in Interviews und anderen Gesprächssituationen) – wäre aber notwendig, um deren tatsächliche Wirkung einschätzen zu können. Zur Begründung von Frageformen im Diskursiven Interview muss daher vorerst auf allgemeine Überlegungen und theoretische Annahmen zurückgegriffen werden (s. Kap. 3).

2.3.2 Antworten und Textsorten

Ebenso wie Fragen sind auch „Antworten" eine uneinheitlich verwendete Kategorie mit vielen Formen und Differenzierungsnotwendigkeiten (vgl. u. a. Goffman 1981b; Lang 1993; Waldenfels 1994; Wunderlich 1976). Als Antworten können alle sprachlich-informativen Äußerungen behandelt werden, die eine Reaktion auf eine vorher gestellte Frage sind. Diese Festlegung schließt z. B. (reine) Handlungen und körperliche Reaktionen als Antworten aus, auch wenn sie auf Fragen oder andere Sprechaufforderungen reagieren.[24] Gleiches gilt auch für sprachliche Äußerungen, die nicht als Reaktion auf eine Frage gelten können, weil sie z. B. durch die befragte Person unaufgefordert (ungefragt) erfolgen. Erwiderungen, die keine Antworten im Sinne der Frage, aber als Reaktion auf diese zu verstehen sind (z. B. bei falsch verstandenen Fragen), sollen dagegen einbezogen werden, sofern sie sprachlich-informativer Natur sind.

---

[24]Dagegen können Handlungen und körperliche Reaktionen (insb. Mimik und Gestik) wichtige Kontextinformationen sprachlicher Antworten sein und sollten, soweit dokumentiert, entsprechend berücksichtigt werden.

In der interviewmethodischen Literatur ist es sehr verbreitet, im Gewinn von „Informationen" das Ziel von Interviews zu sehen, ohne weiter zur begründen, was als Information verstanden wird. Grundsätzlich ist dies sicher richtig, wenn Informationen allgemein als „Daten zur Schließung einer Wissenslücke" definiert werden. Nur ist dies natürlich eine äußerst vage Kennzeichnung, denn was jeweils als Wissenslücke gilt, kann erheblich variieren und qualitative Interviews gehen – im Unterschied etwa zu Verhören oder journalistischen Interviews – meist weit über das Schließen einfacher Wissenslücken hinaus.

Ein Verständnis von Interviews als Instrumente der Informationsgewinnung scheint jedoch zu einfach – suggeriert es doch, dass die Antwortinhalte bereits unmittelbar das bildeten, was mit qualitativen Interviews in Erfahrung gebracht werden soll, wenn doch tatsächlich meist „nur" Datenmaterial gewonnen wird, aus dem dann in einem aufwändigen Verfahren Deutungsmuster oder andere Sinnformen erst rekonstruiert werden (müssen). Man kann also davon ausgehen, dass mit qualitativen Interviews meist nicht nur punktuelle Informationen gewonnen werden sollen, sondern komplexere Wissensformationen das zentrale Erkenntnisziel sind. Um dieses Wissen zu erlangen, werden die Befragten in qualitativen Interviews zu längeren (Antwort)Texten veranlasst. Diese lassen sich anhand unterschiedlicher Merkmale beschreiben und analysieren. Das zumindest für das Diskursive Interview wichtigste und vermutlich auch am stärksten durch die Art der Fragen bzw. Sprechaufforderung beeinflusste ist dabei die *Textsorte*. In diesem Sinne kann man sagen, dass mit Interviewfragen spezifische Antwort-Textsorten angestrebt werden.[25] Es wird hier also davon ausgegangen, dass die „Antworttexte", die in qualitativen Interviews gewonnen werden, gut und sinnvoll anhand der enthaltenen Textsorten unterschieden werden können, die mit unterschiedlichen Fragen und Sprechaufforderungen angeregt werden.

---

[25] „Textsorte" ist allerdings ein ebenso häufiges wie unterschiedlich definiertes Merkmal zur Beschreibung von Texten und daher alles andere als eindeutig (vgl. u. a. Adamzik 1995, 2008; Heinemann 2000, Heinemann und Heinemann 2002; Isenberg 1978). Erschwerend kommt hinzu, dass ähnliche Textmerkmale oft mit unterschiedlichen Begriffen bezeichnet werden (z. B. als Texttyp oder Textmuster). Wenn der Begriff „Antwort- oder Textsorte" für die hier interessierenden Merkmale von Befragtenantworten verwendet und ihm damit eine eher spezifische Bedeutung gegeben wird, so geschieht dies vor allem deshalb, weil mit dieser Begriffsverwendung an eine verbreitete Praxis im Bereich der qualitativen Sozialforschung angeknüpft werden kann. So ist die Analyse von Textsorten vor allem aus der Narrationsanalyse (Kallmeyer und Schütze 1977; Schütze 1976a, 1987) und daran angelehnter Verfahren (z. B. Fischer-Rosenthal und Rosenthal 1997) bekannt.

2.3 Fragen und Antworten in qualitativen Interviews

Tab. 2.3 Antwort-Textsorten, Fragen und erwartete Wirkungen auf Befragte. (Eine ausführliche Erläuterung der einzelnen Textsorten und Frageformen erfolgt erst in Abschn. 3.2)

Intendierte Textsorte	Typen von Fragen und Sprechaufforderungen	Beispielfragen	Erwartete Wirkung auf Befragte
Erzählung	Erzählaufforderung: als Bitte oder Frage (insb. Wie- und Was-Fragen zu Vorgängen und Erlebnissen)	Bitte erzählen Sie doch einmal von Ihrer Schulzeit! Wie war das, als Sie das erste Mal ein Arbeitszeugnis bekommen haben?	B. wird motiviert, einen Handlungsablauf oder längere Episoden zu erzählen
Beschreibung	Beschreibungsaufforderung: als Bitte oder Frage	Bitte beschreiben Sie mal einen für Sie typischen Arbeitstag! Wie sah Ihre damalige Wohnung aus?	B. wird motiviert, erlebte Situationen, Orte, Abläufe etc. zu beschreiben
Begründung	1. Begründungsaufforderung (insb. Warum-Fragen) 2. Konfrontation u. Polarisierung: I. konfrontiert B. mit alternativer Option oder stellt alternative Optionen vor	1. Warum haben Sie sich für dieses Studium entschieden? 2. Sie haben erzählt, dass Ihr Studium sehr anstrengend war. Sonst gilt Ihr Fach aber als eher einfach. Was meinen Sie dazu?	B. wird motiviert, eigene Handlungen und Stellungnahmen zu begründen
Reflexion	Evaluative, normative und spekulative („hypothetische") Fragen	Sind Noten (Schule/Studium) leistungsgerecht? Wie müsste das Studium organisiert sein, um besser motiviert zu sein?	B. wird zu Reflexionen und Stellungnahmen angeregt (u. a. zu alternativen Lebens- und Handlungsentwürfen)
Information	Verständnissichernde (Nach)Frage (u. a. Wo-, Wann- und Wer-Fragen)	Wann haben Sie Ihr Studium begonnen?	B. wird zu Präzisierungen vorheriger Ausführungen veranlasst

(Fortsetzung)

Tab. 2.3 (Fortsetzung)

Intendierte Textsorte	Typen von Fragen und Sprechaufforderungen	Beispielfragen	Erwartete Wirkung auf Befragte
Validierung (und Explikation*)	1. Zurückspiegelung: I. bietet B. „spontane" Interpretation oder Zusammenfassung an 2. Konklusion: I. zieht Schlussfolgerungen aus Antworten von B. und befragt B. dazu	1. Habe ich das richtig verstanden: Sie hatten eigentlich keine Lust zu studieren? 2. Waren Ihre Schwierigkeiten im Studium eine Folge dieser Unlust?	B. bestätigt das „Angebot" oder expliziert vorherige Antworten
Explikation	1. falsche Zusammenfassung: I. bietet B. eine „spontane", aber bewusst falsche Zusammenfassung oder Interpretation an 2. gezielte Unterstellung oder Suggestivfrage: I. stellt eine für B. erkennbar suggestive Frage	(beide Formen sind hier nicht darstellbar, da nur aus dem Interviewverlauf zu entwickeln)	B. wird motiviert, vorherige Antworten zu explizieren

*Zurückspiegelungen und Konklusionen können sowohl zu einer Validierung als auch zu einer Explikation führen (s. Witzel 1986, S. 246 ff.): Verweigert die befragte Person eine Validierung, wird sie das in der Regel zu (weiteren) Explikationen veranlassen

2.3 Fragen und Antworten in qualitativen Interviews

Auf Basis interviewmethodischer Literatur (insb. Schütze 1976, 1977; Ullrich 1999; Witzel 1985) können mehrere solcher Textsorten unterschieden werden, insbesondere Erzählungen, Beschreibungen, Begründungen, Reflexionen, Informationen, Explikationen und Validierungen (s. Tab. 2.3, Spalte 1). Um diese zu aktivieren, sind unterschiedliche Arten von Fragetechniken möglich und vorgeschlagen worden (s. Tab. 2.3, Spalte 2 und 3), die auf Seiten der Befragten einen entsprechenden Erwartungsdruck entstehen lassen (Spalte 4).[26]

> **Textsorten und Textsortenelemente**
> An dieser Stelle ist es leider unumgänglich, eine weitere Differenzierung einzuführen, und zwar die zwischen Textsorten (TS) und Textsortenelementen (TSE). Der Begriff Textsorte wird hier für größere Texteinheiten verwendet (s. Tab. 2.3). Die meisten Fragen und Sprechaufforderungen zielen auf diese Ebene und sollen bei den Adressierten Erzählungen, Begründungen usw. im Sinne einer Textsorte hervorrufen.
> Diese Textsorten setzen sich aber wiederum aus unterschiedlichen Textsortenelementen zusammen. So besteht etwa eine Erzählung nicht nur aus narrativen, sondern auch aus vielen nicht-narrativen Teilen wie Beschreibungen oder Begründungen (vgl. Quasthoff 1979) und auch Begründungen können u. a. narrative oder deskriptive Anteile enthalten (Antaki 1994; Kienpointner 1992). (Andere Textsorten wie Explikationen und Validierungen haben sogar kein eigenes, sie definierendes Textsortenelement und bestehen aus einer typischen Kombination von Textsortenelementen.) Eine in einem Interview gegebene Antwort kann also nicht nur mehrere Textsorten umfassen, sondern diese Textsorten werden sich wiederum oft aus mehreren Textsortenelementen zusammensetzen.
> In Tab. 2.3 werden, als vorläufige Klassifizierung, sieben Textsorten (TS) unterschieden: Beschreibung, Erzählung, Begründung, Information, Validierung, Explikation und Reflexion. Alle Textsorten enthalten meist mehrere unterschiedliche Textsortenelemente. Weitere, für die Gewinnung von

---

[26]Die in Tab. 2.3 vorgenommenen Unterscheidungen sind nur eine Zusammenstellung bestehender Beschreibungen und sind sicher weder vollständig noch widerspruchsfrei. Die Bestimmung von Textsorten muss als offener Prozess gelten. Dass die hier beschriebenen Textsorten tatsächlich zu finden sind, ist aber zumindest wahrscheinlich und für einige Textsorten bereits wiederholt nachgewiesen worden.

> Derivationen vermutlich weniger wichtige Textsorten, sind z. B. Erklärungen/ Instruktionen oder Berichte. Die Zahl möglicher Textsortenelemente wird deutlich größer sein, denn neben textsortentypischen (Beschreibungstexte, Erzähltexte, Begründungstexte/Argumentationen, „pieces of information") besteht auch eine bestimmte Zahl unspezifischer Textsortenelemente (u. a. Behauptungen, Zusammenfassungen und Bestätigungen/Widersprüche).

Für das Diskursive Interview ist nun entscheidend, *welche Textsorten Derivationen enthalten* bzw. welche Textsorten deren Rekonstruktion am besten ermöglichen. Hier wird davon ausgegangen, dass dies vor allem bei *Begründungen* von eigenen Handlungen und Urteilen (oder Stellungnahmen) der Fall ist, weil bei diesen in besonderem Maße ein Plausibilisierungs- und Validierungsbedarf besteht. Dabei wird ein breites Verständnis von Begründung zugrunde gelegt, das neben Argumentationen auch Kausalerklärungen (sog. „Erklärungen, weil") einschließt (aber keine Erklärungen im Sinne von Erläuterungen oder Instruktionen). Dagegen gehören Rechtfertigungen zu den nicht-intendierten Textsorten qualitativer Interviews, die aber bei Begründungsaufforderungen vermutlich häufiger auftreten (zu diesen Unterschieden vgl. insb. Klein 2001).

Begründungen sind also für das Diskursive Interview die zentrale, anzustrebende Textsorte. Entsprechend wichtig sind daher Sprechaufforderungen, die dazu geeignet sind, Begründungen zu stimulieren. Darüber hinaus werden auch andere Textsorten Derivationen enthalten (s. hierzu Abschn. 3.2). Dies kann insbesondere für Reflexionen, Validierungen und Explikationen erwartet werden.

Datenerhebung mit Diskursiven Interviews 3

Das Diskursive Interview versteht sich als integriertes Forschungsdesign, in dem alle Forschungsphasen (insb. Fragestellung, Datenerhebung und Datenauswertung) eine konzeptionelle Einheit darstellen. Wie dieses für das Diskursive Interview aussieht, soll in diesem und im nächsten Kapitel dargelegt werden, und zwar zunächst für die Prozesse der Datenerhebung (Kap. 3) und dann für die interpretativ-rekonstruktive Auswertung und weitergehende Analysen (Kap. 4).

Die Reihenfolge der Darstellung orientiert sich dabei an der zeitlichen (und an üblichen Darstellungsformen). Dennoch sollte nicht vergessen werden, dass die Datenerhebung zwar zeitlich notwendig vor der Dateninterpretation erfolgt, dass sich das Vorgehen bei der Datenerhebung konzeptionell aber aus den Erfordernissen der Dateninterpretation und -analyse ableitet. Für das Diskursive Interview bedeutet dies, dass das Vorhaben, soziale Deutungsmuster im Rahmen einer kontrastierenden Interpretations- und Auswertungsstrategie aus individuellen Derivationen zu rekonstruieren, bestimmte Formen der Datenerhebung erfordert: Sowohl das Sampling als auch die Methode der Datenerhebung müssen auf das Ziel ausgerichtet sein, für kontrastierende Auswertungen gut geeignetes Datenmaterial zu gewinnen.

Wie viele qualitative Forschungsdesigns, insbesondere wenn diese kontrastierend angelegt sind, erfolgen im Diskursiven Interview zudem die beiden Hauptphasen der Datengewinnung und Datenauswertung möglichst alternierend. An die Gewinnung erster Daten schließt sich zunächst eine Phase der Datenanalyse an, auf deren Basis dann wiederum neu über die weitere Datenerhebung entschieden wird. Auch wenn hier also die Darstellung der einzelnen Forschungsphasen getrennt erfolgt, sollte immer klar sein, dass die einzelnen Verfahren der Datenerhebung und -auswertung keine in sich geschlossenen und hintereinander folgenden Forschungsschritte sind, sondern wechselnd und wiederholt durchgeführt werden sollten.

Sind die grundsätzlichen Fragen des methodischen Vorgehens (deutungsmusteranalytische Forschungsfrage, kontrastierende Analyse) entschieden, kann mit der Gewinnung des für die Beantwortung der Forschungsfrage notwendigen Datenmaterials begonnen werden. Die Gesamtheit der damit verbundenen Verfahren wird üblicherweise als Datenerhebung bezeichnet. Meist besteht diese aus einem zweistufigen Prozess: Zuerst müssen die „Datenträger" bestimmt und für die Teilnahme an der Forschung gewonnen (oder verfügbar gemacht) werden (Sampling und Rekrutierung). Im Anschluss daran müssen dann Verfahren angewendet werden, um die notwendigen Daten von den Datenträgern zu extrahieren (Datenerhebung im engeren Sinne).

Diese sehr technische Formulierung bedeutet für das Diskursive Interview: Zunächst müssen Personen gefunden und für eine Teilnahme gewonnen werden, von denen angenommen werden kann, dass sie Träger oder Anwender der Deutungsmuster sind, die den Forschungsgegenstand bilden (Abschn. 3.1). Diese werden dann mit Diskursiven Interviews so befragt, dass sie möglichst viele ihrer Derivationen offenbaren (Abschn. 3.2 und 3.3).

3.1 Sampling und Rekrutierung

Die meisten Forschungsdesigns erfordern eine Auswahl von Untersuchungseinheiten. Auch eine Deutungsmusteranalyse auf der Basis Diskursiver Interviews kann nicht alle potenziellen Träger sozialer Deutungsmuster einbeziehen. Daher ist es erforderlich, aus der Gesamtheit aller Merkmalsträger (beim Diskursiven Interview sind dies alle Personen, bei denen forschungsrelevante Derivationen erwartet werden können) eine Auswahl der Personen(typen) zu treffen, die dann interviewt werden.

Die Auswahl der Befragten erfolgt wiederum in einem zweistufigen Prozess: Zunächst müssen die Kriterien für eine Teilnahme festgelegt werden. Ist dies geschehen, müssen Personen, die den Samplingkriterien genügen, für die Teilnahme an einer Befragung gewonnen werden.[1] Eng damit verbunden ist auch die Frage, wie viele Untersuchungseinheiten notwendig sind.

---

[1] Oft genug werden diese beiden Schritte bzw. Aspekte nicht hinreichend unterschieden und Rekrutierungsformen als Samplingstrategien beschrieben (vgl. u. a. Merkens 1997; Przyborski und Wohlrab-Sahr 2014, S. 181 ff.; Reinders 2005, S. 120). Seltener werden auch Kriterien für die Auswahl von Fällen für (Einzel)Fallanalysen zu den Samplingstrategien gezählt (Patton 1990).

3.1 Sampling und Rekrutierung

Während der erste Schritt, das Sampling, eine methodologische Frage ist, deren Konkretisierung dann vom Forschungsverständnis und der jeweiligen Fragestellung bestimmt wird, ist die sog. Rekrutierung von Personen, die die Samplingkriterien erfüllen, eine forschungspraktische Aufgabe, die oft genug in Konflikt mit den methodologisch oder theoretisch begründeten Samplinganforderungen geraten kann – nämlich immer dann, wenn es nicht gelingt, in hinreichendem Maße Personen zu einer Teilnahme zu bewegen, die die Samplingkriterien erfüllen.

Sampling

Für das Diskursive Interview besteht die Kernaufgabe oder Mindestanforderung des Samplings darin, zu erreichen, dass (möglichst nur) Personen befragt werden, die im Sinne des Forschungsdesigns relevant sind, bei denen also mit hoher Wahrscheinlichkeit anzunehmen ist, dass sie im Interview individuelle Derivationen offenbaren.

Zur Frage der Bestimmung der richtigen Untersuchungseinheiten gehört dabei auch die umgekehrte Frage, wie verhindert werden kann, dass Personen bzw. Einheiten, die für die geplante Forschung nicht relevant sind, dennoch gesampelt und untersucht werden. Im Zweifelsfall, wenn also Unsicherheit darüber besteht, ob z. B. ein Personentyp die Samplingkriterien erfüllt, sollte man diesen besser einschließen: Der Schaden, der durch „ungeeignete" Untersuchungseinheiten entsteht, ist sicher geringer als der eines Verpassens oder Auslassens geeigneter.[2]

Die drei Ziele des Samplings
1. Bestimmung der „richtigen" Datenträger (Mindestanforderung)
    → *im Diskursiven Interview: Bestimmung der Personen, von denen anzunehmen ist, dass sie für Begründungen ihrer Handlungen, Beurteilungen und Situationsdefinitionen auf forschungsrelevante Deutungsmuster/Derivationen zurückgreifen*
2. Erzeugung einer hohen Varianz der Datenträger/im Datenmaterial
    → *im Diskursiven Interview: Bestimmung möglichst vieler unterschiedlicher Personen, von denen anzunehmen ist, dass sie in Begründungen (und anderen Textsorten) auf möglichst viele unterschiedliche forschungsrelevante Deutungsmuster/Derivationen zurückgreifen*
3. Erfassung der gesamten Varianz der Datenträger/im Datenmaterial (Felderschließung)
    → *im Diskursiven Interview: Bestimmung möglichst aller unterschiedlichen Personen, von denen anzunehmen ist, dass sie in Begründungen (und anderen Textsorten) auf möglichst alle forschungsrelevanten Deutungsmuster/Derivationen zurückgreifen*

Im Unterschied zur Logik quantitativer Stichprobenverfahren, die ganz an der Sicherstellung statistischer Repräsentativität orientiert ist, besteht das Ziel

---

[2] Im Fall von Interviews würde man meist im Interview feststellen, dass die befragte Person falsch eingeschätzt wurde. Das ist sicher ärgerlich, weil man sich unnütze Arbeit gemacht hat, aber kaum zu vermeiden. Für den Erkenntnisgewinn im Forschungsprozess ist es aber deutlich problematischer, wenn umgekehrt, forschungsrelevante Personentypen nicht interviewt würden.

qualitativen Samplings primär darin, gute Voraussetzungen für eine empirisch begründete Theoriebildung im Sinne Glasers und Strauss' (1967) – oder allgemeiner: für empirisch-induktive Erkenntnisstrategien – zu gewährleisten. Als das allgemeine Ziel aller qualitativen Samplingstrategien kann daher gelten, Untersuchungseinheiten zu finden, die die dafür geeigneten Daten in möglichst umfangreicher und passender Form enthalten. Entsprechend werden die Untersuchungsgruppen in der qualitativen Sozialforschung auch nicht als Zufallsstichproben gewonnen, sondern durch ein „purposeful sampling" (Patton 1990, S. 169 ff.), also anhand von gezielten, aus den Forschungszielen und vorgesehenen Methoden abgeleiteten Kriterien. Dies kann, je nach Fragestellung und Forschungsdesign, sehr unterschiedliche Konsequenzen haben.[3]

Für kontrastierende Analysen sollte das Sampling auch auf eine möglichst große und systematische *Variation der Untersuchungsobjekte* (befragte Personen) ausgerichtet sein, denn dies gewährleistet am besten gute Kontrastierungsmöglichkeiten und erhöht somit die Chancen einer Theoriegenerierung. Mit der systematischen Variation der Untersuchungsobjekte kann zusätzlich angestrebt werden, den untersuchten Gegenstandsbereich möglichst vollständig zu erfassen. In diesem Fall besteht das Samplingziel in einer kategorialen oder *(typo)logischen Repräsentation* des untersuchten Feldes, die eine zentrale Voraussetzung für Typenbildungen ist (vgl. Abschn. 4.4). Das Sampling geht dabei über eine „nur" systematische Variation der Untersuchungsobjekte hinaus und strebt die Erfassung möglichst aller unterschiedlichen Formen potentieller Datenträger (Verwender von Derivationen) an.[4]

Für die Deutungsmusteranalyse mit Diskursiven Interviews ist die Sampling-Aufgabe also zu erweitern: Sie besteht nicht nur darin, die im Sinne der gesuchten Deutungsmuster „richtigen" Personen zu bestimmen; vielmehr sollte versucht werden, möglichst alle Kategorien der für die Forschungsfrage relevanten Datenträger im Untersuchungssample einzubeziehen. Eine solche (typo)logische Repräsentation kann dabei immer nur eine Zielfunktion sein. Denn vorab kann man natürlich nicht wissen, ob und wann ein Feld typologisch

---

[3]Zu unterschiedlichen qualitativen Samplingstrategien vgl. u. a. Kelle und Kluge (1999, S. 38 ff.), Merkens (1997), Patton (1990, S. 169 ff.) und Reinders (2005, S. 135 ff.).

[4]Sowohl für die systematische Variation als auch für die (typo)logische Repräsentation des untersuchten Feldes ist beim Diskursiven Interview zwischen Forschungsinteresse und der Samplingstrategie zu unterscheiden: Das Forschungsinteresse besteht in der möglichst großen Variation der Derivationen eines Bezugsproblems. Das Sampling findet aber auf der Ebene der Untersuchungseinheiten (Befragte) statt. Die einzige Möglichkeit zur Erzeugung einer hohen oder kompletten Varianz der Derivationen eines Bezugsproblems besteht hier daher in der systematischen Variation der Untersuchungseinheiten.

3.1 Sampling und Rekrutierung

repräsentiert ist. Dies kann sich erst im Verlauf der Forschung zeigen und stellt selbst ein wichtiges Forschungsergebnis dar.[5] Häufig wird man aber im Vorfeld gute Gründe zumindest für einzelne Eckpfeiler finden und diese beim Sampling berücksichtigen wollen. Ebenso können sich Kategorien im Forschungsprozess herauskristallisieren und – bei einem alternierenden Vorgehen – als Kriterien für das weitere Sampling benutzt werden.

> **(Typo)logische Repräsentation**
> (Typo)logische Repräsentationen sollten nicht mit statistischer Repräsentativität verwechselt werden. Mit typologischer Repräsentation ist keine quantitative oder Verteilungsäquivalenz von Sample und Grundgesamtheit gemeint, sondern die meist gleichmäßige „Vertretung" aller empirischen Variationen eines Feldes im Untersuchungssample. Diese Repräsentation ist also vollkommen unabhängig von der empirischen Häufigkeit und der Verteilung der einzelnen Kategorien. Sie erfolgt entweder kategorienegalitär oder wird nach theoretisch-konzeptionellen Überlegungen gewichtet.
>
> 1. Beispiel für eine typologische Repräsentation:
>   In einer Studie über gesetzlich Krankenversicherte, die sich u. a. mit der Wahrnehmung der (eigenen) Krankenkasse befasste (Ullrich 2000), wurden Versicherte aller Krankenkassentypen (Ortskrankenkassen, Ersatzkassen usw.) gleich häufig befragt, um Unterschiede zwischen Versicherten unterschiedlicher Krankenkassentypen möglichst gut erfassen zu können. Unterschiede hinsichtlich der Größe (Mitgliederzahl) der unterschiedlichen Krankenkassentypen, die erheblich waren, wurden dagegen beim Sampling nicht berücksichtigt.
> 2. Beispiel für eine typologische Repräsentation:
>   Studierende aus zwei Studiengängen sollen zu ihren Studienmotiven befragt werden. Aufgrund von Vorannahmen werden dabei das Geschlecht und der Studiengang als wichtige Einflussgrößen vermutet. Im Studiengang A ist das Verhältnis von Studenten zu Studentinnen 90:10, im Studiengang B 30:70. Im untersuchten Jahrgang studieren im Studiengang A 800, im Studiengang B dagegen nur 150 Student/innen.

---

[5]Daher muss diese (typo)logische Repräsentation beim Sampling auch von der Typenbildung als Analyseschritt bei der Auswertung des Datenmaterials (s. Abschn. 4.4) klar unterschieden werden, für die sie allerdings eine wichtige Voraussetzung ist.

> Bei einer typologisch-egalitären Repräsentation werden diese Häufigkeits- und Verteilungsunterschiede jeweils ignoriert. In beiden Studiengängen würde die gleiche Anzahl von Studierenden befragt und jeweils die gleiche Anzahl weiblicher und männlicher Studierender.

Zur Erreichung der Samplingziele stehen der qualitativen Sozialforschung zwei grundlegende und in ihrer Samplinglogik entgegengesetzte Strategien zur Verfügung: das „theoretical sampling" und das „selective sampling". Beide können auch bei einer Deutungsmusterrekonstruktion auf der Basis Diskursiver Interviews sinnvoll verwendet werden.

Das *„theoretical sampling"* wurde von Glaser und Strauss (1967, S. 45 ff.) im Rahmen der Grounded Theory eingeführt und ist wohl (zumindest nominell) das häufigste Samplingverfahren in der qualitativen Sozialforschung. Dabei erfolgt die Auswahl der Untersuchungsteilnehmer/innen wesentlich auf der Basis erster Erkenntnisse aus dem aktuellen Forschungsprozess (z. B. Auswahl weiterer Befragter erst nach und auf der Basis der Analyse der ersten Interviews). Das „theoretical sampling" führt dann zu einer „alternierenden Datengewinnung": Da die Auswahl neuer Untersuchungseinheiten erst nach einer ersten Datenerhebungsphase und zumindest einer Durchsicht des Datenmaterials erfolgt, verlaufen diese drei Prozesse zum Teil zeitversetzt, zum Teil aber auch parallel. Für die Anfangsauswahl, die dann Basis für das weitere Sampling ist, gibt es beim „theoretical sampling" allerdings keine Regel.

Beim *„selective sampling"*[6] (Schatzman und Strauss 1973) werden die Untersuchungseinheiten (Befragte) dagegen anhand vorab definierter Kriterien ausgewählt. Diese können unterschiedlich definiert werden. Wenn eine kontrastierende Analyse vorgesehen ist, werden diese Kriterien auf Merkmalen basieren, die eine Repräsentation des Feldes – nach Maßgabe des bestehenden Vorwissens und immer nur vorläufig – wahrscheinlicher machen. Dabei ist es das Ziel, alle „theoretisch relevanten Merkmalskombinationen" (Kelle und Kluge 1999, S. 38) einzubeziehen.

Das „theoretical sampling" und das „selective sampling" folgen entgegengesetzten Logiken: Während beim „theoretical sampling" die relevanten Auswahlkriterien gewissermaßen induktiv erst aus den ersten Interpretationen gewonnen werden müssen, setzt das „selective sampling" bereits ein dafür hinreichendes Wissen über den Gegenstandsbereich voraus.

---

[6]Das selektive Sampling wird oft auch unter anderen Bezeichnungen beschrieben (vgl. u. a. Kelle und Kluge 1999; Patton 1990, S. 169 ff.; Reinders 2005, S. 136 ff.). Für eine ausführliche Darstellung unterschiedlicher Formen des „selective sampling" s. insb. Kelle und Kluge (1999, S. 46 ff.).

3.1 Sampling und Rekrutierung

Trotz ihrer Gegensätzlichkeit müssen beide Samplingstrategien bei kontrastierenden Verfahren angewendet werden. Dabei fungiert das „theoretical sampling" als Grundform – zum einen, weil dies, wie Glaser und Strauss (1967) ausführlich darlegen, die ideale Vorgehensweise für eine empirisch begründete Theoriebildung ist, zum anderen, weil nur auf diesem Weg ein offenes (induktives) Erschließen eines Feldes möglich ist. Vorab festgelegte Auswahlkriterien schränken den Erkenntnishorizont, die Möglichkeit, neue Erkenntnisse zu gewinnen, ein, und das sollte ohne Not nicht der Fall sein. Diese Not tritt allerdings schon sehr bald ein, denn die Anfangsauswahl kann nicht in Form eines „theoretical sampling" bestimmt werden; hier muss auf inhaltliche (theoretische) Überlegungen zurückgegriffen werden.[7] Darüber hinaus scheint es vertretbar, theoriegeleitete Aspekte in zurückhaltender Form auch im weiteren Sampling einzusetzen, vor allem dann, wenn sich aus den ersten Dateninterpretationen keine oder nur wenige Auswahlkriterien ergeben sollten.

Rekrutierung
Als Rekrutierung bezeichnet man in der qualitativen Sozialforschung die konkrete, praktische Gewinnung der Untersuchungsteilnehmer/innen (im Diskursiven Interview: der Befragten) auf der Basis der jeweiligen Samplingprozedur. So steht fast jede Forschung vor dem Problem, die gewünschten, insbesondere durch „theoretical sampling" bestimmten Teilnehmertypen auch tatsächlich für eine Teilnahme zu gewinnen. Sofern es genug potentielle und gleichwertige Teilnehmer/innen gibt, die für eine Untersuchung auch zur Verfügung stehen, sollte man die konkrete Entscheidung, welche Personen (usw.) tatsächlich einbezogen werden, einer zufälligen Auswahl überlassen. Anderenfalls besteht die Gefahr, dass „sampling-fremde" Faktoren einen unerwünschten und unkontrollierten Einfluss auf das Sampling haben.[8]

---

[7]Dass ein reines „theoretical sampling" nicht möglich ist, war auch Glaser und Strauss bewusst. Sie beschreiben das „theoretical sampling" als ein Verfahren, das nach der „initial collection of data" (1967, S. 47) einsetzt.

[8]Eine solche „Zufallsrekrutierung" ist nicht mit der Zufallsstichprobe standardisierter Forschung zu verwechseln und findet auch nur inner- bzw. unterhalb des „theoretical" oder „selective sampling" statt. Ihr Ziel ist nicht Repräsentativität, sondern die Vermeidung von Willkür. Zu dem wichtigsten „sampling-fremden" Faktoren gehören die räumliche Nähe zu den Forscher/innen (kurzer Anfahrtsweg = höhere Sampling-Wahrscheinlichkeit), die situative Erreichbarkeit potentieller Teilnehmer/innen (z. B.: Wer zuerst am Telefon erreicht wird, wird untersucht), Persönlichkeitsmerkmale der potentiellen Teilnehmer/innen und ihre Wertschätzung durch die Forscher/innen (z. B.: Wer dem/der Forscher/in sympathisch ist, wird eher um eine Teilnahme gebeten) oder auch nur Reihungseffekte (z. B. bei alphabetischen Listen potentieller Teilnehmer/innen).

Oft genug erweist es sich aber als schwierig, die gewünschten Teilnehmertypen überhaupt oder in der vorgesehenen Anzahl zu rekrutieren. Hierfür kann es viele Gründe geben: So können die gewünschten Teilnehmer/innen einfach sehr selten (bei spezifischen Eigenschaften bzw. Merkmalkombinationen) oder für die Forschenden kaum erkennbar sein, insbesondere wenn diese nur geringe Kenntnisse über das untersuchte Feld haben oder keinen Zugang zu diesem. Häufig erweist sich aber auch eine geringe Erreichbarkeit von bestimmten Teilnehmertypen als Hindernis. Diese kann materiell/technisch bedingt sein (z. B. Obdachlose), aber auch rechtlich oder institutionell (z. B. bei Insassen geschlossener Anstalten). Auch eine geringe Teilnahmebereitschaft einzelner Teilnehmertypen – generell (klassisch: Selbstständige) oder bezüglich des Forschungsthemas (etwa bei „intimen" Themen) – kann eine Rekrutierung erheblich erschweren.

Die Probleme, die sich bei der Rekrutierung ergeben können, sollten nicht unterschätzt werden. Sie können Forschung schon früh zum Scheitern bringen oder als undurchführbar erscheinen lassen. Weit häufiger werden Rekrutierungsfragen aber dazu führen, das Forschungsthema zu modifizieren, weil nicht in der ursprünglich vorgesehenen Form gesampelt werden kann.

Angesichts der häufig auftretenden Probleme bei der Rekrutierung verwundert es nicht, dass in der qualitativen Sozialforschung mehrere Techniken verbreitet sind, um mögliche Hürden bei der Gewinnung von Teilnehmerinnen und Teilnehmern zu überwinden.

Die vielleicht wichtigste Technik ist die Vermittlung durch *„Gatekeeper"*. Als Gatekeeper bezeichnet man Personen, die aufgrund ihrer Nähe zum interessierenden Feld (oder besonderer Zugangsmöglichkeiten oder Informationen) in der Lage sind, Kontakte mit potenziellen Teilnehmer/innen herzustellen. Sehr häufig sind dies Angehörige bestimmter Berufsgruppen (z. B. Lehrerinnen, Sozialarbeiter, Ärztinnen) und sozialer Gruppierungen (z. B. von ethnischen Gruppen, Szenen oder Subkulturen) oder Personen in Leitungsfunktionen.

Ein verbreitetes Verfahren ist auch die *Selbstselektion* von Teilnehmer/innen. Dabei kommen unterschiedliche Formen der Eigenwerbung zum Einsatz (klassisch: Zeitungsannonce, Aushang an zentralen Plätzen, Aufrufe in der Lokalpresse usw.; heute oft auch via Internetmedien). Die Teilnehmer/innen müssen sich hierbei selbst melden. Um diese mögliche Hürde für eine Teilnahme zu überwinden, werden meist Aufwandsentschädigungen ausgelobt.

Eine dritte Möglichkeit ist das *Schneeballverfahren* (manchmal auch Kettenverfahren). Dieses besteht darin, dass die bereits untersuchten Teilnehmer/innen gebeten werden, weitere Personen zu empfehlen. Dies kann deshalb erfolgreich sein, weil die Untersuchungsteilnehmer/innen oft bessere Kenntnisse des interessierenden Felds und oft auch Kontakte zu Personen haben, die die Samplingkriterien ebenfalls erfüllen.

3.1 Sampling und Rekrutierung

Aufgrund der Schwierigkeiten, die bei der Gewinnung von Untersuchungseinheiten entstehen können, wird man in der Forschungspraxis oft genug auf solche Strategien der Rekrutierung zurückgreifen müssen. Dies sollte aber nur dann der Fall sein, wenn keine anderen Möglichkeiten bestehen, also auf gut begründete Ausnahmen begrenzt sein. Denn bei allen drei Vorgehensweisen handelt es sich um Verfahren, bei denen die Forscher/innen auf einen (womöglich sogar erheblichen) Teil ihrer Kontrolle über den Forschungsprozess verzichten. Das ist problematisch, weil diese Rekrutierungsverfahren zu Verzerrungen unterschiedlicher Art führen können.

Probleme unterschiedlicher Rekrutierungswege
Gatekeeper haben oft eigene Interessen oder missverstehen die ihnen genannten Auswahlkriterien; und natürlich können Gatekeeper nur „ihre" Personen vermitteln. Darüber, ob und wie sehr Gatekeeper tatsächlich über einen besonderen Feldzugang verfügen, kann man sich nur zu leicht täuschen (und zwar sowohl die Forscher/innen als auch die Gatekeeper selbst). Zudem ist auch die Wahl der Gatekeeper bereits selbst ein Selektionsprozess, sodass es bei dieser Vorgehensweise auf zwei Stufen zu Verzerrungen kommen kann: Bei der Entscheidung über die Gatekeeper und bei der Vermittlung von Kontakten durch die Gatekeeper.
Die *Selbstselektion* führt oft nicht zu einer guten Rekrutierung, weil der Anreiz, sich selbst zu melden, zu gering ist. Wird dieser durch finanzielle Vergütungen erhöht, kann dies wiederum zu Fehlanreizen und einer entsprechenden Verzerrung führen, z. B. wenn die Leserin einer Anzeige diese Information (Möglichkeit einer Teilnahme mit Vergütung) intensiv in ihrem sozialen Nahbereich „bewirbt". Zudem kann meist nicht sichergestellt werden, dass alle potenziellen Teilnehmer/innen mit der Eigenwerbung erreicht werden. Daher hängt dieses Verfahren auch von Zufälligkeiten der Kenntnisnahme ab (z. B. ob Personen eine Zeitungsannonce lesen) bzw. bevorzugt bestimmte Rezipiententypen.
Ähnliche Probleme ergeben sich auch beim *Schneeballverfahren*. Hier haben die bereits untersuchten Teilnehmer/innen eine ähnliche Wirkung wie die Gatekeeper; vor allem aber können die Teilnehmer/innen meist nur Personen aus ihrem Bekanntenkreis empfehlen bzw. anfragen. Ähnlich wie bei der Selbstselektion besteht hier daher die Gefahr nicht erkenn- und kontrollierbarer Verzerrungen.

Samplegröße

Neben der Frage, nach welchen Regeln das Sampling durchgeführt wird und wie die Teilnehmer/innen für eine Untersuchung konkret gewonnen werden können, ist auch die Größe des Samples zu bestimmen. Feste Regeln und eine strenge Festlegung vor Untersuchungsbeginn kann es hierfür nicht geben. Dies würde der Zielsetzung qualitativer Forschungsdesigns zu sehr widersprechen. Der Umgang mit der Samplegröße wird maßgeblich vom Forschungsdesign (von der Einzelfallstudie bis zu umfangreichen Vergleichen) und der daraus abgeleiteten Samplingstrategie bestimmt.

Beim „theoretical sampling" vergrößert sich die Untersuchungsgruppe inkrementell auf der Basis der im Forschungsprozess getroffenen Entscheidungen über die Kriterien der Fallauswahl. Ohne Stoppregel könnte der Prozess des „theoretical sampling" prinzipiell unendlich fortgesetzt werden – jedenfalls solange Gründe für neue Auswahlkriterien gefunden werden. Genau darin verbirgt sich aber bereits die übliche Regel für die Beendigung des Samplingprozesses.

Glaser und Strauss (1967) nennen hier das Kriterium der *„theoretischen Sättigung"* (saturation): Es werden so lange Untersuchungseinheiten weiter ausgewählt, wie dies für die Beantwortung der Fragestellung notwendig ist. Stellt sich im Prozess der Dateninterpretation dagegen ein „Saturierungseffekt" ein, also das Gefühl, durch weitere Daten keine wesentlichen neuen Erkenntnisse gewinnen zu können (idealiter, weil die empirisch basierte Theoriebildung schon weit vorangeschritten ist), dann kann das Sampling sofort beendet werden.[9]

Dass bei der Planung noch keine genauen Angaben über die Anzahl und die Art der Untersuchungseinheiten gemacht werden können, erzeugt oft Unsicherheit (zumal, wenn erst wenige Forschungserfahrungen vorhanden sind). Diese sollte in Hinblick auf die Forschungsziele und ein daraufhin optimiertes Vorgehen aber ausgehalten werden.

Ein „theoretical sampling" in der reinen Form ist forschungspraktisch ohnehin oft nur schwer umzusetzen, vor allem weil die Finanzierung von Forschungsvorhaben nicht unerheblich von der Samplegröße abhängt. Hier, aber z. B. auch bei Abschluss- und Qualifikationsarbeiten werden oft genauere Angaben bei der Planung eingefordert. Wichtig und in aller Regel auch gut möglich ist es daher, realistische Szenarien über die Art und den Umfang des Samples zu entwickeln. Beim „selective sampling" ist demgegenüber bereits bei der Planung zu entscheiden,

---

[9]Lincoln und Guba (1985) sprechen in diesem Zusammenhang von (informationeller) Redundanz: „If the purpose is to maximize information, the sampling is terminated when no new information is forthcoming from new sampled units; so redundancy is the primary criterion" (Lincoln und Guba 1985, S. 202).

3.2 Das Diskursive Interview als leitfadenstrukturiertes Interview

welche und wie viele Typen von Untersuchungseinheiten für die Forschung notwendig oder wünschenswert sind. Wie viele Einheiten dabei jeweils benötigt werden (also z. B. wie viele Befragte eines bestimmten Personentyps), kann aber auch hier nicht vorab genau bestimmt werden.

Schließlich wird die Größe der Untersuchungsgruppe (bzw. die Einschätzung, wie viele Fälle für eine „theoretische Sättigung" erforderlich sind) auch von mehreren forschungspraktischen Faktoren bestimmt wie die Art der eingesetzten Methoden und der mit ihnen verbundene Aufwand (pro Interview) sowie natürlich die zur Verfügung stehenden Ressourcen (Zeit, Anzahl der Forscher/innen). Wie andere kontrastierende Verfahren erfordert eine Deutungsmusteranalyse mit Diskursiven Interviews ein relativ großes Sample, denn dadurch ist am ehesten zu sichern, dass hinreichende Kontrastierungsmöglichkeiten bestehen. Eine weitere Eingrenzung der Samplegröße ist aber auch hier weder möglich noch erforderlich. Sie wird sich im Prozess des „theoretical sampling" anhand des Saturierungskriteriums erweisen.

3.2 Das Diskursive Interview als leitfadenstrukturiertes Interview

Wie im zweiten Kapitel verdeutlicht wurde, zielt das Diskursive Interview darauf, Textsorten zu gewinnen, die in möglichst umfassender Form individuelle Derivationen enthalten. Das Diskursive Interview macht sich dabei den Umstand zunutze, dass Deutungsmuster zum einen kommuniziert und interaktiv validiert werden müssen und dass sie zum anderen notwendig sind, um eigene Handlungen und Beurteilungen gegenüber Dritten begründen und erklären zu können. Durch unterschiedliche Fragetechniken sollen befragte Personen zu entsprechenden Antworten (insb. Begründungen eigener Handlungen und Stellungnahmen) angeregt werden.

Um dies gut gewährleisten zu können, werden Diskursive Interviews dialogisch und leitfadengestützt durchgeführt. Was Leitfadeninterviews sind, warum das Diskursive Interview als Leitfadeninterview konzipiert ist und welche Fragetypen dabei vorgesehen sind, wird in diesem Abschnitt erläutert. Der nachfolgende Abschn. (3.3) befasst sich dann mit unterschiedlichen Aspekten der Durchführung Diskursiver Interviews.

3.2.1 Leitfadeninterviews

Leitfadeninterviews sind vermutlich die am häufigsten verwendete Erhebungstechnik in der qualitativen Sozialforschung. Allerdings ist nicht ganz klar, welchen Status der Terminus Leitfadeninterview eigentlich hat. So kann das Leitfadeninterview zum einen als eigenständiger Interviewtypus aufgefasst und von anderen Interviewformen unterschieden werden (so z. B. Misoch 2015; Przyborski und Wohlrab-Sahr 2014). Zum anderen kann man von Leitfadeninterviews aber auch im Sinne eines Gattungsbegriffs sprechen und hierunter verschiedene Interviewformen subsumieren, in denen Leitfäden zur Anwendung kommen (so z. B. Flick 1995; Hopf 1988).[10]

In beiden Varianten ist die Verwendung des Begriffs Leitfadeninterview zur Klassifizierung zumindest unglücklich, weil dadurch ein technisches Merkmal zum grundlegenden Unterscheidungskriterium erhoben wird. Er ist als Typenbegriff wenig brauchbar, weil dieser Interviewtyp innerlich nicht konsistent und nach außen nicht sinnvoll abgrenzbar ist; und als Gattungsbegriff bezeichnet „Leitfadeninterview" eine äußerst heterogene Gruppe von Interviewformen, die nur in diesem einen, nachrangigen Merkmal konvergieren.

Dennoch kann der Begriff Leitfadeninterview zur Charakterisierung von Interviewformen verwendet werden – als eine unter mehreren Möglichkeiten (wie z. B. „Experteninterview" oder „Online-Interview"). Hierfür reicht die Verwendung eines Leitfadens allein aber noch nicht aus, denn diese ist in fast allen qualitativen Interviewformen üblich. Der entscheidende Unterschied besteht vielmehr darin, welche Funktion einem Leitfaden im Interview zukommt: Nur wenn der Leitfaden zur Strukturierung des Gesprächsverlaufs verwendet wird, sollte dies als Leitfadeninterview bezeichnet werden, nicht jedoch, wenn Leitfäden ergänzend oder subsidiär zu anderen Formen der (primär angestrebten) Gesprächsführung vorgesehen sind.

Grundsätzlich kann in der Verwendung von Leitfäden die Folge und versuchte Lösung des Spannungsverhältnisses von Strukturierungsnotwendigkeiten auf der einen Seite und einem Interesse an möglichst viel Offenheit und Spontanität auf der anderen gesehen werden. Ob und wie Leitfäden eingesetzt werden, muss und kann sich dabei tatsächlich nur aus methodologischen Überlegungen und aus dem Forschungsinteresse ergeben.

Die Gründe für eine Interviewstrukturierung mit einem Leitfaden können dabei im Einzelnen unterschiedlich sein. Im Kern geht es meist darum sicherzustellen, dass alle für die Forschungsfrage als relevant angesehenen Themen auch tatsächlich Gegenstand möglichst aller Interviews sind (oder dass zumindest in allen Interviews gezielt die Gelegenheit zu einer Thematisierung gegeben wird),

---

[10]Auffällig ist auch, wie oft „Leitfadeninterview" als Begriff gar nicht näher bestimmt wird. Das ist besonders dort irritierend, wo der forschungspraktische Umgang mit Leitfäden ein zentrales Thema ist (z. B. Helfferich 2009; Reinders 2005).

3.2 Das Diskursive Interview als leitfadenstrukturiertes Interview

auch wenn deren Thematisierung sich nicht „selbstläufig" aus der Gesprächsinteraktion ergeben sollte.

Dieses Interesse kann unterschiedlich motiviert sein und wird sich oft genug auch aus theoretischen Überlegungen oder „deduktiven" Bedürfnissen nach der Thematisierung bestimmter Inhalte herleiten (so z. B. Reinders 2005, S. 135 f.). Dazu sind auch eher intuitiv-alltagstheoretische Erwägungen zu zählen, insbesondere über die Unwahrscheinlichkeit, dass bestimmte Themen ohne steuernde Eingriffe zum Gegenstand eines Interviews werden (Helfferich 2009, S. 178 f.). Ein solches Vorgehen wäre allerdings nicht mit der rekonstruktiven Anlage deutungsmusteranalytischer Ansätze vereinbar.

Oft wird der Einsatz leitfadengestützter Interviews aber auch mit dem Interesse an einer thematischen Vergleichbarkeit der Interviews begründet. So ist ein Mindestmaß an thematischer Übereinstimmung eine notwendige Voraussetzung für kontrastierende Analysen. Schließlich kann auch das Interesse an bestimmten Frage- und Stimulusformen und darauf bezogener Antworten oder der Einsatz technischer Hilfsmittel (z. B. Fotos, Vignetten) eine Leitfadenstrukturierung, wenn nicht erfordern, so zumindest nahelegen.

Für das Diskursive Interview sind zwei Aspekte für eine leitfadengestützte Gesprächsführung ausschlaggebend:

1. Zum einen besteht ein Interesse an einer eher dialogischen Gesprächsform mit klarer Rollenverteilung (Interviewer/in fragt, Befragte/r antwortet). Dies wäre grundsätzlich auch ohne Leitfadeneinsatz möglich. Da im Diskursiven Interview aber auf eine Reihe spezifischer (und zudem in vielen Fällen nur optional zu stellender) *Frageformen und Gesprächstechniken* zurückgegriffen wird, ist die Nutzung eines elaborierten Leitfadens angeraten.
2. Endgültig erforderlich wird eine Leitfadenunterstützung im Diskursiven Interview aber aufgrund der für die *kontrastierenden Analysen notwendigen Vergleichbarkeit* der Gesprächsverläufe. Denn, so eine zentrale Annahme des Diskursiven Interviews (s. Kap. 2), die Rekonstruktion *sozialer* Deutungsmuster ist nur durch systematische Vergleiche der sich in den einzelnen Interviews offenbarenden individuellen Derivationen möglich. Um diese Vergleichbarkeit zu gewährleisten, müssen die Interviewerinnen und Interviewer in der Lage sein, das Gespräch auf die forschungsrelevanten Bezugsprobleme hinzuleiten, sofern sich dies als erforderlich erweisen sollte.

Umgekehrt bedeutet eine leitfadengestützte Interviewführung, dass der weitere Interaktionskontext von Äußerungen für die Rekonstruktion sozialer Deutungsmuster von eher geringer Bedeutung ist. Vor allem ist aber der Erhalt bzw. die

Erarbeitung einer Gesamtstruktur des „Falles" (im Sinne eines Interviewtranskripts oder gar der befragten Person) nicht erforderlich. Die Befragten sind primär als Verwender (Reproduzenten sowie Gestalterinnen) sozialer Deutungsmuster von Interesse.

3.2.2 Allgemeine Kriterien für die Konstruktion eines Leitfadens

Insgesamt besteht eine deutliche Diskrepanz zwischen der häufigen Verwendung und einer fehlenden methodologischen Reflexion leitfadenstrukturierter Interviews. Auch umfangreichere Darstellungen (Helfferich 2009; Misoch 2015; Reinders 2005) beschränken sich fast ausschließlich auf forschungspraktische Fragen, bei denen wiederum die Probleme bei der Interviewdurchführung dominieren oder sogar ausschließlich behandelt werden.

Am deutlichsten wird die unzureichende methodologische Durchdringung daher bei der Planung und Konstruktion des Erhebungsinstruments. Für die damit verbundenen Entscheidungsprobleme – ob überhaupt ein Leitfaden verwendet werden sollte, welche Form ein Leitfaden haben sollte, wie dieser im Interview einzusetzen ist und wie man einen Leitfaden konstruiert – finden sich oft gar keine, wenn aber, dann auf Alltagstheorien und den Forschungserfahrungen der Autorinnen und Autoren basierende Vorschläge oder Anweisungen.

Dieses Reflexionsdefizit ist sicher auch darin begründet, dass Leitfadeninterviews keine einheitliche Gruppe von Verfahren sind, und dass die Frage, in welcher Form ein Leitfaden zum Einsatz kommen soll, nicht losgelöst von den jeweiligen methodologischen Vorstellungen und dem Forschungsinteresse beurteilt werden kann. Dennoch lassen sich für die Konstruktion von Leitfäden einige grundlegende Regeln formulieren, wenn auch nur in allgemeiner Form und auf einigen prinzipiellen Überlegungen beruhend. Diese allgemeinen Regeln für die Gestaltung von Leitfäden sollen im Folgenden kurz dargelegt werden, bevor in den nächsten Abschnitten die spezifischeren Techniken des Diskursiven Interviews erläutert werden.

Die Entwicklung eines Leitfadens, jedenfalls eines relativ ausstrukturierten, gestaltet sich meist weit aufwendiger, als zu Beginn des Forschungsprozesses gedacht. So ist bei der Konstruktion eines Leitfadens eine Reihe von Aspekten zu beachten, deren Berücksichtigung zu unterschiedlichen Zielkonflikten führen kann. Vor allem aber sind bei der Entwicklung eines Leitfadens vier basale Aspekte oder Zielfunktionen zu beachten:

1. Warum wird die Frage gestellt (bzw. der frageäquivalente Stimulus gegeben[11])? Eigentlich sollte die Beantwortung dieser Frage kein Problem darstellen. Denn von funktionalen Fragen (z. B. Filterfragen) abgesehen, wie sie auch in qualitativen Interviews vorkommen, ist hierfür natürlich der Bezug zur Fragestellung, also ihre theoretische Relevanz entscheidend. Dennoch zeigen praktische Erfahrungen immer wieder, dass die scheinbar einfache Frage nach dem Warum einer Leitfadenfrage häufig nicht oder nur in einer sehr vagen Art beantwortet werden kann.

   Ein wichtiger Grund für diese oft zu beobachtende Schwierigkeit kann bereits im Prinzip der Offenheit bzw. im explorativen Vorgehen vermutet werden. Denn schließlich werden auch mit Leitfadeninterviews keine einfachen „Daten" zur Prüfung von Hypothesen gesucht. Vielmehr wird auch versucht, neue, nicht-antizipierbare Erkenntnisse zu gewinnen. Dies bringt es mit sich, dass Fragen oftmals einen „spekulativen" Wert haben können; ihr Nutzen kann daher nicht zwingend begründet werden. Eine Plausibilisierung kann aber auch hier erwartet werden, nämlich die Angabe guter Gründe für die „Spekulation", dass eine Frage zu Antworten führt, die im Sinne der Forschungsfrage relevant sein *können*.[12] In diesem Sinne können auch Fragen hinsichtlich ihrer Eignung verglichen und beurteilt werden.

2. Wonach wird gefragt?

   Wenn die (vermutete) theoretische Relevanz einer Leitfadenfrage nicht klar ist, kann dies auch daran liegen, dass das „Zielfeld" möglicher Antworten unscharf ist. Denn eng verbunden mit der theoretischen Relevanz im Sinne der Fragestellung ist die *inhaltliche Dimension* einer Frage. Denn solange nicht geklärt ist, wie auf eine Frage geantwortet werden kann, welche Arten und Dimensionen von Antworten möglich sind, solange ist auch nicht gewiss, ob bzw. in welchem Maße forschungsrelevantes Textmaterial in den Antworten erwartet werden kann. Während man sich beim ersten Aspekt also fragen sollte „Warum will ich das wissen?", geht es hier um die Frage „Ist das, wonach ich frage,

---

[11]Wenn im Folgenden vereinfacht von „Fragen" die Rede ist, so ist dies nicht im wörtlichen Sinne gemeint, sondern so wie in Abschn. 2.3 definiert, nämlich als informationsgenerierende frageförmige oder -ähnliche Sprechaufforderungen. „Stimulus" wird hier alternativ zu „Sprechaufforderung" verwendet.

[12]Dies ist dann aber auch die Mindestanforderung für eine Leitfadenfrage. Ist sie nicht erfüllt, führt dies zu praktischen wie forschungsethischen Problemen. Während ersteres nur ärgerlich ist (es wird eine überflüssige Frage gestellt, Zeit für andere frisst), stellt letztere ein ernsthaftes Problem dar: Fragen, die nicht mit dem Forschungsinteresse begründet werden können, haben in einem Leitfaden nichts zu suchen. Sie dennoch zu stellen, wäre purer Voyeurismus.

auch das, was ich wissen will?". Nur zu leicht können die erwarteten Antwort(dimension)en von den tatsächlichen abweichen. Das Spektrum möglicher Antworten sollte daher möglichst gut antizipiert (vorab „durchgespielt") werden. So kann gedankenexperimentell oder durch eine Art „Pretest" (Probeinterviews) festgestellt werden, ob eine Frage auch tatsächlich auf die intendierten Inhalte zielt bzw. wie genau sie dies tut (s. hierzu a. Abschn. 3.3.2).

3. Warum wird die Frage so (und nicht anders) formuliert?
   Neben der inhaltlichen Bestimmung ist auch die Formulierung grundlegend für die Qualität einer Frage. Hier ist zunächst zu klären, welcher Stimulus- bzw. Fragetyp (s. u.) überhaupt angemessen ist. In einem zweiten Schritt sollte durch den Vergleich und das Ausprobieren („Durchspielen") unterschiedlicher Formulierungsalternativen die geeignete Formulierung ausgewählt werden, wobei neben der Verständlichkeit und Eindeutigkeit der Formulierung die erwartete „Ergiebigkeit" (Stärke des Antwortanreizes) sowie die durch die Frage angestrebte Antwortart (Textsorte) die wichtigsten Kriterien sind.[13] (Einzelne Aspekte der Formulierung von Fragen und frageähnlichen Sprechaufforderungen werden in Abschn. 3.2.3 und 3.2.4 ausführlich diskutiert.)

4. Warum steht die Frage oder Fragengruppe an dieser Stelle des Leitfadens?
   Hier geht es um die *Grob- und Feinstruktur eines Leitfadens,* also um die Reihenfolge der Fragen, aber auch inhaltlich zusammengehöriger Fragengruppen. Im Idealfall sollte für jede Frage angegeben werden können, warum sie an einer bestimmten Stelle des Leitfadens steht. Oft werden hierfür naheliegende inhaltliche (z. B. die Notwendigkeit einer bestimmten Reihenfolge der Themen) oder technische Gründe angeführt werden können. Gleiches gilt auch für die Verteilung von Fragetypen im Leitfaden. So kann es z. B. ratsam sein, bestimmte Frageformen (s. insb. Abschn. 3.2.4) erst zu einem relativ späten Zeitpunkt im Interview einzusetzen, weil sich Befragte womöglich einem Rechtfertigungsdruck ausgesetzt sehen und daher ihre Gesprächsbereitschaft verringern. Im engen Zusammenhang mit der Ablaufstruktur eines Leitfadens steht auch das

---

[13]Der Formulierungsaspekt wird auch nicht dadurch hinfällig, wenn man sich für eine Leitfadenform entscheidet, die auf die Ausformulierung der Leitfadenfragen verzichtet. Der Vorteil keiner oder nur vager Ausformulierungen im Leitfaden wird meist darin gesehen, dass dies den Interviewer/innen mehr Spontanität und Flexibilität ermögliche. Die Gefahr, dass spontane Frageformulierungen unkontrolliert in die falsche Richtung gehen, ist allerdings sehr hoch. So ist es zumindest für Diskursive Interviews z. B. keineswegs unerheblich, statt einer Wie-Frage eine Warum-Frage zu stellen, weil damit grundsätzlich unterschiedliche Arten von Antworten intendiert bzw. erzeugt werden. Daher muss bereits bei einem Teilverzicht auf ausformulierte Fragen eine entsprechend hohe Sensibilisierung für die angestrebte Antwortart vorhanden sein.

Verhältnis zwischen einzelnen Fragen. Besondere Aufmerksamkeit sollte dabei der „Hierarchie" der Fragen geschenkt werden (z. B. obligate Haupt- und optionale Nachfragen, die von der Beantwortung der Hauptfrage abhängig sind).

Für alle sich aus diesen vier Aspekten ergebenden Fragen bei der Leitfadenkonstruktion sollten idealerweise Lösungen gefunden werden.

Aspekte der Gesprächsorganisation im Leitfadeninterview
Jenseits der Gewinnung gehaltvoller Antworten können Fragen im Leitfaden unterschiedliche Aufgaben haben, die für das Handling des Leitfadens bzw. für eine erfolgreiche Gesprächsführung von großer Bedeutung sein können. Im Hinblick auf die allgemeine Gesprächsführung können mehrere Fragearten und -funktionen unterschieden werden:

1. **Informations- bzw. Filterfragen:**
Informations- oder Filterfragen zielen auf singuläre, für die Befragten leicht bereitzustellende Informationen (wie das Alter oder der Beruf einer Person). Ihr Zweck besteht meist darin, die Verwendung der richtigen Leitfadenteile sicherzustellen. Denn oft sind nicht alle Fragen des Leitfadens für jede/n Befragte/n geeignet. Wenn entsprechende Informationen nicht bereits vor dem Interview bekannt sind, müssen diese ggf. erst im Interview in Erfahrung gebracht werden. Neben dieser Steuerungsfunktion können Informationsfragen aber auch für die spätere interpretative Analyse wichtig sein.[14]
2. **Hauptfragen und abhängige Fragen:**
Viele Fragen können (und sollen meist) grundsätzlich allen Befragten gestellt werden (Hauptfragen). Daneben gibt es häufig Leitfadenfragen, die vom Gesprächsverlauf oder von der Beantwortung einer vorhergehenden Frage abhängig sind, also nur gestellt werden können, wenn die Beantwortung der Hauptfrage dies nahelegt. Die Fragen des Leitfadens sind entsprechend oft „logisch hierarchisiert". Das bedeutet

---

[14]Solche Informationen werden meist außerhalb des eigentlichen Interviews und oft unter Verwendung eines kurzen Fragebogens erfasst. Oft ergibt sich ein Informationsbedarf aber erst aus dem Gespräch heraus. Informationsfragen werden dann meist als spontane Nachfragen gestellt. Da dies sehr oft notwendig werden kann, sollte bereits bei der Interviewvorbereitung überlegt werden, wie, wann und in welchem Umfang Informationsfragen gestellt werden können.

aber nicht, dass Nachfragen auch nachrangig oder optional im Sinne einer zusätzlichen Möglichkeit sind. Im Gegenteil können diese Nachfragen oft von zentraler Bedeutung für die Untersuchung sein. Bei der Entwicklung von Fragen sollte daher darauf geachtet werden, welche Voraussetzungen erfüllt sein müssen, damit eine Frage sinnvoll gestellt werden kann. Erschwerend ist es dabei, dass oft mehrere parallele „Nachfragepfade" erforderlich sein können.

3. **Gesprächsrahmung:**
Hierzu gehören alle Fragen bzw. Aktivitäten, die darauf ausgerichtet sind, die Situation „qualitatives Forschungsinterview" vor und während des Gesprächs zu definieren und dies in einem für das Forschungsinteresse möglichst produktiven Sinne. Dies sind insbesondere Maßnahmen zur Schaffung einer konstruktiven Gesprächsatmosphäre und zur Erhöhung der Gesprächskompetenz und -bereitschaft der Befragten (u. a. informeller Smalltalk, aktives Zuhören), informationelle Vor-, Zwischen- und Nachgespräche (u. a. Informationen über das Forschungsinteresse, Aufklärung über die Rolle der Befragten) sowie die Rahmung und Erleichterung des Gesprächseinstiegs (u. a. Warm up-Fragen) und der Beendigung des Interviews (Ausklang, Resümee usw.).

4. **„Wiederaufnahmen":**
Oftmals ist es sinnvoll, ein Thema zu einem späteren Zeitpunkt im Interview erneut aufzugreifen. Solche Wiederaufnahmen sind u. a. angebracht, wenn ein Sachverhalt in unterschiedlichen inhaltlichen Kontexten thematisiert werden soll. Wiederaufnahmen können nur sehr eingeschränkt im Voraus geplant werden. Häufig lassen sich bei der Leitfadenkonstruktion aber thematische Brüche, Wiederholungen oder Querverbindungen nicht vermeiden. Wenn dies erkannt wird, ist es sicher ratsam zu überlegen, wie ein Thema wieder angemessen aufgegriffen werden kann.

3.2.3 Frage- und Stimulustypen

Hinsichtlich der Form und der angestrebten Wirkung kann eine Vielzahl unterschiedlicher Fragen und frageähnlicher Sprechaufforderungen unterschieden werden. Es ist daher von grundlegender Bedeutung für die Konstruktion eines Leitfadens, sich Klarheit darüber zu verschaffen, wie sich die formale Struktur von Fragen auf das Antwortverhalten der Befragten auswirken *kann,* welche Art

3.2 Das Diskursive Interview als leitfadenstrukturiertes Interview

von Antwort also durch eine Frageformulierung *nahgelegt*[15] wird. Im Folgenden werden die wichtigsten Fragetypen anhand der Textsorten (vgl. Abschn. 2.3.2; Tab. 2.3) unterschieden, die sie intendieren. In einem weiteren Abschnitt (3.2.4) werden schließlich spezifische Stimuli vorgestellt, die für das Diskursive Interview von besonderer Bedeutung sind.

Hinsichtlich der intendierten Textsorten können fünf grundsätzliche, sich aber keineswegs gegenseitig ausschließende Fragetypen unterschieden werden:

1. **Verständnis- und Wissensfragen:**
   Nicht nur für die Handhabung des Leitfadens sind Verständnis- und Wissensfragen oft unentbehrlich; häufig dürfte auch ein inhaltliches Interesse an den Kenntnissen der Befragten bestehen. Nach dem Wissen oder den Kenntnissen von Befragten zu fragen ist einerseits einfach. Wissensfragen können sich aber nachteilig auf die Interviewsituation auswirken, etwa wenn sich Befragte ausgefragt fühlen, die Gesprächssituation wie eine mündliche Prüfung wirkt oder wenn Befragten das Gefühl eigener Inkompetenz vermittelt wird. Grundsätzlich muss davon ausgegangen werden, dass im Interview deutlich hervortretende Wissensdefizite der befragten Person zu einer Verschlechterung der Gesprächsatmosphäre und zu einer Verringerung der Gesprächsbereitschaft führen können. Besteht daher ein starkes Interesse an den Kenntnissen der Befragten, ist es vermutlich ratsamer, Wissensbestände möglichst indirekt zu erschließen. Ein anderes Mittel zur Vermeidung negativer Effekte sind subjektivierende „Einschätzungsfragen", die so formuliert werden, dass die Möglichkeit einer „falschen" Antwort im Grunde nicht besteht (z. B.: „Was verstehen Sie unter […]?"). Grundsätzlich sollte möglichst nie der Eindruck erweckt werden, dass die Angaben der Befragten falsch sind. Diese sollten daher auch nur dann korrigiert werden, wenn dies für den Fortgang des Interviews unabdingbar ist. Im Rahmen Diskursiver Interviews haben Verständnis- und Wissensfragen nur eine geringe Bedeutung und werden nur begrenzt und ergänzend eingesetzt.

2. **Erzähl- und Beschreibungsaufforderungen:**
   Erzählaufforderungen sind alle Stimuli, die auf eine Erzählung vergangener Ereignisse, Erfahrungen und Handlungen zielen. Sie bilden den Kern der meisten qualitativen Interviewverfahren. Auch für das Diskursive Interview

---

[15]Es gibt natürlich kein deterministisches Verhältnis von Fragen und Antworten. Keine Frage „erzwingt" eine bestimmte Antwortform. Wenn etwa nach einer Erklärung (Ursache-Wirkungszusammenhang) gefragt wird, kann durchaus mit einer Erzählung oder eine Begründung geantwortet werden.

sind in Interviews generierte Erzählungen durchaus wichtig, denn auch in Erzählungen wird auf soziale Deutungsmuster zurückgegriffen.

Dennoch zielt das Diskursive Interview vor allem auf Begründungen als Textsorte (TS) bzw. Begründungstexte als Textsortenelement (TSE), denn diese bilden das beste Ausgangsmaterial für die Rekonstruktion sozialer Deutungsmuster. Die unmittelbare Bedeutung von Erzähltexten für die Rekonstruktion sozialer Deutungsmuster ist also begrenzt, wobei allerdings zu beachten ist, dass Erzählungen (TS) meist auch Begründungstexte (TSE) enthalten. Die Bedeutung von Erzählaufforderungen liegt beim Diskursiven Interview daher weniger darin, dass bereits in Erzählungen Deutungsmuster deutlich werden, sondern darin, dass Erzählungen eine wesentliche Voraussetzung für direkt auf die Elizitation von Derivationen ausgerichtete Fragen sind: Erst wenn hinreichend „Erzählmaterial" vorhanden ist, können, darauf bezogen, auf Begründungen zielende Stimulusformen eingesetzt werden.

Wenn also die unmittelbare Bedeutung von Erzählungen für die Erfassung individueller Derivationen gegenüber der anderer Frageformen zurücktritt (weil Erzählungen per se eher wenige Derivationen enthalten), ist ihre mittelbare im Diskursiven Interview umso größer. Denn sowohl Begründungsaufforderungen als auch viele Explikations- und Validierungsfragen setzen eine Anknüpfung an Erzählungen voraus.

Ähnlich wie Erzählungen können auch Beschreibungen (insb. von Situationen) individuelle Derivationen enthalten (z. B. Stereotype). Grundsätzlich können sie daher auch für eine Deutungsmusteranalyse genutzt werden. Beschreibungen unterscheiden sich von Erzählungen aber gerade dadurch, dass sie meist keinen Anschluss von Begründungsaufforderungen ermöglichen. Beschreibungen haben daher auch im Vergleich zu Erzählungen eine geringe Bedeutung für das Diskursive Interview; entsprechend selten sollten dort Beschreibungsaufforderungen sein.

3. **Begründungsaufforderungen:**

Begründungsaufforderungen können sich gleichermaßen auf Erzählungen vergangener Handlungen und Situationsdefinitionen, auf aktuelle Situationsdefinitionen, Beurteilungen und Handlungsorientierungen sowie auf im Gespräch geäußerte Handlungsabsichten beziehen. Sie setzen immer einen entsprechenden Bezug voraus (etwas, das begründet werden kann) und müssen sich daher (meist) aus der Interviewinteraktion ergeben. Ihre Planbarkeit ist daher eingeschränkt, kann aber durch spezifische Frageformen erhöht werden (s. Abschn. 3.3.4).

Begründungsaufforderungen sind bei einem Großteil der qualitativen Interviewverfahren ausgeschlossen, nicht explizit vorgesehen oder spielen eine

3.2 Das Diskursive Interview als leitfadenstrukturiertes Interview 91

nachgeordnete Rolle.[16] Für das Diskursive Interview sind Begründungsaufforderungen dagegen von entscheidender Bedeutung, da hier von der Annahme ausgegangen wird, dass soziale Deutungsmuster als Derivationen gerade in Begründungen am deutlichsten zum Ausdruck kommen. Für ein Verfahren zur Rekonstruktion sozialer Deutungsmuster ist es daher erforderlich, auch dann Begründungen generieren zu können, wenn dies nicht bereits durch bzw. im Anschluss an Erzählaufforderungen gelingt.

Die typische Form einer Begründungsaufforderung ist die offene Warum-Frage („Warum sind Sie der Meinung, dass [...]", „Warum haben Sie damals [...]?" etc.). Die Vorgabe möglicher Gründe ist dagegen selbst dann problematisch, wenn Befragten zunächst keine Gründe „einfallen". Denn der Reiz, der von externen Interpretationsangeboten für das eigene Handeln bzw. dessen Darstellung ausgeht, dürfte in vielen Befragungssituationen sehr groß sein und zu einer verzerrenden Neigung zur Akzeptanz solcher Begründungsvorschläge führen.

Auch für Begründungsaufforderungen gilt, dass sie sich abträglich auf die Interviewsituation auswirken können. Denn insbesondere, wenn sie durch Konfrontationen und Polarisierungen (s. Abschn. 3.2.3) unterstützt werden, besteht die Gefahr, dass die Befragten den Eindruck gewinnen, sich gegenüber den Interviewführenden rechtfertigen zu müssen. Dass sich dies auf die Gesprächsatmosphäre auswirken würde und im schlimmsten Fall sogar zum Abbruch des Interviews führen kann, dürfte klar sein. Aber selbst, wenn es soweit nicht kommt, behindert eine solche Gesprächsstruktur eine möglichst offene und breite Erfassung individueller Derivationen.

So ist „soziale Erwünschtheit" zwar kein unmittelbares Problem für Diskursive Interviews, die ja nicht an den „wahren" Handlungsmotiven der Befragten und den dabei tatsächlich wirkmächtigen Derivationen interessiert sind (vgl. Kap. 2), sondern kommunizierbare – und daher soziale und zumindest auch scheinbar und/oder in bestimmten gesellschaftlichen Bereichen erwünschte – Deutungsmuster erfassen und rekonstruieren wollen. Dagegen besteht hier die Gefahr, dass nur bestimmte Deutungsmuster deutlich werden, nämlich genau die, von denen Befragte vermuten, dass der/die Interviewer/in sie teilt oder akzeptiert bzw. dass sie ihm/ihr bekannt oder verständlich sind. M. a. W.: Was von den Befragten als kommunizierbar angesehen wird, wird auch durch die jeweilige Gesprächssituation und damit maßgeblich

---

[16]Ausnahmen sind hier das Problemzentrierte Interview nach Witzel (1985) und das Halbstrukturierte Interview nach Scheele und Groeben (1988), die Begründungsaufforderungen ausdrücklich vorsehen.

durch die primär adressierte Person (i. d. R. also die Interviewerin oder der Interviewer) bestimmt. Mit der Gesprächssituation und den Gesprächsteilnehmer/innen kann also auch schnell wechseln, was als kommunizierbar gilt. Die möglichen Wirkungen der Interviewsituation sind daher auch bei der Analyse des Datenmaterials einzubeziehen (vgl. Kap. 4).[17]

Diesen Problemen sollte durch eine entsprechende Gesprächsführung vorgebeugt werden. Für Begründungsaufforderungen gilt daher, dass sie erst nach der Schaffung einer konstruktiven und vertrauensvollen Gesprächsatmosphäre erfolgen sollten. Darüber hinaus sollten Begründungsaufforderungen eher sparsam verwendet werden, um nicht in eine Art Dauerdiskussion mit den Befragten zu geraten und dadurch ein zu großes Übergewicht abstrakter, gegenstandsferner Argumentationen zu verursachen. Begründungsaufforderungen sollten daher möglichst erst nach längeren Erzählpassagen erfolgen und sich auf diese beziehen. Eine solche Zurückhaltung bzw. Kontextualisierung (Bindung der Begründungsaufforderung an Erzählungen der Befragten) ermöglicht einen weitgehenden Verzicht auf kontextfreie Begründungsaufforderungen und ist für die Interviewsituation weniger belastend.

4. Explikations- und Validierungsfragen:
Eine besondere Rolle kann im Diskursiven Interview Fragen und Stimuli zukommen, die auf Validierungen und Explikationen zielen. Bei Explikationen werden Befragte um ergänzende Erläuterungen gebeten. Typisch sind hierfür Nachfragen unterschiedlicher Art. Dazu gehören auch Klärungen tatsächlicher oder scheinbarer Widersprüche. Auf Explikationen zielende Fragen gehören damit zur Grundausstattung aller qualitativen Interviewformen; im Diskursiven Interview sollen sie darüber hinaus auch gezielt zur Elizitation individueller Derivationen eingesetzt werden.

Validierungen gehen einen Schritt weiter als Explikationen: Hier werden den Befragten Zusammenfassungen und Interpretationen des von ihnen Gesagten angeboten, zu denen sie dann erneut Stellung nehmen können (zu den dafür geeigneten Gesprächs- und Fragetechniken s. Abschn. 3.2.4). Beide Frageformen schließen notwendig an Begründungen (seltener auch an Erzählungen) an. Sie vertiefen ein zuvor behandeltes Thema. Für das Diskursive Interview bieten beide Frageformen ein geeignetes Mittel, Befragte zu zusätzlichen und ausführlicheren Erläuterungen und Begründungen (TSE) zu veranlassen und erhöhen dadurch die Chance, Derivationen zu erfassen.

---

[17]Auf die generelle Bedeutung der Interviewsituation und vor allem auf die Wirkung der Interviewinteraktion auf die Datengewinnung wurde bereits in Abschn. 2.2 hingewiesen.

3.2 Das Diskursive Interview als leitfadenstrukturiertes Interview

5. **Evaluative und normative Fragen:**
Für Diskursive Interviews sind schließlich Fragen von Bedeutung, die die Befragten direkt zu einer Positionierung zu bestimmten Sachverhalten veranlassen, weil hier die Wahrscheinlichkeit eines Rückgriffs auf soziale Deutungsmuster sehr hoch ist. Solche Aufforderungen zu Stellungnahmen zielen explizit auf Bewertungen von Situationen, Bezugsproblemen und Handlungen. Sie können sowohl an die Ausführungen der Befragten anschließen als auch unabhängig davon erfolgen. Bei Bewertungsfragen ist zu beachten, dass diese unterschiedlich generiert werden können und dass dies einen erheblichen Einfluss auf die Antworten haben kann. So können evaluative und normative Fragen unterschiedlich offen formuliert werden, sehr direkt oder eher indirekt erfolgen und sich auf allgemeine Phänomene oder aber auf konkrete Lebensereignisse der Befragten beziehen.[18]

Diskursives Interview und „natürliche Gesprächssituation"
Am Diskursiven Interview wird oft als irritierend empfunden, dass die Interviews relativ stark strukturiert werden und eher „offensiv" gefragt wird. Dies widerspricht einer verbreiteten und wirkmächtigen „naturalistischen" Philosophie qualitativer Methoden, der zufolge Interviews in „natürlicher", „herrschaftsfreier", „kontextsatter" usw. Form geführt werden sollten, wenn nicht ohnehin nur non-reaktive Formen der Datengewinnung akzeptiert werden. Dieser „Naturalismus" speist sich wiederum aus der Idealisierung von Interaktionsmodellen in der Tradition Goffmans und Meads, die eine nicht durch institutionelle Regeln überformte Face to face-Interaktion zur Norm erhebt, wodurch andere Kommunikationsformen wie z. B. Telefonate und Schriftverkehr (keine Face to face-Kommunikation) oder auch Bewerbungsgespräche und Verhöre (institutionell reglementiert) fast automatisch defizitär erscheinen.

---

[18]Oft werden sich die Beurteilungen der Befragten dabei an Bewertungskriterien orientieren, die durch die Interviewer/innen tatsächlich oder vermeintlich vorgegeben wurden. Bei Aufforderungen zu Stellungnahmen sollte daher versucht werden, auf eine Vorgabe von Bewertungsmaßstäben zu verzichten, wenn diese nicht unmittelbar aus vorangegangenen Äußerungen der Befragten entnommen werden können. Ist dies nicht möglich, sollten möglichst allgemeine Begrifflichkeiten verwendet werden (z. B. „gut/ schlecht" statt „gerecht/ungerecht"). Zudem sollte versucht werden, sich das Verständnis der Bewertungsmaßstäbe von den Befragten explizieren zu lassen (z. B.: „Was meinen Sie damit, wenn Sie […] als ‚gerecht' bezeichnen?").

> Das Diskursive Interview geht demgegenüber von einem Interaktionsverständnis aus, das keine „natürlichen", nicht durch soziale Normen und Regeln geformten Interaktionsformen kennt. Wie alle Interaktionsformen sind daher auch Diskursive Interviews institutionell geprägt und genauso wenig „natürlich" wie alle anderen Formen qualitativer Interviews. Sie sind eine spezifische Kommunikationsform, die zunächst erst einmal für alle daran freiwillig Beteiligten unproblematisch sein sollte. Dennoch unterscheidet sich das Diskursive Interview sicher von vielen anderen Formen qualitativer Interviews durch eine intensive Gesprächsführung, die darauf ausgerichtet ist, die Befragten zu Begründungen zu motivieren, um dadurch Derivationen zu erfassen. Solche „diskursiven" Gesprächsformen sind aber durchaus auch in der vermeintlich „natürlichen" Alltagskommunikation zu finden. Das Diskursive Interview ist in diesem Sinne vielleicht sogar „natürlicher" als manch andere qualitative Befragungsform.

3.2.4 Besondere Fragen und Stimuli zur Hervorlockung individueller Derivationen

Wegen der hohen Bedeutung von Begründungen und anderer Textsorten für die Rekonstruktion und Analyse sozialer Deutungsmuster muss ein deutungsmusteranalytisch verwendetes Interviewverfahren über Möglichkeiten einer gezielten Motivierung von Antworten verfügen, die in höherem Maße individuelle Derivationen enthalten. Im Diskursiven Interview sind hierfür spezifische Frage- und Stimulusarten vorgesehen, die über einfache Aufforderungen zu Begründungen, Validierungen und Explikationen hinausgehen und zur Gewinnung unterschiedlicher Textsorten eingesetzt werden können:

1. **Konfrontationen und Polarisierungen:**
Konfrontationsfragen stellen einen relativ starken Eingriff in die Gesprächssituation dar. Zwei grundlegende Formen sind dabei zu unterscheiden. Bei *„internen" Konfrontationen* werden Befragte auf Inkonsistenzen und Widersprüche ihrer Darstellungen hingewiesen und um deren Aufklärung bzw. um weitere oder erneute Begründungen (TS) gebeten. Interne Konfrontationen basieren also immer auf vorherigen Äußerungen der Befragten.
Bei *„externen" Konfrontation* werden die Befragten dagegen mit alternativen Sichtweisen konfrontiert, also mit Einstellungen, Verhaltensweisen und deren Begründungen, die mehr oder weniger deutlich im Widerspruch zu den im

3.2 Das Diskursive Interview als leitfadenstrukturiertes Interview

Interview gezeigten Derivationen stehen. Durch externe Konfrontationen ist es dem/der Interviewer/in möglich, theoretisch relevante Aspekte, die ohne einen solchen Eingriff im Interviewverlauf unberührt zu bleiben drohen, zielgerichtet und diskursiv einzuführen. Externe Konfrontationen führen so zu einer Erweiterung des argumentativen Spektrums. Sie eignen sich daher vor allem zur Überprüfung der Stabilität von Beurteilungen und deren Begründungen.

Wie externe Konfrontationen zielen auch *Polarisierungen* auf die Erweiterung des diskursiven Potenzials in der Interviewsituation. Der Unterschied zu externen Konfrontationen besteht darin, dass dies hier nun nicht mehr direkt aus der Interviewinteraktion erfolgt. Vielmehr werden die Befragten mit zwei oder mehreren konträren Sichtweisen eines Sachverhalts konfrontiert, zu denen sie sich bis dahin noch nicht geäußert haben, und zu einer Beurteilung aufgefordert. Am fruchtbarsten ist dabei sicher ein fließender Übergang von externen Konfrontationen zu Polarisierungen, sodass die Befragten zunächst mit einer alternativen Deutung oder Beurteilung konfrontiert werden, die dann sukzessiv durch weitere ergänzt wird. Ein völlig unvermitteltes Angebot von Polarisierungen sollte dabei die Ausnahme sein und auf Situationen beschränkt bleiben, in denen die Befragten nicht zu eigenständigen Begründungen kommen.

Bei externen Konfrontationen und Polarisierungen besteht die Gefahr, dass die angebotenen Alternativen als Meinung des Interviewers/der Interviewerin oder als von einer sonst wie besonderen Dignität erscheinen (insbesondere als „herrschende Meinung" oder als „wissenschaftlich fundiert"). Diese Gefahr kann durch ein „distanziertes Referieren" der konträren Deutungsmuster zumindest verringert werden (z. B.: „Es gibt aber doch auch die Ansicht, dass […]. Was halten Sie davon?/Was würden Sie gegen diese Ansicht einwenden?"). Zumindest sollte vermieden werden, dass „externe" Sichtweisen als Meinung des Interviewers/der Interviewerin erscheinen. Vielmehr sollten sie als bekannte und verbreitete, nicht aber als dominante oder gar richtige Sichtweisen formuliert und angeboten werden.[19] Polarisierungen sollten darüber hinaus eingehend geprüft und so weit wie möglich vorformuliert werden. Sinnvoll kann es auch sein, Positionen und Formulierungen aus der bereits laufenden Forschung (bereits durchgeführten Interviews) zu entlehnen.

---

[19]Hierfür bieten sich verschiedene Formulierungsmöglichkeiten an, z. B.: „Häufig/In den Medien/[…] wird aber auch behauptet […]", „Könnte man aber nicht auch sagen/die Meinung vertreten, dass […]" oder auch „Andere Untersuchungsteilnehmer/innen haben […] ganz anders beurteilt, nämlich: […]".

2. **Zusammenfassungen (Zurückspiegelungen) und Konklusionen:**
Ein weiteres Mittel zur Hervorlockung von Derivationen sind Zusammenfassungen und Konklusionen, die beide vor allem für Validierungen und Explikationen eingesetzt werden können. Sowohl Zusammenfassungen als auch Konklusionen basieren dabei auf den bereits gewonnenen Erzählungen und Begründungen der Befragten und setzen situativ „spontane" Interpretationsleistungen der Interviewer/innen voraus. Sie können dabei rein „sachlich" formuliert werden oder auch wertende Anteile (insb. „Bilanzierungen") enthalten. *Zusammenfassungen* (die oft auch als Zurückspiegelungen bezeichnet werden) sind mehr oder weniger stark pointierte Paraphrasierungen von Erzählungen und Begründungen der Befragten (z. B.: „Wenn ich das jetzt richtig verstanden habe, haben Sie also [...], weil/um [...]"). Als *Konklusionen* sollen hier demgegenüber Schlussfolgerungen und Zuspitzungen auf der Basis von Zusammenfassungen bezeichnet werden (z. B.: „Sie haben mir erzählt, dass [...]. Könnte man sagen, dass Sie [...]?"). Konklusionen bestehen also aus formelhaften Interpretationsangeboten, zu denen die Befragten dann Stellung nehmen können.
Sowohl für Zusammenfassungen als auch für Konklusionen können „richtige" und „falsche" unterschieden werden. „Richtige" Zusammenfassungen und Konklusionen zielen in erster Linie auf Validierungen und sind insofern „ehrliche" Interpretationsangebote. Dies kann dazu führen, dass sie von den Befragten bereitwillig und womöglich vorschnell angenommen werden. In diesem für die Elizitation von Derivationen unproduktiven Fall kann dies nur noch durch nachträgliche Ergänzungen und Differenzierungen durch die Interviewer/innen aufgebrochen werden.
Einfacher sind Derivationen mit „falschen" oder überspitzten Konklusionen und Zusammenfassungen zu erreichen. Ähnlich wie Suggestivfragen (s. u.) regen sie die Befragten zu Widerspruch an und damit zu weiteren Explikationen und Begründungen. Eindeutig „falsch" dürfen sie allerdings nicht sein; in diesem Fall würde nur der Eindruck entstehen, dass der/die Interviewer/in nicht richtig zugehört hat. Vielmehr sind es überpointierte oder stark vereinfachende, den Kern des Gesagten aber nicht völlig verfehlende Zusammenfassungen und Konklusionen, die Befragte zu zusätzlichen Erläuterungen und zur Offenlegung ihrer Derivationen anregen können.

3. **Bewusste Suggestivfragen und Unterstellungen:**
Schon falsche Zusammenfassungen und Konklusionen haben einen (wenn auch leicht erkennbaren) suggestiven Charakter. Aber auch andere Suggestivfragen und (falsche) Unterstellungen können produktiv zur Elizitation von

Derivationen eingesetzt werden.[20] Sofern dies bewusst, informiert und gezielt erfolgt, können sie die Befragten zu Widerspruch und dadurch vor allem zu Explikationen, aber auch zu Begründungen anregen.

Sehr nachteilig auf die Gesprächssituation und die Qualität der Antworten kann es sich dagegen auswirken, wenn Suggestivfragen und Unterstellungen einfach „passieren", ohne dass dies von den Interviewer/innen intendiert oder auch nur bemerkt wird. Denn dadurch kann bei den Befragten der Verdacht entstehen, zu bestimmten Antworten gedrängt zu werden, oder, fast noch schlimmer: Sie werden tatsächlich und von allen Beteiligten unbemerkt zu bestimmten Antworten gedrängt (also tatsächlich „suggestiv manipuliert"). Wenn bei einem zielgerichteten Einsatz von Suggestivfragen auch von einer höheren Sensibilität gegenüber den damit verbundenen Gefahren ausgegangen werden kann, so können sich die gleichen Probleme ergeben wie bei nicht-intendierten Suggestivfragen und Unterstellungen. Daher ist vor allem darauf zu achten, dass die Bereitschaft der Befragten zu Explikationen begrenzt ist und die Fähigkeit zum Umgang mit Suggestivfragen individuell stark variieren kann.

4. Hypothetische Situationen:
Ein Mittel zur Elizitation individueller Derivationen sind schließlich auch hypothetische Situationen, die vor allem auf die Textsorte Reflexion zielen. Dabei werden die Befragten gebeten, sich in andere Situationen zu versetzen und zu überlegen, zu welchen Entscheidungen, Beurteilungen etc. sie in einem solchen Fall kommen würden („Wenn Sie […] wären, was würden Sie dann tun?", „Stellen Sie sich vor, […]. Wie würden Sie Ihre Situation dann beurteilen?" usw.). Durch hypothetische Situationen ist es möglich, dass sich Befragte auch zu solchen Sachverhalten positionieren, von denen sie nicht unmittelbar betroffen sind. Außerdem können einzelne Parameter eines im

---

[20]Wie in Abschn. 2.3 erwähnt, haben sich Richardson und seine Mitarbeiter/innen (Richardson et al. 1965, 1979) mit der Wirkung von Suggestivfragen (leading questions) befasst und keine problematischen Auswirkungen festgestellt, sofern diese „informiert" erfolgten. Trotz des schon klassischen Status der Analysen von Richardson et al. (1979) sind diese in der qualitativen Sozialforschung nur wenig und oft verkürzt rezipiert worden. So halten etwa Reinders (2005, S. 141) und Kruse (2014, S. 218) unbeirrt an der klassischen Auffassung der Surveyforschung fest und warnen vor der Gefahr suggestiver Fragen. Dagegen empfehlen Gläser und Laudel (2009, S. 132 ff.) Suggestivfragen und Unterstellungen als (sehr) nützlich und berufen sich dabei (in dieser Vereinfachung: zu Unrecht) auch auf Richardson et al. (1979). Andere wie Hopf (1978) und Helfferich (2009, S. 106) verweisen zwar auf Richardson et al. (1979), allerdings ohne deren Begründungen und Differenzierungen zu übernehmen.

Interview erörterten Sachverhalts variiert werden. Meist werden hypothetische Situationen in diesem Sinne an die konkreten, bereits thematisierten Sachverhalte angeknüpft, die dann gedankenexperimentell variiert werden.

Hypothetische Situationen sind aber auch ohne einen solchen direkten Interaktionsbezug möglich. So können Befragte etwa aufgefordert werden, sich in die für sie irreale Situation eines Verantwortungsträgers (z. B. eines politischen Mandatsträgers oder Arbeitgebers) zu versetzen („Wenn Sie als/in der Funktion einer/s [...] zu entscheiden hätten: Was würden Sie hinsichtlich [...] ändern?" etc.). Auch solche eher unvermittelten hypothetischen Situationen, die gut mit vorbereitetem Material wie Fotos oder Vignetten unterstützt werden können, lassen Aufschluss über grundlegende Derivationen der Befragten zu. Der damit verbundene Perspektivenwechsel lässt aber vor allem Widersprüche und Inkonsistenzen in den Begründungen deutlicher hervortreten, die wiederum als interne Konfrontationen (s. o.) zur Präzisierung und Hervorlockung weiterer derivationenhaltiger Antworten genutzt werden können.

Suggestivfragen und Unterstellungen

Insgesamt dominiert auch in der qualitativen Interviewforschung die Vorstellung, dass Suggestivfragen zu vermeiden sind und einen Interviewfehler darstellen. Dies basiert auf der Einschätzung, dass Suggestivfragen und Unterstellungen die Antworten von Befragten entweder unbeabsichtigt verzerren oder gar gezielt manipulieren. Entsprechend negativ sind auch beide Begriffe konnotiert. Beide Formen verengen durch eine spezifische Rahmung das mögliche Antwortspektrum der befragten Person in unzulässiger Weise. Suggestivfragen tun dies in aktiver Form, insbesondere durch eine bestimmte (eben suggestive) Form der Formulierung. Unterstellungen wirken dagegen indirekt durch „Weglassen", insbesondere durch nicht explizierte Hintergrundannahmen, die als geteilt oder nicht hinterfragbar behandelt werden.[21]

Auch für Suggestivfragen und Unterstellungen gilt jedoch die Unterscheidung von Form und Wirkung (s. Abschn. 2.2): Sie können rein formal „suggestiv" oder „unterstellend" sein oder aber in ihrer angestrebten

---

[21]Als ein Beispiel für beide Formen kann folgende Frage gelten: „Arbeitslosigkeit ist für die Betroffenen oft mit erheblichen finanziellen und sozialen Problemen verbunden. Was könnte oder sollte man dagegen tun?". Die – hier offene und gut sichtbare – Rahmung „suggeriert" eine Problematik, die die befragte Person (sonst) vielleicht gar nicht empfindet. Gleichzeitig „unterstellt" die Frage bereits, dass nicht nur ein Handlungsbedarf besteht (es wird nicht nach dem „Ob" gefragt), sondern auch Handlungsmöglichkeiten.

3.2 Das Diskursive Interview als leitfadenstrukturiertes Interview

oder tatsächlichen Wirkung. So weist die Alltagskommunikation einen hohen Anteil formal suggestiver und unterstellender Formulierungen auf, ohne dass entsprechende Wirkungen zu beobachten sind oder dass dies für die Adressierten problematisch ist. Vielmehr scheint es so zu sein, dass (erwachsene) Personen meist relativ problemlos zwischen rein formalen Suggestivfragen und Unterstellungen und manipulativen unterscheiden können. Zudem sind („richtige") Unterstellungen oft unvermeidlich.[22]

An diese alltagskommunikative Verwendung formaler Suggestivfragen knüpft das Diskursive Interview an. Dabei ist die Vorstellung leitend, dass formale Suggestivfragen vor allem zur Gewinnung von Explikationen (aber auch von Begründungen) verwendet werden können. Dies ist aber nur möglich, wenn Suggestivfragen zum einen bewusst (gezielt) und informiert eingesetzt werden – d. h. meist: wenn sie aus dem Kontext des Interviews entwickelt werden – und wenn zum anderen die Befragten daher den Suggestivcharakter der Frage leicht erkennen und entsprechend reagieren können. Oder kurz: Wenn Fragen formal zwar Suggestivfragen sind, aber keine entsprechende Wirkung entfalten.[23]

Mit diesen hier beschriebenen allgemeinen Fragetechniken, die sich sowohl ergänzen als auch weiter differenzieren ließen, verfügt das Diskursive Interview über ein breites Instrumentarium zur Generierung von Begründungen, Validierungen, Explikationen und Reflexionen und damit von den Textsorten, von denen angenommen werden kann, dass sie in höheren Maße auch Derivationen enthalten. Dabei können unterschiedliche Textsortenelemente erzeugt werden (s. Tab. 3.1). Auf beiden Ebenen (Textsorte und Textsortenelement) sind jedoch Begründungen die in erste Linie angestrebte Form.

---

[22]So „unterstelle" ich hier z. B., dass die Leser/innen die deutsche Sprache verstehen. Selbst eine so einfache Frage wie „Wie heißen Sie?" basiert gleich auf mehreren implizit bleibenden, aber gleichwohl als geteilt unterstellten Vorstellungen und Normen (u. a., dass die adressierte Person einen Namen hat, diesen kennt oder zumindest kennen könnte und dass es sozial akzeptabel ist, diesen einer anderen oder gar fremden Person zu nennen).

[23]Gleiches gilt grundsätzlich auch für Unterstellungen. Unterstellungen sind allerdings weit schwerer erkennbar als Suggestivfragen. Sie sollten in qualitativen Interviews daher möglichst vermieden werden. Zudem besteht – etwa im Unterschied zu standardisierten Befragungen – keine Notwendigkeit zur Setzung „dekontextuierter" Rahmungen. Vielmehr sind diese Rahmungen oder Situationsdefinitionen im Forschungsprozess zu rekonstruieren und bilden oft einen zentralen Forschungsgegenstand.

Tab. 3.1 Spezifische Fragen, angestrebte Textsorten und Textsortenelemente

Spezifische Frageform	Primär angestrebte Textsorte	Primär angestrebte Textsortenelemente
Konfrontationen und Polarisierungen	Begründung	Begründung
Zusammenfassungen und Konklusionen	Validierung und Explikation	Begründung, Erklärung, Bestätigung/Widerspruch
Suggestivfragen und Unterstellungen	Explikation	
Hypothetische Situationen	Reflexion	Begründung

Tab. 3.2 Formale und funktionale Offen- und Geschlossenheit von Fragen

	Funktional: offen	Funktional: geschlossen
Formal: offen	Bitte erzählen Sie mir von Ihrer Kindheit!	Wie heißen Sie? Wo wohnen Sie?
Formal: geschlossen	Können Sie mir von Ihrer Kindheit erzählen?	(u. a. standardisierte Fragen mit Antwortvorgaben)

Form und Wirkung von Leitfadenfragen – mögliche Fehler bei der Stimulusformulierung

Im Rahmen dieser Darstellung kann nicht auf alle Schwierigkeiten, Probleme und Zielkonflikte der Frage- und Stimulusformulierung eingegangen werden, denn diese sind Legion. Grundsätzlich sollten aber alle Formulierungen vermieden werden, die

1. die Offenheit unnötig begrenzen und den Artikulationsspielraum der Befragten (Hopf 1978, S. 108) einengen, was u. a. für (unkontrollierte) Suggestivfragen, Ja/Nein-Fragen und andere geschlossene Fragen sowie für normativ wertende Fragen vermutet wird;
2. die Befragten in der einen oder anderen Weise demotivieren können, was u. a. sprachlich komplizierte und inhaltlich schwierige Fragen, mehrdeutige Fragen und Fragen, die Schuld- oder Schamgefühle auslösen können, bewirken sollen.

Hieraus abgeleitete „Not to do"-Listen der Leitfadenkonstruktion sind grundsätzlich nützlich und können Hinweise auf problematische Aspekte einer Frage geben. Dennoch soll hier auf den bereits in Abschn. 2.3 erläuterten Unterschied zwischen formaler Fragestruktur und kommunikativer Fragefunktion bzw. kommunikativer Absicht (und anzunehmender Wirkung) erinnert werden (s. Tab. 3.2).

Dies soll hier kurz am Beispiel von Ja/Nein-Fragen verdeutlicht werden. So kann mit einer formalen Ja/Nein-Frage (und damit einer formal höchst geschlossenen Frage) durchaus eine deutlich weitergehende kommunikative Absicht verbunden sein. Die Interviewpraxis zeigt zudem, dass die Erwartung, auch auf eine formal geschlossene Frage ausführlichere Antworten zu erhalten, grundsätzlich berechtigt ist, wenn natürlich auch nicht in allen Fällen. (Ebenso können umgekehrt auch formal offene Fragen in ihrer performativen Logik geschlossen sein).

Es ist also bei vielen Fragen nicht ohne weiteres klar und oft auch nicht einfach zu klären, ob und wie sehr eine Frage *in ihrer Wirkung* offen oder geschlossen ist. Denn dies ist häufig genug der Interpretation und „Mitarbeitsbereitschaft" der Befragten überlassen. So kann z. B. die Frage „Wie geht es Dir?" mit „gut" oder „schlecht" beantwortet werden, aber auch als Erzählaufforderung verstanden werden.[24] Bevor also Fragen aufgrund ihrer Formulierung als problematisch oder unbrauchbar aussortiert werden, sollte zunächst überlegt und wenn möglich geprüft werden, ob die formale Fragestruktur auch tatsächlich ein dieser Struktur entsprechendes Antwortverhalten erwarten lässt.

3.3 Die Durchführung Diskursiver Interviews als Leitfadeninterviews

Die zahlreichen allgemeinen Probleme und „Fallen" der Interviewführung sind gerade für Leitfadeninterviews mehrfach und ausführlich beschrieben worden (vgl. u. a. Helfferich 2009; Hopf 1978; Misoch 2015; Reinders 2005). Die folgende Darstellung konzentriert sich daher auf die Schwierigkeiten, die sich beim Diskursiven Interview stellen, also insbesondere bei stärkeren Steuerungseingriffen zur Generierung von Begründungen und anderen Textsorten mit einem hohen Anteil von Derivationen.

---

[24]Dieser Unterschied zwischen der formalen Struktur einer Frage oder Aufforderung gehört seit Garfinkels (1967) Krisenexperimenten zum kollektiven Wissensvorrat der Soziologie.

3.3.1 Faktoren, die auf die Interviewinteraktion einwirken können

Bereits in Abschn. 2.2 wurde der grundlegende Umgang des Diskursiven Interviews mit der Interaktivität der Datengewinnung dargelegt. Dabei wurde verdeutlicht, dass diese aus Sicht des Diskursiven Interviews weniger ein Problem ist als eine Möglichkeit zu Erkenntnisgewinnen, die konstruktiv genutzt werden sollte. Die in der jüngeren Auseinandersetzung mit Interviewmethoden erkennbar gestiegene Sensibilisierung für die Bedeutung der Interviewinteraktion hat zudem dazu geführt, dass eine ganze Reihe von Faktoren als problematisch gilt, weil von ihnen ein unerwünschter und nicht kontrollierbarer Einfluss vermutet wird. Diese Faktoren können grob in zwei Gruppen unterteilt werden: Dies sind zum einen die sozialen und individuellen Merkmale der Beteiligten und zum anderen Merkmale der Interviewinteraktion selbst (vgl. u. a. Holstein und Gubrium 2002; Misoch 2015, S. 199 ff.).

(1) Insbesondere die Liste der sozialen und individuellen Merkmale von Interviewer/innen und Befragten, für die ein problematischer Einfluss vermutet wird, ist lang. Hierzu werden vor allem alle sozialen Merkmale der Interviewer/innen gezählt wie das soziale Geschlecht, Klasse/Schicht, Alter und Ethnizität, aber auch solche, die seltener zur Charakterisierung sozialer Unterschiede verwendet werden wie Beruf, Familienstand, sexuelle Orientierung oder Wohnort. Interviewereffekte werden aber auch von persönlichen Eigenschaften der Interviewer/innen erwartet. Neben körperlichen Merkmalen (u. a. Attraktivität, Behinderungen, Stimme) sind dies auch mentale und psychische (u. a. Sprech-/Fragestil, Körperhaltung oder auch Einstellungen, Vorurteile und Vorwissen der Interviewer/innen).

Als Eigenschaften der Befragten, die sich auf die Datengewinnung im Interview auswirken können, werden insbesondere ihre Interviewerfahrenheit, ihre sprachliche und erzählerische Kompetenz sowie ihre intrinsische Motivation genannt. Eine besondere Bedeutung wird schließlich der Interviewer/innen-Befragten-Relation beigemessen, also Eigenschaften der Interviewer/innen relativ zu denen der Befragten. Als problematisch gilt dies vor allem dann, wenn entsprechende Unterschiede gesellschaftliche Machtgefälle widerspiegeln (wenn also Frauen von Männern, Kranke von Gesunden, Migranten von Nicht-Migranten usw. interviewt werden).

(2) Auch die Interviewsituation selbst kann sich in vielfacher Weise auf den Prozess des Interviewens auswirken. So werden immer wieder Faktoren genannt, die sowohl bei Interviewerinnen und Interviewern als auch bei den Befragten Unsicherheit auslösen können. Hierzu gehört das Fairness-Dilemma (Hermanns 2000, S. 361), das darin besteht, dass die Befragten bei allem Bemühen zu einem gewissen Grad ausgenutzt oder ausgebeutet werden. Als weiteres Problem gelten die Asymmetrien zwischen Interviewer/innen und Befragten, die auch unabhängig

3.3 Die Durchführung Diskursiver Interviews als Leitfadeninterviews

von sozialen Merkmalen einfach dadurch bestehen, dass die Interviewer/innen die „Situation definieren". Schließlich kann auch die permanente Verletzung der in Alltagsgesprächen geltenden Reziprozitätsnormen (Befragte sollen nicht selbst fragen) und im Interview auftretende Emotionen Unsicherheit erzeugen.

Ein nicht unerheblicher Einfluss auf den Prozess der Datengewinnung im Interview wird zudem von der Beziehung zwischen Interviewer/in und befragter Person vermutet. Hier können sich Aspekte wie Sympathie/Antipathie, Nähe/Distanz oder auch Vertrauen auswirken. Als zentral werden hier aber vor allem die oft erst (oder immer wieder erneut) im Interview ausgehandelten Rollenmuster bzw. die Rollenzuschreibungen durch die Befragten (Interviewer/in als „Gewissen", „Helfer", „Therapeutin" usw.; vgl. a. Bogner und Menz 2001) angesehen. Schließlich gelten auch der Ort des Interviews und das gesamte Interviewsetting (z. B. die Anwesenheit Dritter) als Faktoren, die den Interviewverlauf in potenziell problematischer Form beeinflussen können (s. Abschn. 3.3.3).

Die Gründe dafür, dass diese und weitere Faktoren Einfluss auf die Interviewinteraktion nehmen und dadurch auch auf die Art der gewonnenen Daten, sind durchaus einleuchtend. Indes fehlt bisher jeder klare empirische Nachweis, dass die vermuteten Wirkungen auch tatsächlich eintreten.[25] Auch besteht weitgehende Ratlosigkeit hinsichtlich möglicher Lösungen. Denn Empfehlungen beschränken sich meist darauf, mit den Problemen bewusst (z. B. über die mögliche eigene Wirkung als Interviewer/in), sensibel (z. B. bei der Gesprächsführung) und reflektiert (insb. bei der interpretativen Analyse) umzugehen (vgl. u. a. Misoch 2015, S. 211).

Oft handelt es sich somit um mögliche Einflüsse, die nicht oder nur zum Teil vermieden werden können, oft genug aber auch selbst ein (Teil)Gegenstand der Forschung sind (und keine Störgrößen). Sich bzw. die Interviewer/innen für die verschiedenen Beziehungsaspekte in einem Forschungsinterview zu sensibilisieren, ist sicher richtig, gehört aber zu den üblichen Anforderungen, die an qualitatives Interviewen gestellt werden.

Wenn Interviews zudem gründlich geplant werden – wozu neben der Leitfadenkonstruktion auch die Schulung der Interviewer/innen sowie eine Vor- und Nachbetreuung der Befragten (u. a. eine frühzeitige Aufklärung über das gesamte Interviewsetting) gehören – sollten sich die Einflüsse zumindest begrenzen lassen.

---

[25]Für die standardisierte Forschung ist dagegen das Auftreten insbesondere von Interviewereffekten hinreichend belegt (vgl. u. a. Glantz und Michael 2014). Dass diese Befunde in gleicher Weise oder ähnlicher Weise auch für qualitative Befragungsformen zutreffen (so z. B. Misoch 2015, S. 210), darf allerdings bezweifelt werden. Denn qualitative Methoden erheben gerade den Anspruch einer höheren (ökologischen) Validität und Kontextsensivität, die solche Interviewer- und Situationseffekte eigentlich verhindern oder zumindest deutlich verringern sollten.

Schließlich lässt sich umgekehrt behaupten: Wenn das Geschlecht der Interviewerin/des Interviewers, ihr/sein Wissensvorsprung, die soziale Distanz zwischen den Beteiligten usw. einen problematischen Einfluss auf die Interviewinteraktion haben, dann wird dies zu einem nicht unerheblichen Teil auch an einer defizitären Interviewführung liegen.

Mehr noch ist für eine Deutungsmusteranalyse mit Diskursiven Interviews entscheidend, dass die Annahme problematischer Einflüsse sozialer und anderer Faktoren auf die Datengewinnung im Interview auf Authentizitäts- und Wahrhaftigkeitsideen beruht, die bereits an sich anfechtbar sind, jedenfalls aber für das Erkenntnisinteresse, auf das Diskursive Interviews ausgerichtet sind, nicht von Bedeutung sind (s. Kap. 2). Denn auch wenn sich die Merkmale von Interviewer/innen sicher auf die *Art* der im Interview offenbarten Derivationen auswirken können, ändert dies nichts daran, *dass* diese Derivationen deutlich werden und wie sie strukturiert sind. Die sich aus den genannten Faktoren ergebenden Einflüsse reduzieren sich daher auch auf sekundäre Fragen der Verteilung und wahrgenommenen Situationsangemessenheit von Deutungsmustern.

3.3.2 Die Verwendung von Leitfäden in Diskursiven Interviews

Soziale Faktoren und individuelle Merkmale, die die Interviewinteraktion beeinflussen können, stellen das Diskursive Interview also vor keine besonderen Herausforderungen. Die Frage, wie die Interaktivität des Interviews am besten für die Elizitation individueller Derivationen genutzt werden kann, spitzt sich vielmehr auf die Gesprächsführung und die „richtige" Verwendung von Leitfäden zu.

Zunächst sollte ein Leitfaden hinsichtlich seiner Anwendbarkeit geprüft werden. Dies gilt sowohl für jede einzelne Frage bzw. für jeden Stimulus als auch für die Teil- und Gesamtstruktur des Leitfadens. Ein solcher „Pretest" (Probeinterview) ist jedoch keine abgeschlossene Phase vor der eigentlichen Datenerhebung. Denn das Überprüfen der Fragen und Stimuli eines Leitfadens ist niemals völlig abgeschlossen. Es handelt sich eher um einen permanenten, forschungsbegleitenden Prozess der Readjustierung des Erhebungsinstruments.[26]

---

[26]Dies impliziert zugleich, dass Interviews oder zumindest Teile dieser Interviews auch dann in die Auswertung mit einbezogen werden können, wenn nach ihrer Durchführung noch Veränderungen am Leitfaden vorgenommen wurden. Dessen ungeachtet sollte ein Leitfaden zu Beginn einer Untersuchung besonders intensiv überprüft werden, sodass er in weiten Teilen unverändert in allen Interviews verwendet werden kann.

Mit einer Erprobung des Leitfadens kann zum einen die allgemeine Handlichkeit des Leitfadens geprüft werden. So werden Wiederholungen, Redundanzen, Brüche (plötzliche Themenwechsel), aber auch das Fehlen von Schaltelementen wie Überleitungs-, Informations- und Filterfragen oft nur durch den Anwendungsversuch deutlich. Zudem verdeutlicht ein solcher erster „Realitätscheck" sehr schnell, welche Fragen oder Stimuli trotz sorgfältigster Entwicklung womöglich nicht tauglich sind.[27]

Mögliche Formulierungsschwächen sind u. a. (ungewollt) suggestive, überfordernde und moralisierende Frageformulierungen. Darüber hinaus können bereits frühzeitig unklare, mehrdeutige und normativ aufgeladene oder belastete Begriffe erkannt werden. Unerwartete Antwortreaktionen lassen zudem die Mehrdimensionalität von Fragen erkennen (in diesem Fall ist die Frage also inhaltlich nicht eindeutig). Besonders wichtig ist die eingehende Überprüfung vorformulierter hypothetischer Situationen, Konfrontationen und Polarisierungen hinsichtlich womöglich problematischer Formulierungen, ihres Inhaltes und vor allem hinsichtlich ihrer Anwendbarkeit. Eine solche Prüfung führt aber nicht nur zum Streichen und Korrigieren von Fragen; aus ihr können sich auch Anregungen zu neuen Fragen oder Themen ergeben.

Die wichtigste Grundregel für das Verhalten im Interview lautet, dass alle Fragen und Stimuli stets zielgerichtet und kontrolliert zum Einsatz kommen sollten. Pointiert lässt sich sagen: Alles ist erlaubt, solange es dem Erkenntnisinteresse dient und mit diesem begründet werden kann (und wenn dabei keine grundlegenden ethischen Normen verletzt werden). Darüber hinaus ist beim Umgang mit dem Leitfaden im Interview die bereits von Hopf (1978) beschriebene Gefahr der Leitfadenbürokratie zu beachten, die beim Diskursiven Interview aufgrund des relativ hohen Steuerungsbedarfs besonders groß ist.[28] Hinzu kommen noch die schon erwähnten Probleme, die sich beim Einsatz der spezifischen Instrumente des Diskursiven Interviews wie insbesondere Polarisierungen und Konfrontationen ergeben können.

Die vielleicht größte Schwierigkeit für Diskursive Interviews besteht daher darin, den Befragten zu verdeutlichen, dass ihre Wahrnehmungen und Deutungen in gewissem Sinne immer „richtig" sind und genau das, wofür sich die Forscher/innen interessieren. Die Befragten sollten von den Interviewerinnen und Interviewern

---

[27]Dazu, wie ein Prüfen von Leitfadenfragen konkret durchgeführt werden kann, vgl. insb. a. Helfferich (2009, S. 182 ff.).

[28]Hier sind insbesondere das Nicht-Aufgreifen von thematischen Anknüpfungspunkten und das Unterbrechen der Befragten zu nennen. Die Wahrscheinlichkeit beider Interviewerfehler, die nur durch eine entsprechende Sensibilisierung zu verringern sind, dürfte mit dem Aktivitätsgrad der Interviewer/innen steigen.

„neutral akzeptiert" werden, sodass sie vor allem keine Missbilligungen befürchten müssen, aber auch nicht mit einer unhinterfragten Hinnahme ihrer Erzählungen und Begründungen rechnen können. Dies ist naheliegend vor allem dann wichtig, wenn die Begründungen und Derivationen der Befragten deutlich von vermeintlich „herrschenden" oder zumindest „verbreiteten" und sozial akzeptablen Deutungsmustern abweichen.

Insbesondere bei eher „offensiven" Mitteln zur Hervorlockung von Derivationen sollte der/die Interviewer/in gegenüber den Befragten daher nie die Rolle eines Advocatus Diaboli einnehmen, der stets die entgegengesetzte Meinung vertritt, aber auch nicht die eines „Beichtvaters" oder unkritischen „Claqueurs". Er/sie sollte sich dagegen für die Befragten erkennbar neutral verhalten oder – da dies nur begrenzt möglich ist – diese Rollen bewusst wechselnd bzw. flexibel gestalten.

Leitfadengestaltung
Auch für das Handling des Leitfadens im Interview stellen sich einige Fragen:
- Die erste betrifft die technische Form der *Fixierung:* Hier bestehen neben den klassischen Formen (Papier, Karteikarte) heute vor allem unterschiedliche elektronische Optionen (Smartphone, PC, Tablet). Vor allem besteht aber auch die Möglichkeit, einen Leitfaden überhaupt nicht schriftlich zu fixieren, und ihn nur mnemotechnisch zu verwenden.
- Zweitens muss entschieden werden, wie *ausführlich* Fragen fixiert werden. Diese können entweder vollständig oder unvollständig (z. B. nur Hauptfragen) notiert werden. Bei einer unvollständigen Fragenotierung müssen sich die Interviewer/innen darauf verlassen können, dass ihnen die nachgeordneten Fragen (weniger wichtige, optionale, Nachfragen zu Hauptfragen) in der Interviewsituation dennoch präsent sind.
- Schließlich ist über die *Genauigkeit* der Fragennotierung zu entscheiden. So können Fragen und Stimuli detailliert ausformuliert werden (sogar mit Fragevarianten) oder als Stichwörter notiert werden. Im zweiten Fall erfolgt die genaue Frageformulierung dann (nur) im Interview.

Gründe für und gegen diese und weitere Elemente der Leitfadengestaltung und vor allem für die beste Kombination der Gestaltungselemente gibt es (zu) viele. Wichtige Entscheidungskriterien sind aber sicher die jeweilige Fragestellung, die Menge der Leitfadenfragen, die Erfahrungen und Neigungen der Interviewer/innen und evtl. auch Eigenschaften der Befragten.

So haben z. B. stichwortartige Fragen den Vorteil, dass diese im Interview spontan formuliert werden und die Gefahr eines Ablesens und Abhakens von

3.3 Die Durchführung Diskursiver Interviews als Leitfadeninterviews

> Fragen (Leitfadenbürokratie) gering ist. Andererseits erfordert diese Form viel Geschick und Selbstvertrauen aufseiten der Interviewer/innen, was bei erfahrenen Interviewer/innen vermutlich häufiger der Fall ist. Dennoch kann es nützlich sein, Fragealternativen vorzubereiten und alle denkbaren Nachfrageoptionen „dabeizuhaben". Dies kann dann aber zu sehr langen und unhandlichen Leitfäden führen, die die Gesprächsführung wiederum erschweren.
>   Kurz: Es kommt bei der technischen Gestaltung eines Leitfadens sehr schnell zu Zielkonflikten. Jede/r Interviewer/in wird hier den für sie/ihn besten Weg finden müssen. Da ist es beruhigend, dass natürlich auch für die technische Gestaltung eines Leitfadens gilt, dass sie im Forschungsverlauf immer wieder neu angepasst werden darf. So ist es relativ „natürlich", dass Interviewer/innen im Verlauf der Forschung immer souveräner im Leitfadenhandling werden und diesen daher zunehmend verdichten.

Eine „herrschaftsfreie" Gesprächsatmosphäre ist sicher für alle Interviewformen wichtig, für das Diskursive Interview aufgrund der vorgesehenen „offensiven" Frageformen aber vermutlich noch etwas schwerer zu erreichen als sonst. Zwar sind eine offene Befragungsform und eine entsprechend empathische Gesprächsführung hierfür gute (und unverzichtbare) Voraussetzungen. Und bereits vor Beginn des Interviews sollte unter Verweis auf die Besonderheit der Interviewkommunikation und die Neutralität des Interviewers bzw. der Interviewerin deutlich gemacht werden, dass die Sichtweisen der Befragten per se legitim sind. Dennoch kann eine „neutrale Akzeptanz" der Befragten in der Interviewsituation durch bestimmte Gesprächstechniken weiter unterstützt werden. Hierzu zählen vor allem sog. Persilscheine[29] aber auch Suggestivfragen (s. o.) können in ähnlicher Weise verwendet werden.

---

[29] „Persilscheine" können dazu eingesetzt werden, um Sichtweisen zu erfassen, die von den Befragten selbst womöglich als abweichend, also als nur schwer kommunikativ zu validieren, eingeschätzt werden. Hierbei versucht der/die Interviewer/in durch Behauptungen und vorsichtige Unterstellungen dem Befragten das Gefühl zu vermitteln, dass auch vermeintlich sozial unerwünschte Sichtweisen ohne Weiteres geäußert werden können (daher „Persilscheine"). Darüber hinaus kann der/die Interviewer/in den Befragten aber auch direkt zu verstehen geben, dass ihm/ihr vermeintlich abweichende Sichtweisen durchaus vertraut sind und geäußert werden können. Dies erfordert aber eine hohe Sensibilität der Interviewführenden und entsprechende Informationen, die z. B. aus früheren Interviews entnommen werden können, bzw. fundierte Kenntnisse über das Milieu, die Generation usw. der befragten Person. Anderenfalls besteht die Gefahr falscher Unterstellungen und einer methodisch wie ethisch problematischen „Fraternisierung".

3.3.3 Weitere Aspekte der Interviewdurchführung

Zwei weitere Aspekte der Interviewdurchführung seien hier abschließend zumindest kursorisch diskutiert: zum einen das weitere Interviewsetting und zum anderen die Frage, in welchem Maße und in welcher Form Beobachtungen während des Interviews gemacht, festgehalten und benutzt werden.

Die Gestaltung des Interviewsettings
Das Interviewsetting hat eine nicht zu unterschätzende Bedeutung für den Erfolg qualitativer Interviews. An Empfehlungen für die mit vielen Details behafteten (oft auch technischen) Fragen fehlt es hier nicht (vgl. u. a. Gläser und Laudel 2009, S. 153 ff.; Reinders 2005, S. 147 ff.). Daher kann die Darstellung auf einige für das Diskursive Interview zentrale Punkte beschränkt werden.

Bei der Gestaltung des Interviewsettings – das die Forschenden zwar nicht einseitig bestimmen können, meist aber maßgeblich gestalten – sind vor allem der Ort und die Zeit des Interviews festzulegen; zudem ist die Frage zu entscheiden, ob bzw. wie das Interview aufgezeichnet wird.

Qualitative Interviews leben zu einem erheblichen Teil davon, dass sich die Befragten wohl fühlen und daher möglichst wenig gehindert sind, sich uneingeschränkt und umfassend zu äußern. Der beste Ort für die Durchführung (auch) von Diskursiven Interviews ist daher sicher der, an dem die Befragten sich sicher fühlen und eine hohe Bereitschaft entwickeln, sich aktiv am Interview zu beteiligen.

Grundsätzlich bestehen für den Interviewort drei Alternativen: hier, dort oder an einem anderen Ort. Mit „hier" ist ein Raum gemeint, den die Forscher/innen bereitstellen. Solche Räume (insb. Büroräume; evtl. für Gesprächsaufzeichnungen ausgerüstete Räume) haben den Vorteil, dass die Interviewbedingungen optimal geplant und kontrolliert werden können. „Dort" sind die Orte, an denen sich die befragten Personen gern und viel aufhalten und die von ihnen gewissermaßen „lebensweltlich angeeignet" worden sind. In den meisten Fällen ist dies die Wohnung der befragten Person, seltener aber auch z. B. die Wohnung anderer Personen oder Heime. Diese Orte sind meist die, an denen sich die Befragten am wohlsten und sichersten fühlen. Da sie zudem für sie am leichtesten zu erreichen sind, ist die eigene Wohnung bei vielen Befragten der Interview-Wunschort.

Andere (dritte) Orte sind all jene, die weder „hier" noch „dort" sind, wenn man so will: neutrale Orte. Zu diesen zählen u. a. Cafés, Parkbänke oder Räume des Arbeitgebers der Befragten (z. B. Lehrerzimmer). Solche Orte haben allerdings im Vergleich zu den beiden ersten Optionen (fast) nur Nachteile. Vor allem Störungen und die Anwesenheit Dritter (s. u.) können kaum kontrolliert werden. Sie sollten daher möglichst vermieden werden, auch wenn es letztlich sicher zu

3.3 Die Durchführung Diskursiver Interviews als Leitfadeninterviews

empfehlen ist und die Mitwirkungsbereitschaft erhöht, den Befragten die Entscheidung über den Interviewort zu überlassen.

Neben dem zentralen Faktor, dass die Befragten in einer für sie möglichst angenehmen Situation interviewt werden sollten, sind es vor allem drei weitere Aspekte des Interviewortes, die die Ergiebigkeit eines Interviews beeinflussen können, weil sie die Befragten ablenken können: Diese sind Störgeräusche (Haustiere, Haus- und Straßenlärm usw.), Unterbrechungen (Smartphone, Besucher/innen usw.) und die Anwesenheit Dritter. Alle drei Ablenkungsquellen sollten soweit wie möglich ausgeschlossen werden.

Störgeräusche lassen sich weitgehend kontrollieren, aber nicht immer und am besten in Räumen der Forscher/innen. In den Wohnungen der Befragten ist dies zumindest zum Teil möglich, in anderen Räumen dagegen meist fast gar nicht. Ein häufiges, aber zumindest teilweise behebbares Problem ist auch die Unterschätzung von Störquellen, die in der Interviewaufnahme oft weit lauter und störender sind als beim Interview selbst, in der sich die Beteiligten entsprechend fokussieren können. Schließlich kann sich auch der Umgang mit unerwartet auftretenden Störgeräuschen als schwierig erweisen.

Auch Unterbrechungen sind am besten in von Forscher/innen bereitgestellten (und evtl. „präparierten") Räumen zu verhindern. Werden die Interviews in den Wohnungen der Befragten durchgeführt, kann man dies zumindest prinzipiell abklären, während die Vermeidung von Unterbrechungen an Drittorten eine größere Herausforderung ist. Ein besonderes und wachsendes Problem sind Unterbrechungen und Ablenkungen durch Medien der elektronischen Datenübertragung. Insbesondere das Abschalten oder auch nur Nicht-regelmäßig-Kontrollieren des eigenen Smartphones wird von einem wachsenden Teil der Bevölkerung offenbar als unzumutbar empfunden. Dieses Problem besteht unabhängig vom Interviewort; die Aufforderung zu entsprechenden Verzichten scheint aber wiederum in von den Forscher/innen bereitgestellten Räumen am ehesten erfolgversprechend zu sein.

Die Anwesenheit Dritter ist die vielleicht schwerwiegendste der drei genannten Problemquellen: Die (auch nur vorübergehende) Anwesenheit weiterer Personen kann die Gesprächssituation so grundlegend verändern (z. B. vom Einzel- zum Paarinterview), dass davon ein erheblicher Einfluss auf die Datengewinnung ausgeht. Meist ist dieser Einfluss zudem weder in seiner Art noch im Ausmaß ex post zu bestimmen. Wenn sich auch – in Abhängigkeit vom Forschungsthema, der Dauer einer Anwesenheit und der Art der Drittperson – unterschiedlich starke Auswirkungen einstellen werden, sollte die Anwesenheit Dritter möglichst immer vermieden werden. Ähnlich wie bei Unterbrechungen und Störgeräuschen gilt auch hier, dass eine Kontrolle am ehesten in Räumlichkeiten der Forschenden möglich ist.

Während Störgeräusche und Unterbrechungen für Diskursive Interviews ähnlich problematisch sind wie für andere Interviewformen, stellt die Anwesenheit Dritter hier ein geringeres (und anderes) Problem dar als bei Interviews, mit denen subjektive Sinngehalte oder authentische Erfahrungen erfasst werden sollen. Denn die offenbarten Derivationen sind nicht weniger „wahr", wenn sie auch an eine Drittperson gerichtet sind. Eine längere Anwesenheit einer dritten Person führt vor allem zu einer neuen (triadischen) Konstellation und vermutlich dazu, dass andere Derivationen elizitiert werden als in der dyadischen Interviewer-Befragten-Interaktion. Dennoch sind diese Derivationen nicht „falsch". Handelt es sich z. B. um den/die Partner/in der befragten Person, ist zu vermuten, dass vor allem auf der Paarebene erprobte und validierte Derivationen benutzt werden.

Alle drei „Gefahrenquellen" sprechen somit dafür, Interviews in den Räumlichkeiten der Forscher/innen durchzuführen. Bei der Festlegung des Interviewortes besteht damit primär ein Zielkonflikt zwischen besonders gut zu kontrollierenden und vor Ablenkungen schützenden Bedingungen (Räume der Forscher/innen) auf der einen Seite und dem für die Befragten meist angenehmsten Ort (ihre Wohnung), verbunden mit der Hoffnung auf ein hohes Maß an Offenheit und Engagement auf der anderen.

Weit weniger komplex als die Frage des Interviewortes ist die der Terminierung. Hier sind in erster Linie zwei Punkte wichtig: Zum einen ist darauf zu achten (bzw. zu insistieren), dass sich die Befragten hinreichend Zeit nehmen. Sie müssen daher realistisch über die Dauer des Interviews aufgeklärt werden; idealerweise haben sie keinen anschließenden Termin. Vor allem sollte eine enge Terminierung (Mittagspause, Freistunde usw.) vermieden werden.

Zum anderen sollten Befragte beim Interview möglichst wach sein: Daher sollten Interviews nicht zu für die Befragten ungünstigen Zeiten (früh morgens, spät am Abend usw.) durchgeführt werden; ebenso nicht, wenn diese krank oder aus anderen Gründen nicht „voll interviewfähig" (z. B. alkoholisiert oder emotional belastet) sind. Hier wie auch bei im Interview deutlich und zu früh auftretenden Ermüdungserscheinungen sollte möglichst ein neuer oder zusätzlicher Interviewtermin vereinbart werden.

Ein nicht zu unterschätzender praktischer Aspekt ist schließlich die Form, in der Interviews aufgezeichnet werden.[30] Wichtig ist zunächst eine technisch gute und zuverlässige Aufnahmetechnik, und dass auch der „menschliche Faktor"

---

[30]Das „Ob" einer technischen Aufzeichnung ist dagegen keine zu entscheidende Frage: Mitschriften, Erinnerungsprotokolle usw. sind im interpretativ-rekonstruktiven Vorgehen des Diskursiven Interviews nicht verwendbar, das hierfür mindestens den genauen Wortlaut benötigt (s. hierzu Abschn. 4.1).

3.3 Die Durchführung Diskursiver Interviews als Leitfadeninterviews

(Anschalten des Geräts usw.) gebührend eingeplant wird. Darüber hinaus muss entschieden werden, ob die Interviews nur audio- oder auch videotechnisch aufgezeichnet werden. Der Vorteil einer Videoaufzeichnung liegt darin, dass auch nonverbale Kommunikation (Mimik, Gestik, Körperhaltung) zumindest zum Teil erfasst wird. Demgegenüber haben reine Audioaufzeichnungen den Vorteil, weniger abschreckend zu sein, und werden von den Befragten eher akzeptiert.

Die Erfassung nonverbaler Kommunikation ist für ein deutungsmusteranalytisches Vorgehen nur von geringer Bedeutung. Wie Derivationen, wenn sie im Interview offenbart werden, durch nonverbale Formen der Kommunikation begleitet werden, ist für die Rekonstruktion der Derivationen und sozialen Deutungsmuster nicht wichtig. Nonverbale Signale können zwar zusätzliche Hinweise enthalten (z. B. über die subjektive Bedeutsamkeit der Derivationen oder über Zweifel an deren Validierbarkeit); diese beziehen sich aber nicht auf die Derivationen selbst, sondern „nur" auf deren tatsächliche Bedeutung für die befragte Person. Eine audiotechnische Aufzeichnung ist für Diskursive Interviews also hinreichend; andererseits spricht nichts gegen eine (informationsreichere) Videoaufzeichnung, sofern diese sich nicht abträglich auf die Gesprächsatmosphäre auswirkt.

Kontextinformationen
In der qualitativen interviewmethodischen Literatur wird meist die Erhebung von zusätzlichen Daten empfohlen (vgl. u. a. Gläser/Laudel 2009; Helfferich 2009; Witzel 1985). Hierzu gehören neben Eckdaten des Lebenslaufs und anderen „objektiven Daten", die oft in Kurzfragebögen neben den eigentlichen Interviews erhoben werden, vor allem auch ethnografische Kontextinformationen unterschiedlicher Art. Beobachtungsdaten beziehen sich zu einem erheblichen Teil auf die befragte Person (u. a. deren Erscheinungsbild und Verhalten), auf den Interviewort und Drittpersonen sowie auf die Interviewkommunikation und die Interviewer/innen. Die entsprechenden Beobachtungen werden überwiegend von den Interviewer/innen während und nach dem Interview protokolliert (oder, wenn vorhanden, aus den videotechnischen Aufzeichnungen gewonnen). Andere Quellen sind Vorgespräche und Informationen von Gatekeepern.

Meist werden solche Kontextinformationen als zusätzliche Quelle für die Interpretation von Interviews genutzt. Auch für das Diskursive Interview können solche Kontextinformationen wichtig sein und sollten daher auch protokolliert werden. Dies ist im Diskursiven Interview aber nur für einen sehr kleinen Bereich dieser Informationen der Fall.

So sollten alle verbalen Informationen, die Rückschlüsse auf die Derivationen der Befragten zulassen, möglichst genau festgehalten werden. Dies kann insbesondere bei „Off the record"-Gesprächen (vor und nach Abschalten des Aufnahmegeräts, bei einem Vorgespräch, im E-Mail-Kontakt) der Fall sein, die im Extremfall aufschlussreicher sein können als das Interview selbst. Solche Gespräche sollten daher nachträglich paraphrasierend protokolliert werden.

Weiter können Beobachtungen der Interviewinteraktion Äußerungen der Befragten verständlicher machen und dadurch für die Rekonstruktion der individuellen Derivationen wichtig sein. Interviewsetting und -interaktion sollten daher möglichst genau festgehalten werden. Dazu gehört auch die vollständige und genaue Transkription der Interviews (vgl. Abschn. 4.1).

Dagegen sind alle darüber hinausgehenden Kontextinformationen, die sich nicht auf die Interviewinteraktion beziehen, für Diskursive Interviews nicht interessant. Deutungsmuster und Derivationen stecken weder in den Gardinen noch im Mobiliar oder den Balkonpflanzen der Befragten – und sie lassen sich auch nicht besser rekonstruieren, wenn wir deren Erscheinungsbild oder Konsumverhalten noch so akribisch erfassen. (Und trotz zunehmender Körpersensibilisierung qualitativer Forschung: Für die Rekonstruktion sozialer Deutungsmuster ist es zumindest marginal, ob und wie diese sich körperlich oder in Dingen manifestieren.)

Alle Formen willkürlicher „ethnografischer" Informationsgewinnung mit dem Ziel einer späteren Verwendung zur Kontextualisierung der Interviews sind daher zu verwerfen, ebenso wie Informationen, die zum gleichen Zweck typischerweise mit Kurzfragebögen erfasst werden. Sie enthalten nicht nur keine für die Rekonstruktion individueller Derivationen und sozialer Deutungsmuster relevanten Informationen, sondern können sogar einer unbegründeten externen Kontextualisierung Vorschub leisten (vgl. Abschn. 4.3). Solche Informationen können im Rahmen einer sich rekonstruktiv verstehenden Deutungsmusteranalyse daher nicht sinnvoll verwendet werden.

Die Grundregel für die Erfassung und Protokollierung von Kontextinformationen lautet daher: Sie sollten so genau und umfassend wie möglich erfasst werden, aber nur soweit dies sich mit dem Ziel der Rekonstruktion individueller Derivationen und sozialer Deutungsmuster auch tatsächlich begründen lässt.[31] Alles, was darüber hinausgeht, ist – zumindest in der Perspektive des Diskursiven Interviews – als Sozialforschung getarnter Voyeurismus.

---

[31]Natürlich ist es oft schwierig, bereits im Voraus zu erkennen, ob Kontextinformationen in diesem Sinne relevant sind oder nicht. (So könnten sich womöglich sogar Balkonpflanzen für die Rekonstruktion von Derivationen als wichtig erweisen.) Daher kann die Grundregel so relativiert werden: Kontextinformationen sollten im Zweifelsfall immer erhoben werden, sollten aber so sparsam wie möglich verwendet werden, nämlich nur dann, wenn sicher ist, dass keine externen Daten willkürlich zur Kontextualisierung herangezogen werden (vgl. a. Abschn. 4.3).

Das Diskursive Interview als Face to face-Interview

Bisher wurde „wie selbstverständlich" davon ausgegangen, dass das Diskursive Interview ein (mündliches) Face to face-Interview ist. Tatsächlich ist das Diskursive Interview auch auf Face to face-Interaktionen ausgelegt. Die spezifischen Frageformen und häufigen Nachfragen unterstellen die Möglichkeit unmittelbarer Klärungen und „Reparaturhandlungen", wie sie „klassisch" nur in Face to face-Situationen besteht. Denn hierfür sind insbesondere para- und nonverbale Signale wichtig, die eine Kopräsenz bzw. einen Sichtkontakt von Interviewer/innen und Befragten voraussetzen. Aus diesem Grund sind Diskursive Interviews – wie wohl die meisten qualitativen Interviews – auch nicht als Telefoninterviews oder schriftliche Befragung durchzuführen.

Angesichts der mit dem Internet (Web 2.0) neu entstandenen Kommunikationsformen stellt sich die Frage jedoch neu, ob Diskursive Interviews auch in anderer Form als face to face durchgeführt werden können. Darüber, wie Onlinemedien für qualitatives Interviewen genutzt werden können, ist bisher jedoch nur wenig bekannt (vgl. Früh 2000; James und Busher 2009; Mann und Stewart 2000, S. 195 ff.). Noch mehr gilt dies dafür, ob und wie Online-Interviews zur Erfassung individueller Derivationen genutzt werden können.

Grundsätzlich spricht aber viel dafür, dass Formen internetbasierter Kommunikation auch für qualitative Forschung genutzt werden können. So werden etwa die hohe Anonymität und die große Flexibilität von Onlinemedien oft als Vorteile für qualitative Interviews angesehen. Auch dass viele Onlinemedien eine „niedrigschwellige" schriftliche Kommunikation erfordern (insb. E-Mails und Chats), eröffnet qualitativen Methoden neue und interessante Optionen (vgl. Schiek und Ullrich 2016; Ullrich und Schiek 2014).

Für Diskursive Interviews stellt vor allem der fehlende Sichtkontakt ein Durchführungsproblem dar. Dieser ist nur bei Videokonferenzen oder -chats zumindest weitgehend möglich, wenn auch eine Verständigung mit para- und nonverbalen Signalen durch die nur virtuelle Kopräsenz gehemmt wird. Alle (primär) schriftlichen Kommunikationsformen (insb. E-Mails) dürften die Durchführung Diskursiver Interviews dagegen deutlich erschweren: Zum einen wäre hier die Gefahr von nicht oder nur durch wiederholte Klärungen auszuräumenden Missverständnissen sehr hoch.

Zum anderen ist zu befürchten, dass der Reflexionszwang schriftlicher Kommunikation die Wahrscheinlichkeit einer Offenbarung individueller Derivationen verringert.

Vorerst ist daher davon auszugehen, dass individuelle Derivationen am besten in Face to face-Situationen erfasst werden können. Vor allem schriftliche und asynchrone Formen der Kommunikation führen zu weniger spontanen und stärker reflektierten und abstrakten Begründungen und werden daher eher wenig Deutungsmustermaterial enthalten.

3.3.4 Forschungsethische Aspekte

Forschungsethische Fragen haben die sozialwissenschaftliche Forschung seit jeher begleitet. Dies gilt auch und vielleicht sogar in besonderem Maße für die qualitative Forschung, für die sich in (und in der Auseinandersetzung mit) klassischen Studien wie „Die Arbeitslosen von Marienthal" (Jahoda et al. 2001) und „Street Corner Society" (Whyte 1996) schon früh die Befassung mit forschungsethischen Aspekten nachweisen lässt.

Forschungsethische Fragen sind in jüngerer Zeit aber deutlich stärker in den Vordergrund gerückt (manch „postmodernen" Diskurs scheinen sie gar vollständig zu dominieren). Die Gründe für die zunehmende Bedeutung bzw. Problematisierung forschungsethischer Fragen in der Sozialforschung sind dabei in erster Linie in äußeren Anstößen zu suchen wie öffentlich skandalisierten Missbräuchen (etwa in der medizinischen Forschung) und einer zunehmenden Sensibilisierung für die Gefahren, die mit der massenhaften Speicherung sensibler Daten einhergehen. Dies hat zu einem wachsenden Druck durch Öffentlichkeit und Politik geführt (u. a. auch über Institutionen der Forschungsförderung wie der Deutschen Forschungsgemeinschaft [DFG]) und schließlich dazu, dass viele Fachgesellschaften wie die Deutsche Gesellschaft für Soziologie (DGS) bereits in den 1990er Jahren einen fachspezifischen Ethik-Kodex (1993) formuliert haben.[32]

---

[32] Wie die Einhaltung forschungsethischer Standards überprüft bzw. gewährleistet werden kann, ist bisher nur zum Teil gelöst. Zu den schon jetzt bestehenden Instrumenten gehören vor allem Verpflichtungserklärungen der Forscher/innen (z. B. bei einer Forschungsförderung durch die DFG) sowie Aufklärungs- und Ombudsstellen bei Fachverbänden und Ethik-Kommissionen.

Zumindest in den Sozialwissenschaften[33] unterscheidet sich die Forschungsethik dadurch von professionellen Ethiken, die u. a. den Umgang unter Fachkolleg/innen regeln, dass es hier im Kern um die Gestaltung der Forschungsbeziehung zwischen Forschenden und „Beforschten" geht und dabei wiederum insbesondere um den Umgang mit Informationen und den Schutz der Daten.[34] Das zentrale Ziel ist dabei, Nachteile und Risiken für Forschungsteilnehmer/innen zu vermeiden, die dazu von den Forschenden möglichst früh und vollständig antizipiert werden sollten (von Unger 2014, S. 19). Forschungsethische Anforderungen stehen dabei oft im Konflikt mit Forschungs- und Erkenntnisinteressen, müssen dies aber nicht zwangsläufig.

In Hinblick auf das Diskursive Interview (aber auch auf die qualitative Sozialforschung insgesamt) scheinen drei forschungsethische Aspekte von besonderer Bedeutung[35]: Fragen der Vertraulichkeit und Anonymisierung, die Freiwilligkeit der Teilnahme und eine (darüberhinausgehende) Schadensvermeidung:

Das vielleicht schwierigste Problem und eine der heikelsten Aufgaben in der qualitativen Forschung betreffen Fragen der *Anonymisierung*. Während eine allgemeine Vertraulichkeit vergleichsweise leicht gewährleistet und eingehalten werden kann (z. B. dass Informationen nicht an Verwandte oder den Arbeitgeber weitergeleitet werden), stellt die Anonymisierung der Teilnehmer/innen die qualitative Sozialforschung vor besondere Herausforderungen.

So sollte man sich immer darüber im Klaren sein, dass schon aufgrund der kleinen Fallzahlen und der Art des Samplings bei qualitativen Verfahren keine echte Anonymität möglich ist. Umso überraschender ist es daher, wie häufig

---

[33]Forschungsethische Probleme variieren stark nach Disziplin und Methodenart. Sie stellen sich in den Sozialwissenschaften sicher nicht so dringlich wie etwa in der Medizin und für die standardisierten Methoden ganz anders als für die qualitativen. Auch die verschiedenen qualitativen Zugänge werfen hier unterschiedliche Fragen auf. So kann etwa vermutet werden, dass forschungsethische Anforderungen in der Ethnografie und der partizipativen Forschung zu mehr Konflikten mit Forschungsinteressen führen als bei Interviewmethoden.

[34]Nach Hopf (2000, S. 589 f.) werden in den Sozialwissenschaften unter dem Begriff Forschungsethik „all jene ethischen Prinzipien und Regeln zusammengefasst, in denen mehr oder minder verbindlich und mehr oder minder konsensuell bestimmt wird, in welcher Weise die Beziehungen zwischen den Forschenden auf der einen Seite und den in sozialwissenschaftliche Untersuchungen einbezogenen Personen auf der anderen Seite zu gestalten sind."

[35]Für weitere forschungsethische Aspekte vgl. u. a. Hopf (2000) und von Unger (2014).

gerade dies zugesagt wird (so z. B. in Internet-Vordrucken). Möglich ist aber nur eine Anonymisierung, also ein Vorgehen, das den Teilnehmer/innen so viel Schutz vor Identifizierung wie möglich bietet (u. a. durch die Löschung von Echtnamen). Aber auch dann können die Beteiligten von Personen, denen sie bekannt sind, aufgrund des umfassenden und dichten Datenmaterials oft ohne weiteres erkannt werden. Dies gilt natürlich insbesondere dann, wenn sich Forschungsteilnehmer selbst deanonymisieren, z. B. indem sie in ihrem Bekanntenkreis von ihrer Forschungsteilnahme erzählen (ein Problem, auf das viel zu selten hingewiesen wird). Regeln der Anonymisierung sollten daher sehr streng eingehalten werden. Gleichzeitig sollten aber keine unhaltbaren Garantien gegeben werden: Richtiger ist es hier, die Beteiligten umfassend und rechtzeitig über die Wahrscheinlichkeit, die Gründe und über mögliche Folgen einer Identifizierung aufzuklären.

Freiwilligkeit ist für Interviews und alle anderen Verfahren, die ein unmittelbares Mitwirken der Erforschten erfordern, eine Grundvoraussetzung, denn ohne eine entsprechende Bereitschaft, können Forschungsinterviews nicht sinnvoll durchgeführt werden.[36] Die übliche Lösung ist hier das „informierte Einverständnis". Dieses besteht in einer möglichst umfassenden Aufklärung der Befragten über den Forschungshintergrund, die Interviewform, die Interviewer/innen sowie über die Rolle, Bedeutung und Aufgaben der Befragten und mögliche Folgen einer Teilnahme. Sofern die Befragten unter diesen Bedingungen teilnehmen wollen, sind sie nicht mehr nur vordergründig, sondern „gut informiert" dazu bereit und das Kriterium der Freiwilligkeit kann als erfüllt gelten.

Auch ein „informiertes Einverständnis" muss man sich als Prozess vorstellen. Es muss immer wieder erneuert werden, z. B. wenn Befragte sich erst im Interview über mögliche Folgen ihrer Aussagen klar werden. Eine vorab, womöglich sogar schriftlich gegebene Einverständniserklärung wäre in einer solchen Situation wertlos; vielmehr muss dann erneut ein „informiertes Einverständnis" erreicht werden.

Oft kommt es hier zu einem Zielkonflikt mit methodischen Anforderungen. So schränkt ein jederzeit widerrufbares Einverständnis die Spontanität sicher ein und lässt (insb. diskursive) Interviewer/innen womöglich zurückhaltender vorgehen,

---

[36]Das gilt auch für Personengruppen, bei denen eine Zustimmung Dritter erforderlich ist (u. a. Minderjährige und Personen in Anstalten). Diese Zustimmung ist nur eine zusätzliche Hürde und ändert nichts daran, dass die interviewten Personen mitwirken wollen müssen. Freiwilligkeit ist bei diesen Personengruppen zudem grundsätzlich prekärer und erfordert von den Forscher/innen ein besonderes Maß an Rücksichtnahme.

3.3 Die Durchführung Diskursiver Interviews als Leitfadeninterviews

als es wünschenswert wäre. Eine umfassende Aufklärung der Befragten kann aber vor allem eine (unerwünscht) starke Steuerungswirkung haben. Denn wenn die Befragten wissen, was die Forschenden interessiert, werden sie ihre Antworten womöglich danach ausrichten. Sehr oft besteht daher ein methodisches Interesse daran, Befragte über die „eigentlichen" Forschungsziele zumindest etwas im Unklaren zu lassen.[37]

Auch ein informiertes Einverständnis entbindet die Forscher/innen nicht von ihrer Verantwortung zur *Schadensvermeidung* (für die Teilnehmer/innen, aber auch für Dritte). Dies gilt nicht nur für den Fall, dass Befragte die Konsequenzen ihrer Mitwirkung unterschätzen und sich dadurch schädigen könnten, sondern auch für den weiteren, nicht durch Vorklärungen in allen Details antizipierbaren Forschungsverlauf.

Für Interviews heißt dies zum einen, dass der Prozess der Datengewinnung (also das Interviewgespräch) selbst als mögliche Schädigungsquelle betrachtet werden muss. So veranlasst jedes Interview (und das Diskursive Interview womöglich mehr als andere) die Befragten dazu, über sich, ihre Biografie und ihre aktuelle Lebenssituation nachzudenken. Darüber hinaus ist das Diskursive Interview durch die spezifischen Frageformen darauf ausgelegt, Common Sense-Vorstellungen und Alltagstheorien zu hinterfragen, was auch dazu führen kann, diese für die Befragten zu zerstören. Positiv gesehen ist jedes qualitative Interview für die Befragten ein kleiner Lernprozess und eine Chance zur Selbstreflexion. Dass dies auch zu Belastungen oder gar persönlichen Krisen führen kann, ist evident. Emotionale Reaktionen im Interview sind hierfür sicher der wichtigste Indikator; deren „Beruhigung" allein ist aber noch keine Sicherheit vor mittelfristigen Schädigungen.

Auch in späteren Forschungsphasen ist das Prinzip der Schadensvermeidung zu beachten. Dies betrifft vor allem Veröffentlichungen und andere Formen des Wissenstransfers sowie die Datenarchivierung, bei denen sich insbesondere wieder Fragen der Anonymisierung stellen (Wie kann ein hoher Grad von Anonymisierung bei Veröffentlichungen erreicht werden? Wie sind Interviewaufzeichnungen und -transkripte risikoarm zu archivieren?). Grundsätzlich sind aber auch dann noch emotionale Schädigungen und andere für Befragte problematische Konsequenzen möglich (z. B. wenn eine Befragte die Interpretation ihrer Äußerungen liest). Auch bei Veröffentlichungen sollte daher darauf geachtet werden, Schäden für Befragte möglichst zu antizipieren und zu vermeiden.

---

[37]Ein möglicher Ausweg ist hier eine Ex post-Einverständniserklärung. Diese führt im Falle einer Verweigerung dann aber zum kompletten Datenverlust.

Bei der Durchführung Diskursiver Interviews sind also gleich mehrere forschungsethische Aspekte berührt. Diese erfordern einen verantwortungsvollen Umgang der Forschenden mit „ihren" Teilnehmer/innen. Der erste Schritt dazu ist immer eine entsprechende Selbst-Sensibilisierung der Forscher/innen. Andererseits sollte man auch nicht vergessen, dass wir es meist mit mündigen Menschen zu tun haben, die selbst über die Risiken entscheiden können und wollen, die sie durch eine Teilnahme am Forschungsprozess eingehen.

Zur Auswertung Diskursiver Interviews 4

Das „Kerngeschäft" der Datenauswertung besteht beim Diskursiven Interview in der Interpretation der Interviewtranskripte mit dem Ziel der Rekonstruktion der in den Texten enthaltenen „Sinnstrukturen" (hier also der sozialen Deutungsmuster). Der Prozess der Datenauswertung ist allerdings deutlich umfassender und kann grob in drei Phasen unterteilt werden:

Vor der Interpretation und Rekonstruktion von Sinnstrukturen muss das Interviewmaterial für solche Analysen zunächst aufbereitet werden. Dazu sind vor allem die Interviews zu transkribieren, was in Abschn. 4.1 erläutert wird. Auch das Kodieren der Transkripte gehört zum Teil zu den Vorarbeiten. Da das Kodieren im hier zugrunde gelegten Verständnis aber vor allem auch ein Teilschritt des Interpretierens ist, wird es auch in diesem Zusammenhang erläutert (Abschn. 4.2). Mit der Rekonstruktion sozialer Deutungsmuster ist das zentrale Ziel einer Deutungsmusteranalyse erreicht. Oft wird man sich damit aber nicht zufriedengeben und versuchen, diese Rekonstruktionen in weiteren Analyseschritten zu Typen zu verdichten und, wenn möglich, eine Typologie sozialer Deutungsmuster zu entwickeln (Abschn. 4.4). Bevor jedoch dieser letzte Schritt einer rekonstruktiven Datenanalyse auf der Basis Diskursiver Interviews erläutert wird, wird zuvor noch kurz auf die Frage eingegangen, wie verschiedene Kontextarten bei der Rekonstruktion sozialer Deutungsmuster einbezogen werden können (Abschn. 4.3).

4.1 Transkription

Wenn für das Diskursive Interview die kontrastierende Interpretation der Interviews die Hauptaufgabe des Auswertungsprozesses ist, so ist die wichtigste Voraussetzung dafür, dass diese in schriftlicher Form vorliegen. Denn nur auf

Basis einer schriftlichen Fassung können systematische Vergleiche von Textstellen zur Rekonstruktion sozialer Deutungsmuster sinnvoll durchgeführt werden. Die Transkription (Verschriftlichung) der audio- oder videotechnisch aufgezeichneten Interviews ist daher die wichtigste Vorarbeit für die Rekonstruktion sozialer Deutungsmuster durch eine kontrastierende Interpretation.

Das grundlegende Ziel von Transkriptionen besteht darin, mündliche Sprache möglichst genau und verlustfrei in schriftliche Sprache zu „übersetzen". Die wichtigsten dieser „typisch mündlichen" Merkmale sind nonverbale (Gestik, Mimik, Körperhaltung), parasprachliche (u. a. Lachen, Seufzen) und prosodische Elemente (wie Betonung, Lautstärke, Sprechpausen) der gesprochenen Sprache. Zusätzlich werden meist auch Geräusche (z. B. Klatschen, Klopfen) und Besonderheiten der Situation (u. a. Unterbrechungen, Anwesenheit Dritter, Störquellen) bei der Transkription berücksichtigt.

Neben der Form und Genauigkeit einer Übertragung nicht-sprachlicher Merkmale mündlicher Kommunikation müssen auch die Lautwiedergabe und die Schreibdarstellung festgelegt werden. Hinsichtlich letzterer ist eine Entscheidung zu treffen zwischen einer zeilenweisen Wiedergabe und einer Partiturdarstellung, bei der auf einer Zeitachse genau festgehalten wird, wer zu welchen Zeitpunkten spricht, sodass z. B. ein gleichzeitiges Sprechen und ein Unterbrechen bereits in der Form der Darstellung zu erkennen sind.

Für die Genauigkeit, mit der der Klang der mündlichen Sprache verschriftlicht wird, bestehen mehrere Alternativen. Hier reicht die Spannweite von der Standardorthografie über unterschiedliche literarische und phonetische Umschriften, die Besonderheiten der gesprochenen Sprache mehr oder weniger genau wiedergeben (wie „ham" statt „haben", „is" statt „ist" usw.), bis zu reinen Lautschriften (z. B. das Internationale Phonetische Alphabet).

Für die Transkription gibt es eine Reihe unterschiedlicher Regeln und Techniken, die häufig in sprachwissenschaftlichen Kontexten entwickelt wurden (u. a. Gesprächsanalytische Transkriptionssystem [GAT], Halb-interpretative Arbeits-Transkription [HIAT]) sowie spezielle Transkriptionssoftware (für beides vgl. Dittmar 2009).

Bei der Entscheidung für ein Transkriptionssystem ist zu bedenken, dass mit der Genauigkeit auch der Aufwand für eine Transkription steigt. Da dies in geradezu exponentieller Weise geschieht, sollte vor der Verschriftlichung der Interviews genau überlegt werden, welche Merkmale mündlicher Kommunikation, die der Schriftsprache typischerweise fehlen, transkribiert werden müssen. Dies wird vor allem von der Fragestellung, aber auch von der konkreten Methode bestimmt. Vor allem wenn sprachliche Aspekte hierbei eine Rolle spielen, werden die an die Transkription gestellten Anforderungen eher hoch sein.[1]

Elemente einer Transkription
Allgemeines Ziel einer Transkription von mündlichen Interviews in ein schriftliches Interviewtranskript ist es, die Besonderheiten mündlicher Kommunikation auch im Schrifttext erkennbar zu machen. Neben der Frage, ob zeilenweise oder in Partiturschreibweise transkribiert wird, sind insbesondere folgende Aspekte zu beachten:

- lautliche Authentizität: Genauigkeit, mit der die mündliche Sprache wiedergegeben wird (u. a. Dialektfärbung, spezifische Sprachcodes, individuelle Besonderheiten der Aussprache und Sprachfehler)
- nonverbale Kommunikation: Gestik, Mimik und Körperhaltung (nur bei Videoaufzeichnungen möglich)
- parasprachliche Merkmale: u. a. Lachen, Seufzen, Stöhnen, Weinen, Husten, kurzes Auflachen
- prosodische Merkmale: insb. Betonungen, (zu-/abnehmende) Lautstärke, Stocken, (zu-/abnehmendes) Sprechtempo, Sprechpausen (Messung von Sprechpausenlängen), Satzbrüche (Anakoluthe)
- gesprächsbegleitende Geräusche wie Klatschen oder Trommeln (z. B. auf Tischen)
- interpretierende Kommentierungen sprachlicher Äußerungen (meist durch die Interviewer/innen) wie „ironisch", „ängstlich" oder „wütend"
- Besonderheiten der Sprechsituation: u. a. Unterbrechungen, Anwesenheit Dritter, externe Störquellen (Haustiere, Türklingel, Straßenlärm usw.)

Ob diese Merkmale mündlicher Sprache transkribiert werden, ist in Abhängigkeit vom Forschungsinteresse zu entscheiden. Ist die Entscheidung positiv ausgefallen, müssen für die Darstellung dieser Merkmale Transkriptionsregeln festgelegt werden, deren Gesamtheit dann das Transkriptionssystem bildet.

---

[1] Vor einer übermäßigen, weil „scheinwissenschaftlichen" und nur der Selbstberuhigung dienenden, den tatsächlichen Bedarfen aber gar nicht entsprechenden Transkription kann angesichts des damit verbundenen Aufwandes nur gewarnt werden.

Auch für das Diskursive Interview gilt grundsätzlich: Die genauere Transkription ist die bessere, weil mit einem geringeren Risiko von Informationsverlusten verbundene. Andererseits werden aufwändige Transkripte viele Informationen enthalten, die für die Rekonstruktion sozialer Deutungsmuster von geringer Bedeutung sind. So ist etwa eine durchgängige Partiturschreibweise nicht erforderlich. Für die Identifikation individueller Derivationen ist es aber wichtig, dass aus der Transkription genau erkennbar ist, auf welchen Stimulus(teil) die befragte Person reagiert (z. B. wenn Interviewer/innen vor Beendigung der Frage von den Befragten unterbrochen werden). Auch eine aufwändige Wiedergabe von Lauten ist für ein deutungsmusteranalytisches Forschungsinteresse von geringem Wert. Eine einfache literarische Umschrift dürfte daher in der Regel genügen. (Dagegen ist eine Wiedergabe in der Standardorthographie als „Verfälschung" abzulehnen).

Eine vollständige und genaue wörtliche Transkription der Interviewkommunikation ist für die Analyse Diskursiver Interviews dagegen unverzichtbar. Dabei kann auf nonverbale (insb. Mimik und Gestik) und parasprachliche Merkmale (u. a. Lachen, Stöhnen) weitgehend verzichtet werden, weil bzw. soweit diese keine für die Rekonstruktion von Derivationen und Deutungsmustern wichtigen Informationen enthalten. Wichtiger ist hier eine möglichst genaue Fixierung prosodischer Aspekte (u. a. Pausen, Satzbrüche und Betonungen), die (wie der genaue Sprechzeitpunkt) den Elizitationsprozess der Derivationen verdeutlichen. So können prosodische Merkmale wie Satzbrüche oder Betonungen Hinweise darauf geben, wie Deutungsmuster als Derivationen in Begründungen verwendet werden.

Insgesamt sind die Anforderungen an die Interviewtranskription beim Diskursiven Interview also moderat, insbesondere im Vergleich zu sprachwissenschaftlichen Untersuchungen und Interviewverfahren, die auf die Authentizität von Erfahrungen und Handlungen zielen. Sollten dennoch Zweifel an der Transkriptionsqualität aufkommen, besteht schließlich noch die Möglichkeit, die aufgezeichneten Gespräche punktgenau „abzuhören" (und ggf. neu zu transkribieren).

4.2 Die Rekonstruktion sozialer Deutungsmuster aus Interviewtranskripten

Beispiel für ein Interviewtranskript (Auszug)[a]

#00:53:03-5#
M: ich hab die ja öfters bei mir drüben gehabt dit **mach** ich ja, ich hab ja nix im Allgemeinen so gegen vernünftige Kinder, //I1: mhm// bei mir war die lieb oder nicht #00:53:10-9#
T: ja hab ich ja gesacht wenn ich sie alleine gehabt hab war okay #00:53:12-7#
M: sach setz dich da hin (A.) ich mach die n Zeichentrickfilm an, //T: mhm// wills de wat essen und trinken ja mach ich ja mach ich //T: hmh// und da war die ((...).) //I1: mhm// (4) am schwersten war die oben hatte auch n Kind die war ja mal Nutte, von nem Freier hat die n Kind gehabt //I1: mhm// der war auch n bisschen (3) sie ist **zwei Monate** mit dem nicht rausgegangen (4) ((hustet)) nur in=e Wohnung, //I2: mhm// dann kam ihr Freund oder wat, ham die Computerspiele gemacht gegeneinander Rollenspiele |und der (Ulige) #00:53:41-6#
T: |(   ) #00:53:44-7#
M: der wurde um sieben Uhr ins Bett gesteckt ob der wollte oder nicht //I1: mhm// Kassette rein war die Kassette zuende, Kassette rungedreht wieder neu Runde und dann hat die bestellt, Hähnchen Pommes, ((hustet)) wo der im Bett war //I1: mhm// nix abgegeben ne //I1: mhm// (5) ((hustet)) der (ulige) hat nix gekricht //I1: mhm//, die wusste nicht mal wie der Backofen geht, oder mal auf=n Tee, heißes Wasser drauf tun muss //T: ja// kannte die nicht, nur den Körnertee //I1: mhm// #00:54:11-3#
T: den Instandtee //I1: mhm// #00:54:12-2#
M: ((hustet)) dann kam die Mittags immer zu mir, mit (oligen) schön Mittag gegessen, Kaffe Kuchen Abendbrot, mal ne Zigarette (   ) hab ich hinterher gesacht hier (2) bin ich denn bekloppt, der Ulliger hat Geburtstag wird zusammengeschmissen, hab ich ihr dat Backen schon geschenkt komm nach oben, hast de gesehen die ganzen leeren Bierflaschen Sektflaschen, da, Trinkpäckchen von Aldi hat sie uns angeboten, und der Kuchen war nicht mehr da, //I1: mhm//, //I2: mhm// der Ullige hat immer gesagt die Mama soll das nicht essen, die hat ihm alles weggefressen, hab ich für den Ullige wat mitgebracht hat sie dat gegessen //I1: mhm// auch zu trinken hab ich nicht mehr eingesehen, //I2: mhm// //I2: mhm// nee, tut mir leid, er hat mir zwar leidgetan der Ullige aber, //I2: mhm// (2) dat geht nich (4) **alles** nur für sich selber, //I2: mhm// dann hab ich se auch mal gefahrn zur Abtreibung, hat=se schon wieder ein gekricht, wusste aber nicht von **wem**, ob von **dem** oder von **dem** (2) zahlt alles hier Deutschland für solche Leute is wichtig, #00:55:04-7#
T: aber das hat=se doch abgetrieben |(   ) #00:55:05-8#
M: |Gott sei Dank ((allgemeines leises Gelächter)) Gott sei Dank, hatte vorher schon zwei abgetrieben //I1: ach so// kost ja auch Geld ne //I1: mhm// du krist ja zwei Abtreibungen frei, dat dritte Kind muste kriegen ne (2) dann ha- dann haste wieder zwei Abtreibungen frei (2) ((jemand lacht)) ja so ist dat, dat weiß man allet gar nicht ne #00:55:22-3#

[a]Beispiel (Paarinterview) aus eigener Forschung mit zwei Interviewer/innen. Die Transkriptionsregeln orientieren sich an Rosenthal (1998, S. 95). Fettdruck: betont; Zahlen in Klammern: Pause in Sekunden; Klammern mit Wort oder Leerzeichen: unverständlich; Doppelklammer: Parasprache

4.2 Die Rekonstruktion sozialer Deutungsmuster aus Interviewtranskripten

4.2.1 Kontrastierende Interpretation

Die vergleichende oder kontrastierende Interpretation von Interviewtranskripten ist der zentrale Schritt zur Rekonstruktion sozialer Deutungsmuster im Diskursiven Interview und wird in diesem Kapitel erläutert. Dazu wird im ersten Abschnitt zunächst auf allgemeine Fragen eingegangen, bevor in Abschn. 4.2.2 das konkrete methodische Vorgehen im Rahmen einer Deutungsmusteranalyse mittels Diskursiver Interviews dargelegt wird.

Verstehen – Interpretation – Rekonstruktion

Interpretieren kann man als zielgerichteten, nicht-intuitiven Prozess des Verstehens von Sinn bzw. von Bedeutungen (oder von sinntransportierenden Objekten) definieren. Als *Interpretation* kann entsprechend das Ergebnis dieses Prozesses bezeichnet werden. *Verstehen* kann wiederum als unmittelbar-intuitive Erfassung eines Sinngehalts (der Bedeutung, evtl. eines Bedeutungszusammenhangs) eines menschlichen Artefakts (z. B. einer Aussage) definiert werden. Intuitives Verstehen ist die „alltagstaugliche" Form des Nachvollzugs subjektiven Sinns, da ein unmittelbares (zumindest ungefähres) Verstehen eine Grundvoraussetzung für die Interaktionsbeteiligung ist. Aber auch Interpretieren ist eine „normale" Kompetenz und Tätigkeit sozialisierter Interaktionsteilnehmer: Nur zu oft sind Bedeutungen (insb. der Sinn von Handlungen anderer Personen) nicht selbstevident und erzwingen einen entsprechenden Reflexionsprozess.[2]

Beim Interpretieren im Bereich qualitativer Forschung geht es im Kern um ein methodisch kontrolliertes Fremdverstehen, das intersubjektiv nachvollziehbar sein sollte. D. h. vor allem: Die Interpretation muss nach Regeln erfolgen und (auch für mögliche Rezipienten) plausibel sein. Wichtig ist daher u. a., dass die Interpretationsregeln offengelegt werden und die Interpretationen für andere überprüfbar (nachvollziehbar) sind.[3] Sofern dabei mehr als der Nachvollzug eines subjektiv gemeinten Sinns intendiert wird, hat man es mit *Rekonstruktionen* von Sinn- oder Bedeutungsstrukturen (beim Diskursiven Interview also von sozial geteilten Wissensstrukturen) zu tun.[4]

Komplexere Regelsysteme zum Interpretieren von Texten werden oft als *Hermeneutiken* bezeichnet. Je nach fachlicher Herkunft und theoretischem Hintergrund können sich diese deutlich unterscheiden. Die in Hermeneutiken jeweils vorgesehenen

---

[2]Die hier vorgenommenen Begriffsbestimmungen sind nur als Arbeitsdefinitionen zu verstehen. Die Prozesse des „Verstehens" und „Interpretierens" haben in den Sozialwissenschaften im Allgemeinen und in der qualitativen Sozialforschung im Besonderen insgesamt viel Aufmerksamkeit erhalten und sind immer wieder neu und unterschiedlich definiert worden (vgl. u. a. Danner 2006; Graumann et al. 1991; Hitzler 1993; Ricoeur 1972; Soeffner 1989). Ebenso sind unterschiedliche Interpretationssysteme oder Hermeneutiken entwickelt worden (vgl. u. a. Hitzler und Honer 1997; Jung und Müller-Dohm 1993; Soeffner 1979).

[3]Hierin besteht der wesentliche Unterschied z. B. zu literarischen Interpretationen. Bei diesen ist die kreative Eigenleistung des Interpreten oder der Interpretin von größerer Bedeutung, weshalb auch zum Teil sehr unterschiedliche Interpretationen desselben Textes möglich und Abweichungen oder Neu-Interpretationen geradezu erwünscht sind.

[4]Dies scheint mir auch die eher übliche Verwendung der sonst meist nicht weiter explizierten und oft zur Abgrenzung von anderen qualitativen Verfahren benutzten Begriffe „Rekonstruktion" und „rekonstruktiv" zu sein.

Vorgehensweisen verstehen sich dabei meist als „Kunstlehren", die die Interpretationsarbeit anregen und unterstützen sollen. Sie können und sollen nicht wie Rezeptbücher oder Gebrauchsanweisungen benutzt werden. Denn auch die genaueste Einhaltung von Interpretationsschritten und eine noch so sklavische Befolgung aller Regeln führen allein noch nicht zu Interpretationen, für die die wiederholte und „zirkuläre"[5] Auseinandersetzung mit dem Text immer entscheidend bleibt.

Viele Interpretationsregeln und -techniken basieren überwiegend auf positiven Anwendungserfahrungen. Sie sind in aller Regel nicht methodologisch begründet. Wenn wir also wissen oder zu wissen meinen, *dass* die Beachtung bestimmter Interpretationstechniken zu tragfähigen Interpretationen führt, dann beruht dies darauf, dass entsprechende Erfahrungen vorliegen (und möglichst auch nachweisbar sind). Wir wissen aber dann meist noch nicht, *warum* dies so ist.

Grundformen des Interpretierens
Beim Interpretieren können drei grundlegende Strategien unterschieden werden, die mehr oder weniger stark akzentuiert in den meisten Hermeneutiken vorgesehen sind:

1. Die erste basiert auf der Unterscheidung von *manifestem* und *latentem Sinn:* Neben dem, was „offensichtlich" gesagt oder geschrieben wird (manifester Sinn), wird von einer weiteren (latenten) Sinnebene ausgegangen, die dem manifesten, dem Sender bewussten Sinngehalt zugrunde liegt. Vor allem für strukturalistische, psychoanalytische und im weiteren Sinne „ideologiekritische" Ansätze ist die Manifest-latent-Differenz von zentraler theoretischer und empirischer Bedeutung. Entsprechende Forschungsinteressen zielen darauf, die den beteiligten Akteuren selbst unbewussten Sinnstrukturen sowie deren „generative" oder Steuerungswirkung zu rekonstruieren. Dies wird meist durch sehr detailliertes Interpretieren von ausgewähltem und aufwendig transkribiertem Fallmaterial zu erreichen versucht. Ausgangspunkt sind dabei meist Einzelfallanalysen, die sequenzanalytisch (d. h. in der Ordnung der Textentstehung) durchgeführt werden.
2. Die womöglich verbreitetste Interpretationsstrategie ist die Sinndeutung unter Zuhilfenahme von *Kontextwissen:* Die Bedeutung einer Aussage oder Textpassage wird hier aus dem Kontext, in dem diese steht, erschlossen. Was jeweils als Kontext definiert wird und welche Kontexte dabei schließlich „zu Rate" gezogen werden, kann dabei sehr unterschiedlich sein und vom textlichen Kontext (z. B. die unmittelbar vorhergehende Äußerung) über

---

[5]Diese Zirkularität findet in der Metapher des „hermeneutischen Zirkels" ihren Ausdruck (vgl. Danner 2006, S. 60 ff.).

die Sprechsituation (also z. B. ein Interview) bis zu kulturellen und historischen Kontexten reichen. Kontextualisierende Interpretationsstrategien unterscheiden sich daher hinsichtlich der als wichtig oder legitim angesehenen Kontexte sowie des Zeitpunktes und der Form, wie Kontexte interpretativ eingesetzt werden (s. hierzu Abschn. 4.3).

3. Die dritte Grundform des Interpretierens basiert auf der Unterscheidung zwischen subjektivem und sozialem Sinn und einem Interesse an der Rekonstruktion sozialer Sinnstrukturen. Die Interpretationsstrategie zur Ermittlung sozialen Sinns (z. B. sozialer Deutungsmuster) besteht dabei im *systematischen Vergleich (Kontrastierung)* unterschiedlicher Äußerungen oder Textstellen. Durch wiederholte und variierte Vergleiche (inkl. Kreuzvergleichen) werden Gemeinsamkeiten und Unterschiede und darüber im Ergebnis sozial übergreifende Muster deutlich gemacht.

Diese drei Grundformen des Interpretierens schließen sich nicht wechselseitig aus, sondern werden in verschiedener Form miteinander verknüpft. Je nach Zielrichtung und methodologischer Basis werden dabei jedoch erkennbar andere Schwerpunkte gesetzt. Auch die Rekonstruktion sozialer Deutungsmuster auf der Basis Diskursiver Interviews greift auf alle drei Interpretationsformen zurück. Wie schon im ersten Abschn. (1.2) hervorgehoben wurde, sind Kontrastierungen für das Diskursive Interview allerdings so etwas wie eine „interpretative Meta-Strategie".

Kontrastierende Interpretation
Die Grundidee kontrastierender Interpretationen besteht darin, durch systematische und variierte Vergleiche von Datenmaterial zu neuen Erkenntnissen zu gelangen. In kontrastierenden Verfahren bilden sie die (namensgebende) *Basisstrategie der Interpretation,* ohne dass die beiden anderen Grundformen deswegen bedeutungslos wären. Vergleiche werden hier also *zum Interpretieren* durchgeführt und nicht im Anschluss an eine Interpretation. Hierdurch unterscheiden sich kontrastierende von vielen anderen Interpretationsverfahren, die zwar Vergleiche vorsehen, aber ohne dass diese für die Interpretation selbst zentral sind.

> **Vergleichen ≠ Vergleichen**
> Das Vergleichen oder Kontrastieren gehört zweifelsohne zu den verbreitetsten Verfahren und Arbeitsschritten in der qualitativen Sozialforschung. Dass hier der Vergleich von Textstellen als Mittel zur Interpretation so betont wird, hat zwei Gründe: Zum einen wird oftmals nicht deutlich genug, was warum verglichen wird; zum anderen ist den-

4.2 Die Rekonstruktion sozialer Deutungsmuster aus Interviewtranskripten

noch klar, dass Vergleiche in der qualitativen Sozialforschung oft zu anderen Zwecken und daher zu anderen Zeitpunkten und auf anderen Ebenen durchgeführt werden als beim Diskursiven Interview.

Diese Unterschiede bestehen auch jenseits der aus dem Forschungsprozess zu treffenden Entscheidungen über Kriterien und Strategien konkreter Vergleiche (s. u.) und gehen auf grundlegende methodologische Überlegungen und konzeptionelle Festlegungen zurück:

1. Hinsichtlich der Ziele können neben den im Diskursiven Interview vorgesehenen Vergleichen zur Interpretation zumindest drei weitere „vergleichende Zielsetzungen" ausgemacht werden. Vor allem im Anschluss an sequenzanalytische Interpretationen, aber auch in anderen Bereichen, in denen die Rekonstruktion von Einzelfällen im Vordergrund steht, dienen Vergleiche zur Erhöhung der Reichweite bereits abgeschlossener Fallrekonstruktionen oder zur Kontrolle bzw. interpretativen Absicherung der Fallanalysen. Vergleiche werden hier also zur Generalisierung oder Validierung (vgl. hierzu a. Kap. 5) von Forschungsergebnissen genutzt. Die dritte vergleichende Zielsetzung besteht darin, Vergleiche von Codes und Kategorien für die Entwicklung (empirisch basierter) Theorien einzusetzen, und ist vor allem in der Grounded Theory Methodology (Strauss und Corbin 1990) prominent.
2. Eng mit diesen Zielsetzungen hängt auch die Ebene (bzw. der Forschungszeitpunkt) zusammen, auf der verglichen wird. Bei Fallvergleichen zur Generalisierung oder Validierung finden diese immer erst nach Abschluss der Fallrekonstruktionen statt und damit auch nach Beendigung der interpretativ-rekonstruktiven Analysen. Vergleiche als Strategie der Theoriebildung werden dagegen vor allem auf der Ebene der Codes und Kategorien durchgeführt, die von den Forscher/innen zuvor auf der Basis von Textstellenanalysen gebildet wurden. In beiden Fällen wird also nicht das originale Textmaterial, sondern bereits im Forschungsprozess erzeugte Zwischen- (Codes/Kategorien) bzw. Endprodukte (Fallrekonstruktionen) verglichen.

Vergleiche im Diskursiven Interview unterscheiden sich von diesen Kontrastierungsformen also sowohl hinsichtlich der Zielsetzung (im Diskursiven Interview: Interpretation von Interviewtranskripten) als auch der Vergleichsebene (im Diskursiven Interview: Vergleich von Interviewpassagen) grundlegend (Tab. 4.1).

Tab. 4.1 Ebenen und Ziele von Vergleichen in der qualitativen Sozialforschung

	Diskursives Interview (Deutungsmusteranalyse)	Sequenzanalytische Verfahren	Grounded Theory Methodology
Ebene/Ansatzpunkt des Vergleichs	Text (gleich kodierte Textpassagen aus Interviews)	(abgeschlossene) Fallrekonstruktionen	Codes und Kategorien
Ziel des Vergleichs	Interpretation (und Rekonstruktion)	Generalisierung u. Validierung (Fallrekonstruktionen)	empirisch begründete Theoriebildung

Von Vergleichen nach einer beendeten Interpretation oder Rekonstruktion unterscheiden sich kontrastierende Verfahren also kategorial, weil nur hier Vergleiche ein („das") *Mittel zur Interpretation* sind. Die Ebene des Vergleichs ist daher auch nie der „Fall" im Sinne eines Dokumentes (bei Interviews: eines Interviewtranskripts). Vergleiche werden vielmehr „unterhalb" dieser Ebene und insofern quer zu den Dokumenteinheiten durchgeführt.

Die „Methode des Vergleichs" (Mill 1843; Durkheim 1984) gehört zu den ältesten Methoden in den Sozialwissenschaften und ist in unterschiedlichen Disziplinen auch heute weit verbreitet. Dominant sind hier traditionell Vergleiche auf der Makroebene und die Verwendung statistischer Verfahren (z. B. in der „Vergleichenden Politikwissenschaft"). Als qualitatives Verfahren zur Auswertung oder Interpretation von Texten sind kontrastierende (Interpretations)Verfahren hingegen nur selten oder eher unvollständig beschrieben worden (vgl. Kelle und Kluge 1999). Dies ist angesichts der (zumindest immer wieder behaupteten) überragenden Bedeutung von Kontrastierungen und Fallvergleichen durchaus überraschend, zumal diese schon in einigen klassischen Arbeiten der qualitativen Sozialforschung beschrieben und explizit propagiert worden waren.[6]

Allgemein können aber zumindest vier typische Schritte kontrastierender Vorgehensweisen für den Bereich qualitativer Methoden unterschieden werden (vgl. hierzu a. Kelle und Kluge 1999, S. 38 ff.): 1) Zunächst sollten – hierauf

---

[6]Dies gilt natürlich insbesondere für die Grounded Theory, für die Glaser und Strauss (1967, S. 105 ff.) die „constant comparative method" als grundlegend für die Entwicklung gegenstandsnaher Theorien ansahen. Daher ist es durchaus richtig, im Vergleich ein „heuristisches Kernprinzip" der Grounded Theory zu sehen (Breuer et al. 2018, S. 272). Andererseits ist nicht zu übersehen, dass Vergleiche als methodisches Verfahren in den (Selbst)Darstellungen der Grounded Theory Methodology deutlich in den Hintergrund gerückt sind und zum Teil gar nicht mehr thematisiert werden (vgl. u. a. Breuer et al. 2018; Charmaz 2014; Dey 1999; Strauss 1991; Strübing 2008).

4.2 Die Rekonstruktion sozialer Deutungsmuster aus Interviewtranskripten

wurde bereits in Abschn. 3.1 aufmerksam gemacht – schon beim Sampling die Weichen für die angestrebte Kontrastierung gestellt werden. Dies kann, wie gezeigt, auf der Basis theoretischer Vorüberlegungen erfolgen („selective sampling") oder (besser) in Form eines „theoretical sampling", bei dem der Samplingprozess vom Bedarf nach neuen und weiteren Vergleichsmöglichkeiten gesteuert werden kann. 2) Der zweite Schritt besteht in der Kodierung des Textmaterials. Die verwendeten Codes können dabei auf theoretischen Überlegungen beruhen oder „induktiv" aus dem Textmaterial (und damit im Forschungsprozess selbst) entwickelt werden. 3) Auf der Basis des so möglichst vollständig durchkodierten Materials werden gleich kodierte Textstellen (also Textstellen, die aufgrund des ihnen zugewiesenen Codes als vergleichbar gelten) dann zur Interpretation verglichen, und zwar auch quer zu den ursprünglichen Dokumenteinheiten. 4) Schließlich können auf einer zweiten, abstrakteren Ebene die aus diesen Vergleichen neu gewonnenen bzw. veränderten Codes und Kategorien (Zusammenfassungen mehrerer Codes) wiederum verglichen werden.

Vergleichskriterien und -strategien
Sollen Daten kontrastierend analysiert werden, müssen dabei zwei grundlegende Fragen geklärt werden: die der Vergleichskriterien und die der Vergleichsstrategie(n).

Vergleichskriterien oder -kategorien sind die Merkmale, anhand derer Textstellen verglichen werden. Der den Textstellen zugewiesene Code bildet dabei das Tertium Comparationis. Verglichen werden also Textstellen, die in Bezug auf das Code-Kriterium als vergleichbar definiert wurden, wobei meist die thematische Passung bzw. Ähnlichkeit das Zuordnungsprinzip ist. Die Kodierung des Textmaterials ist damit zum einen ein zentraler Schritt zur Vorbereitung interpretativer Vergleiche, zum anderen aber auch bereits ein erster Interpretationsschritt (zu Arten der Kodierung s. a. Abschn. 4.2.2).

> **Zerreißen kontrastierende Verfahren den „natürlichen Sinnzusammenhang"?**
> Eine häufige an kontrastierenden Interpretationsverfahren geäußerte Kritik wirft diesen vor, natürliche Sinnzusammenhänge zu zerstören; und in der Tat werden Textpassagen zum Interpretieren aus ihrem textlichen Zusammenhang gelöst. Das Ziel eines solchen „Cut and paste"-Vorgehens (vor der elektronischen Textverarbeitung wurden die Transkripte tatsächlich zerschnitten und unter anderen Gesichtspunkten zusammengeklebt) besteht denn auch im Kern darin, Textteile neu zusammenzustellen.

Der Vorwurf des Zerreißens eines „natürlichen" Sinnzusammenhangs (eigentlich: der Sinngenese) basiert dennoch auf einem dreifachen Missverständnis:

1. Zunächst ist fraglich, ob bzw. in welchem Sinne bei Leitfadeninterviews ein Sinnzusammenhang besteht. Sofern Transkripte von Leitfadeninterviews das Ausgangsmaterial sind, kann nur in sehr eingegrenzter Form von einem Sinnzusammenhang ausgegangen werden. So werden in Leitfadeninterviews immer wieder neue Stimuli gesetzt (und dadurch immer wieder neu Bedeutungen generiert); die Antworten stehen daher in keinem „natürlichen" (sich unabhängig von forscherischen Eingriffen entwickelnden) Zusammenhang, sondern, wenn überhaupt, in einem gesteuerten und reaktiven. Leitfadeninterviews wie das Diskursive Interview sind zwar auch eine Gesprächsform, aber eben eine besondere, auf Kontrastierungsoptionen zielende. Leitfadenfragen sind daher häufig keine sich aus dem Gespräch ergebende Anschlusskommunikation, denn sie sollen auch ermöglichen, dass unterschiedliche (und später kontrastierbare) Aspekte im Interview thematisiert werden.
2. Dennoch besteht auch zwischen den einzelnen Interviewantworten ein mehr oder minder starker Bedeutungszusammenhang, den Befragte oft auch explizit machen, indem sie direkt oder indirekt auf frühere Antworten hinweisen. So werden sich die zuerst gestellten Fragen auf später im Interview thematisierte Aspekte auswirken. Dem kann allerdings auch in kontrastierenden Verfahren durchaus Rechnung getragen werden: Zum einen dadurch, dass bei der Kodierung Beziehungen zwischen Codes auch explizit in den Blick genommen werden, sodass sogar „innertextlich-intertextuelle" Verweise in umfassender Form erfasst und interpretiert werden können (und zwar nicht nur in der sequenziellen Ordnung). Zum anderen ermöglicht eine weite Form der Kodierung, zumindest den unmittelbaren Interaktionszusammenhang (in Interviews in der Regel Frage und Antwort) „unberührt" in die kontrastierende Interpretation einzubeziehen.[7]

---

[7]Dass bei einer Kodierung von Befragtenäußerungen diese nicht von den Fragen oder Stimuli getrennt werden, sollte eigentlich selbstverständlich sein, denn Antworten sind ohne die dazugehörige Frage (auf was reagiert wird) nicht zu verstehen. Dennoch scheint mir ein „fragenfreies" Kodieren und Zitieren von Befragtenaussagen sehr verbreitet.

4.2 Die Rekonstruktion sozialer Deutungsmuster aus Interviewtranskripten

3. Grundlegender und entscheidend ist aber, dass sich hinter der Behauptung, kontrastierende Interpretationen zerrissen den („natürlichen") Sinnzusammenhang, ein subjektivierendes oder individualisierendes Sinnverständnis verbirgt. Daher mag diese Kritik zutreffen, wenn die Erfassung subjektiver Sinnwelten das Ziel ist (wie etwa bei psychoanalytischen und sozialarbeiterischen Fallanalysen), nicht aber, wenn soziale Sinn- und Bedeutungszusammenhänge rekonstruiert werden sollen. Denn der soziale Sinn, so die hier zentrale Prämisse (vgl. Abschn. 2.1), verbirgt sich nicht im einzelnen Text (Interviewtranskript), sondern manifestiert sich nur parallel dazu in unterschiedlichen Texten: Erst deren gemeinsame und von individuellen Idiosynkrasien befreite Grundstruktur kann als sozial (geteilt) gelten. Kontrastierende Interpretationen zielen daher gerade auf die Freilegung dieser „sozialen Essenz" in den individuellen Sinn-Anwendungen (hier: Derivationen).

Kurz: Von einem „Zerreißen" des Sinnzusammenhangs kann bei kontrastierenden Interpretationen nicht die Rede sein, weil ein solcher textlicher Sinnzusammenhang gar nicht besteht. Im Gegenteil muss dieser als sozialer Sinn erst durch vergleichende Interpretationen aus den einzelnen Texten „destilliert" und rekonstruiert werden. Der entsprechende Vorwurf basiert somit auf einem solipsistisch verkürzten Sinnbegriff, der den sozialen Charakter von Wissens- und Bedeutungsstrukturen verkennt.

Neben den Vergleichskriterien ist auch die *Vergleichsstrategie* festzulegen, was nicht ausschließt (oft wird dies wünschenswert sein), mehrere Vergleiche mit unterschiedlichen Vergleichsstrategien durchzuführen. So können zum einen eher ähnliche (minimaler Vergleich) oder eher unterschiedliche Textstellen (maximaler Vergleich) verglichen werden. Ein minimaler Vergleich eignet sich insbesondere zur Verdichtung erster Interpretationsideen, wogegen ein maximaler Vergleich vor allem verwendet wird, um Unterschiede herauszuarbeiten und den gesamten Gegenstandsbereich abzustecken. Minimierungs- und Maximierungsstrategien sind bei kontrastierenden Interpretationen jedoch nur eine Frage des interpretativ günstigeren Ansatzpunktes für Vergleiche; denn letztlich werden alle gleich kodierten Textstellen miteinander verglichen.[8]

4.2.2 Kontrastierung als Interpretationsstrategie des Diskursiven Interviews

Die Interpretation der Interviewtranskripte ist ein integraler Bestandteil des Diskursiven Interviews und bildet mit dem Auswahl- und dem Befragungsverfahren eine funktionale Einheit, die auf die Rekonstruktion sozialer Deutungsmuster ausgerichtet ist. Grundlegend ist dafür die im Abschn. 1.2 begründete Auffassung, dass soziale Deutungsmuster am besten durch den systematischen Vergleich individueller Derivationen erfasst werden können.

Kontrastiert wird durch den Vergleich von Textstellen unterhalb der Ebene der Interviewtranskripte (und daher quer zu diesen). Es werden also nicht „Fälle" im Sinne von Befragten bzw. Interviews (Interviewtranskripten) verglichen, sondern kürzere Texteinheiten. Das Kriterium für den Vergleich ist das gemeinsame Thema oder Bezugsproblem bzw. die darauf bezogenen Derivationen. Häufig wird die Gemeinsamkeit darin bestehen, dass es sich um Antworten auf dieselbe Leitfadenfrage handelt, die den gleichen Code zugewiesen bekommen haben.[9] Dieser systematische Vergleich von Textstellen wird als Mittel zur Textinterpretation verwendet und ist das entscheidende Instrument zur Rekonstruktion sozialer Deutungsmuster aus individuellen Derivationen.

---

[8]Zudem können Textstellen sowohl innerhalb derselben Textquelle (also z. B. eines Interviewtranskripts) oder quer zu den Textquellen verglichen werden (Vergleich gleich kodierter Textstellen unterschiedlicher Textquellen). Für kontrastierende, auf soziale Sinngehalte zielende Interpretationen sind dabei vor allem die textübergreifenden Vergleiche wichtig.

[9]Für eine Deutungsmusteranalyse mit Diskursiven Interviews stellen nicht die Deutungsmuster-Träger, sondern die sozialen Deutungsmuster den zu rekonstruierenden Fall dar. In diesem Sinne könnte man auch von einer *Fall*kontrastierung sprechen. Da hiermit aber meist Vergleiche von bereits analysierten Untersuchungseinheiten bezeichnet werden, wird die Interpretationsform des Diskursiven Interviews hier nur als kontrastierend (ohne fall-) bezeichnet.

4.2 Die Rekonstruktion sozialer Deutungsmuster aus Interviewtranskripten

Eine so verstandene Kontrastierung erfüllt im Rahmen der Auswertung Diskursiver Interviews drei wichtige und miteinander verschränkte Funktionen:

1. Zunächst ist die Kontrastierung für die *Entdeckung und Rekonstruktion sozialer Deutungsmuster* grundlegend. Denn nur durch den Vergleich und das „Übereinanderlegen" können *soziale* Deutungsmuster erkannt werden. Ein soziales Deutungsmuster wird also rekonstruiert, indem alle Begründungen und individuellen Derivationen eines Bezugsproblems[10] hinsichtlich der Gemeinsamkeiten und Unterschiede miteinander verglichen werden. Dies erfolgt in Form einer Synopse[11], bei der durch sich überlagernde Vergleichsprozesse gemeinsame Grundstrukturen freigelegt werden. Sobald dabei wiederholt (und quer zu den Befragten) Muster in den Deutungen, Erklärungen und Begründungen sichtbar werden, besteht ein „Anfangsverdacht" eines sozialen Deutungsmusters.
2. Meist wird beim synoptischen Vergleich mehr als nur ein Deutungsmuster zum Vorschein kommen. Die Rekonstruktion der einzelnen, auf das gleiche Bezugsproblem bezogenen Deutungsmuster muss man sich daher als parallelen Prozess vorstellen. Durch das Herauskristallisieren eines Deutungsmusters und dem Sichtbarwerden von Unterschieden gewinnt schließlich der gesamte *Satz von Deutungsmustern* eines Bezugsproblems zunehmend an Konturen. Dies ist zugleich der erste Schritt einer Typenbildung (vgl. Abschn. 4.4).
3. Schließlich sichert die parallele Rekonstruktion aller Deutungsmuster eines Bezugsproblems durch wiederholte Vergleiche auch die jedes einzelnen Deutungsmusters ab. Sie erhöht dadurch die Stabilität und *Glaubwürdigkeit* der einzelnen Interpretationen

Das Ziel der kontrastierenden Interpretation besteht also in der Rekonstruktion der einzelnen Deutungsmuster und deren interpretatorischer Absicherung sowie in einem ersten Schritt zur Entwicklung einer Typologie sozialer Deutungsmuster.

---

[10]Auf welche „Bezugsprobleme" sich die individuellen Derivationen beziehen, ergibt sich größtenteils bereits aus den durch den Leitfaden gesetzten Themen. Zusätzlich können sich die Befragten aber natürlich auch auf neue, nicht im Leitfaden antizipierte Phänomene beziehen oder Bezugsprobleme neu definieren. Neben den Deutungsmustern und Derivationen müssen also auch die (von den Befragten wahrgenommenen) Bezugsprobleme zum Teil erst in der Analyse rekonstruiert werden.

[11]Zum synoptischen Vergleich vgl. auch Kelle und Kluge (1999, S. 56). Als Synopse wird der systematische Vergleich von Textstellen bezeichnet, um Unterschiede leichter erkennen zu können (z. B. Synopsen von Gesetzestexten) oder um eine gemeinsame „generative" Struktur aufzudecken (klassisch: synoptische Evangelien des „Neuen Testaments"). Letzteres ist auch hier das primäre Ziel der kontrastierenden Analyse.

In iterativen Vergleichsprozessen werden daher die sozialen Deutungsmuster aus den individuellen Derivationen interpretativ rekonstruiert. Die Rekonstruktion der individuellen Derivationen ist aber nicht als Zwischenschritt der Deutungsmusterrekonstruktion zu verstehen. Vielmehr handelt es sich um einen parallelen Prozess, bei dem durch die Scheidung von individuell Besonderem und sozial Allgemeinem sowohl Derivationen als auch soziale Deutungsmuster rekonstruiert werden. Man könnte also sagen, dass die Rekonstruktion der individuellen Derivationen ein (unvermeidliches) Nebenprodukt der Deutungsmusterrekonstruktion ist.

Kodierung, Rekodierung, Relationierung und Gruppierung
Von den zuvor (Abschn. 4.2.1) dargelegten Schritten oder Ebenen der Kontrastierung sind nur der zweite und dritte eine kontrastierende *Interpretation* im hier zugrunde gelegten Verständnis.[12] Das *Kodieren bzw. Indizieren* von Texten ist folglich das zentrale Verfahren zur Vorbereitung und Durchführung kontrastierender Interpretationen.

Code und Kodieren
„Code" und „Kodieren" sind unterschiedlich benutzte und oft irritierende und unscharfe Begriffe. Irritierend sind diese Begriffe u. a. bereits deshalb, weil sie auch in vielen anderen Kontexten (Geheimdienste, Biologie, Sprachwissenschaft usw.) verwendet werden. Noch wichtiger – und womöglich leichter zu verwechseln – ist, dass auch in der standardisierten Forschung kodiert wird, denn dort wird die Zuordnung von Zahlenwerten zu Merkmalsausprägungen (z. B. 1 für „ja" und 0 für „nein") als Kodieren bezeichnet.

Kodieren als Verfahren der qualitativen Sozialforschung wurde vor allem durch Strauss (1991; Strauss und Corbin 1990) im Rahmen der von ihm entwickelten Grounded Theory Methodology bekannt gemacht. Was bei unterschiedlichen qualitativen Studien jeweils als Kodieren bezeichnet

---

[12]Samplingstrategien wie das „theoretical sampling" sind demgegenüber ein vorgelagerter Prozess, bei dem nur auf der Ebene der Untersuchungseinheiten (Befragte) systematisch variiert werden kann. Ebenso wie bei Vergleichen auf der Ebene von Codes oder Codegruppen (Kategorien) sind Vergleiche hier kein Mittel der Interpretation, sondern ein eigener (nicht-interpretativer) Analyseschritt.

4.2 Die Rekonstruktion sozialer Deutungsmuster aus Interviewtranskripten

> wird, ist aber oft nicht sehr klar. Erschwerend kommt hinzu, dass neben Code und Kodieren scheinbar ähnliche Begriffe wie Kategorie/Kategorisierung oder Konzept verwendet werden, wobei oft nicht klar ist, ob und worin Unterschiede zum Kodieren bestehen.
> In der qualitativen Sozialforschung werden jedoch (mindestens) zwei grundlegende Vorgehensweisen als Kodieren bezeichnet: Die eine ist die hier vorgestellte Zuordnung von Codes zu Textstellen zur *Vorbereitung von Interpretationen*. Daneben wird Kodieren aber auch *als Verfahren der Interpretation* benutzt. So ist das mehrstufige Kodieren nach der Grounded Theory Methodology als ein Verfahren zur Gewinnung empirisch begründeter Theorien zu verstehen, bei dem das Kodieren selbst den Interpretationsvorgang beschreibt.

„Indizieren" ist ein Begriffsvorschlag von Kelle und Kluge (1999), der deutlicher als Kodieren zum Ausdruck bringt, um was es auch hier geht, nämlich um die reine Zuordnung von Codes zu Textstellen. Dabei sollen möglichst alle Textstellen mit mindestens einem Code versehen werden, können aber auch mehrfach kodiert werden. Für die vergleichende Interpretation werden dann alle gleich kodierten Textstellen herangezogen.

Die den Textstellen zugeordneten Codes sollten dabei möglichst immer „induktiv" aus dem Textmaterial gewonnen werden. Dessen ungeachtet ist es wahrscheinlich, dass viele Codes auch auf Leitfadenfragen zurückgeführt werden können, durch diese gewissermaßen vorstrukturiert werden. Welcher Kodierstil (z. B. Schlagworte, Paraphrasen, Nummern) verwendet wird, hängt neben persönlichen Vorlieben auch von der Fragestellung ab. Die Vielfalt der in Forschungen verwendeten Kodierformen ist jedenfalls überraschend groß (vgl. Saldaña 2009).

Das Kodieren bzw. Indizieren des Textmaterials stellt beim Diskursiven Interview also keinen eigentlichen Interpretationsvorgang dar und unterscheidet sich hierdurch von (einigen) anderen Kodierverfahren. Es dient allein der Vorbereitung synoptischer Vergleiche. Aber auch, wenn es nicht intendiert wird, sind Kodierungen immer bereits erste Interpretationen (und sollten daher als solche bewusst sein). Dies ist offensichtlich, wenn die Codes „induktiv" aus dem Textmaterial entwickelt werden, denn jede „Bezeichnung" einer Textstelle und sogar die Bestimmung der Texteinheit, die kodiert wird, sind bereits interpretative Akte. Aber es ist auch dann zutreffend, wenn die Interpretation nur in Form einer Zuordnung von Text zu einem bereits existierenden Code besteht. (Für die meisten Codes gilt ohnehin beides: Auch wenn sie zunächst aus dem Textmaterial entwickelt wurden, werden andere Textstellen den bereits bestehenden Codes dann zugeordnet).

Vor der „eigentlichen", kontrastierenden Interpretation zwingt die Kodierung also bereits zu einem ersten interpretativen Schritt. Dies ist nicht unproblematisch, vor allem weil eine „ungeschickte" Kodierung womöglich den Blick für Vergleichsoptionen verstellt. Möglichkeiten zu problematischen Codes gibt es leider viele; aber vor allem drei Formen scheinen verbreitet:

Dies sind zum einen Codes, die (zu) theoretisch und „deduktiv" sind (z. B. Fachausdrücke, theoretische Konzepte, aber auch Alltagsbegriffe) und dadurch bereits zu einem sehr frühen Zeitpunkt das Spektrum an Interpretationsmöglichkeiten einschränken können. Solche theoriegeleiteten Codes sind nicht nur die Folge „deduktiven" Kodierens (das ohnehin vermieden werden sollte), sondern können auch dann vorkommen, wenn die Codes zumindest scheinbar aus dem Material gewonnen werden. So ist ein völlig theoriefreies Kodieren nicht möglich, setzte dies doch eine theoriefreie Sprache voraus. Man sollte sich dessen daher immer bewusst sein und versuchen, „unbedarfte" und „unreflektierte" sprachliche Theoretisierungen möglichst zu vermeiden.

Die beiden anderen Kodierfallen bestehen darin, dass Codes entweder zu breit (umfassend) oder zu eng sind. Sehr enge Codes führen dazu, dass zu wenige Vergleiche möglich sind (im Extremfall wird ein Code ein einziges Mal vergeben), und im umgekehrten Fall sehr breiter, umfassender Codes kann die Textmenge schnell so groß und so heterogen werden, dass Vergleiche kaum noch möglich sind.

Ob Codes im Sinne einer kontrastierenden Interpretation „funktionieren", kann zudem nicht im Voraus festgestellt werden. Spätestens der Versuch, auf der Basis der vergebenen Codes eine Kontrastierung durchzuführen, wird aber sehr schnell die Unzulänglichkeiten einzelner Codes verdeutlichen. Wiederholte Neu- oder Rekodierungen werden daher fast immer unvermeidbar sein.

Die so langsam entwickelten Codes können dann zu größeren Gruppen zusammengefasst und mit anderen Codes (auch außerhalb dieser Code-Gruppen) in Beziehung gesetzt werden.[13] Im Ergebnis führt dieser aufwendige und wiederholte Prozess der Code-Systematisierung zu einer umfassenden Netzwerkstruktur aller Codes, die zum Teil auch hierarchisch (Ober- und Sub-Codes) sein wird.

---

[13]Dies entspricht ungefähr dem Vorgehen beim „axialen Kodieren" der Grounded Theory Methodology (Strauss 1991, S. 56 ff., 101 ff.). Anders als beim „Kodierparadigma" geht es hier allerdings vor allem um die thematische Nähe und Hierarchisierungen von Codes. Kausale und andere Beziehungen zwischen Codes sind für die Deutungsmusterrekonstruktion dagegen von eher geringer Bedeutung.

Das wiederholte, immer wieder neue Gruppieren und In-Beziehung-Setzen von Codes sowie die Notwendigkeit, Textpassagen zu rekodieren und Codes neu zu formulieren, erfordern sehr viel mehr Aufwand als die ursprüngliche Kodierung. Das Rekodieren, Gruppieren und Relationieren von Codes sind aber unverzichtbare Teilschritte der Interpretation, weil sie eine intensive Auseinandersetzung mit dem Datenmaterial erzwingen. An ihrem Ende steht die Bestimmung der für die kontrastierende Interpretation notwendigen Vergleichskriterien. Dass dabei oft auch eine Reorganisation von Code-Hierarchie und Code-Netzwerk erforderlich ist, ist eine logische Konsequenz dieser iterativen Prozesse.[14]

Wie notwendig und sinnvoll dieses Vorgehen für die Rekonstruktion sozialer Deutungsmuster ist, kann nicht in allgemeiner Form beurteilt werden. In erheblichem Maße wird dies durch die erste (ursprüngliche) Kodierung bestimmt. So sind etwa Relationierungen von Codes bei der Verwendung enger Codes eher wahrscheinlich als bei weiten, bei denen mögliche Zusammenhänge evtl. bereits „im" (Einzel)Code enthalten sind. Ebenso bestehen bei enggefassten Codes eher Möglichkeiten oder eine Notwendigkeit, diese zu gruppieren. Rekodierungen werden schließlich vor allem bei einer „theoretisch voreingenommenen" und uneinheitlichen (Erst)Kodierung erforderlich sein.

Die „eigentliche" Interpretation
Das Kodieren (Indizieren) des Interviewmaterials ist also der wichtigste Schritt zur Vorbereitung einer kontrastierenden Textinterpretation, zugleich aber immer auch ein erster Teilschritt der Interpretation, weil die Benennung und Organisation von Codes bereits Interpretationsleistungen erfordern und die nachfolgende Kontrastierung strukturieren. Der letzte Interpretationsschritt besteht in der Erarbeitung eines Satzes von Deutungsmustern, der – aus noch zu erläuternden Gründen – in einer Realtypenbildung mündet und im Zusammenhang mit Fragen der Typenbildung dargelegt wird (Abschn. 4.4). Dazwischen liegt der „eigentliche" Interpretationsvorgang, also die interpretative Rekonstruktion einzelner Derivationen und sozialer Deutungsmuster auf der Basis der entwickelten Codes. Dieser interpretative Kernprozess ist letztlich ein kreativer Akt, der nicht lernbar ist oder per To do-Liste abgearbeitet werden kann. Auch qualitativ-sozialwissenschaftliche Interpretationen sind immer auch auf Intuition angewiesen und bleiben daher bis zu einem gewissen Grad subjektiv.

---

[14]Dennoch kann es auch singuläre Codes geben, die in keine Gruppe passen und keine Beziehungen zu anderen Codes aufweisen. Diese können, müssen aber nicht auf ein Kodierdefizit hinweisen.

In der qualitativen Fachliteratur sind aber viele Interpretationshilfen vorgeschlagen und erprobt worden, die diesen „schöpferischen" Teil zumindest erleichtern können (vgl. ausführlicher u. a. Mayring 1983; Oevermann et al. 1979; Strauss und Corbin 1990). Fünf dieser Vorschläge oder „goldenen Interpretationsregeln" sind in Hinblick auf eine rekonstruktive Erschließung sozialer Deutungsmuster besonders empfehlenswert:

1. Die erste und wichtigste ist die einer *„interpretationsförderlichen"* Haltung oder Einstellung. Diese besteht vor allem aus zwei Aspekten: Der erste ist die offene Haltung der Forscher/innen. Hierzu gehört insbesondere, dass Forschungsbefunde nicht vorschnell unter Lieblingskonzepte und Theorien subsumiert werden. Nur wer theoretisch unvoreingenommen an das Interviewmaterial herantritt, kann darin auch wirklich Neues entdecken. Zur Offenheit gehört aber auch, neugierig und aufmerksam zu sein. Auch hier gilt: Wen die eigenen Forschungsergebnisse nur mäßig interessieren, wird das Material nur schwer kreativ nutzen können. Der zweite Aspekt einer interpretationsförderlichen Haltung betrifft die „Arbeitseinstellung": Zu überzeugenden Rekonstruktionen wird nur kommen, wer bereit ist, sich in sein/ihr Interviewmaterial „reinzuknien" und in ihm zu „versinken" (Interpretieren ist vor allem Arbeit, Arbeit und nochmal Arbeit!).[15]
2. Als überaus nützlich kann sich das *Paraphrasieren* von Textpassagen erweisen. Ähnlich wie das Kodieren kann es helfen, Zugang zum Material und einen ersten Einstieg in die Interpretation zu finden, denn auch Paraphrasierungen sind schon „kleine Interpretationen". Sie haben aber vor allem den großen Vorteil, auch dann durchgeführt werden zu können, wenn die äußeren Umstände (Zeit, Motivation usw.) eher ungünstig sind (Paraphrasieren kann man eigentlich immer).
3. Für die Rekonstruktion sozialer Deutungsmuster ist zudem ein textnahes und *textgenaues Vorgehen* wichtig. So sollten die Antworten der Befragten immer wörtlich genommen werden. Sprachliche Eigenschaften (Warum wurde die Aussage auf diese Weise formuliert?) sollten daher interpretativ berücksichtigt werden. Dazu kann es auch hilfreich sein, die echten mit alternativen Formulierungsmöglichkeiten zu vergleichen.

---

[15]Solche Grundhaltungen sind natürlich schwer zu planen, sollten aber immer mit bedacht werden. In Phasen, in denen man mit zu vielen anderen Dingen befasst ist, sollte man vielleicht auf das Interpretieren verzichten.

4.2 Die Rekonstruktion sozialer Deutungsmuster aus Interviewtranskripten

4. Die Grundform des empirischen Textvergleichs kann zudem durch *gedankenexperimentelle Variationen* ergänzt werden. Neben tatsächlichen können auch gedanklich konstruierte Unterschiede und insbesondere ein Ausloten des Möglichkeitsraumes helfen, die Besonderheiten der aus dem Material zu rekonstruierenden Wissensstrukturen deutlich zu machen.
5. Schließlich sollte – hierauf wurde insbesondere in Abschn. 2.3 bereits hingewiesen – die *Interviewinteraktion* durchgehend einbezogen werden: Dabei ist besonders wichtig, die Antworten der Befragten immer als solche (also als Reaktionen auf Fragen des Interviewers/der Interviewerin) zu interpretieren (und nicht als kontextlose Aussagen). Eine solche Einbettung des Interviewkontextes ist also ohnehin für die Interpretation notwendig. Sich den interaktiven Zusammenhang einer Aussage zu vergegenwärtigen, kann aber auch das Interpretieren erleichtern. Darüber hinaus sollten auch mögliche Auswirkungen früherer Fragen und Themen im Interview sowie des gesamten situativen Kontextes (Interviewsetting) interpretativ einbezogen werden.

Auswertungssoftware
Die Verwendung von Auswertungssoftware für qualitative Methoden[16] gehört dagegen nicht zu den Strategien, die beim „eigentlichen" Interpretieren helfen können. Im Gegenteil kann Auswertungssoftware dazu (ver)führen, sich weniger mit dem Originalmaterial zu befassen, als notwendig wäre.

Dennoch ist die Verwendung eines Software-Programms, insbesondere bei umfangreichem Textmaterial, empfehlenswert, sofern dieses auf seine Kernfunktion beschränkt wird. Die besteht in der sog. Codierungs- und Retrieval-Funktion, also im Verwalten und Wiederfinden von Textstellen anhand von Codes, die zuvor von den Forscher/innen im Programm den Textstellen zugeordnet wurden. Der klare Vorteil von Softwareprogrammen besteht vor allem darin, die Forscher/innen von mechanischen Aufgaben (z. B. dem Suchen nach Textstellen) zu entlasten. Darüber hinaus lassen sich Daten mit Softwareprogrammen besser organisieren, erhöhen die Flexibilität (z. B. dadurch, dass Textstellen immer wieder schnell und

---

[16]Es gibt eine größere Auswahl von Software-Programmen zur Unterstützung qualitativer Datenanalysen, die sich hinsichtlich ihrer Funktionen nur wenig unterscheiden (vgl. u. a. Kelle 2002).

> gleichzeitig in unterschiedlichen Zusammenhängen herangezogen werden können) und verringern die Gefahr, dass Daten verloren gehen oder „übersehen" werden.
> Softwareprogramme bieten also nicht zu unterschätzende Hilfsleistungen für das Handling des Textmaterials. Interpretieren kann qualitative Auswertungssoftware jedoch nicht.

4.3 Exkurs: Kontextualisierung bei der Analyse Diskursiver Interviews

Schon mehrfach wurde die Bedeutung des Kontextes für die Interpretation qualitativer Daten betont und Kontextualisierung als grundlegende Interpretationsform charakterisiert. Auch für die Rekonstruktion sozialer Deutungsmuster ist der Einbezug unterschiedlicher Kontexte bei der Textinterpretation ein wichtiger Baustein unterhalb der Kontrastierungsebene. Dies gilt jedoch nicht für alle Kontextformen. In diesem Kapitel soll daher gezeigt werden, wann welche Form von Kontextualisierung für die Rekonstruktion sozialer Deutungsmuster methodologisch angebracht ist.

Zur Bedeutung und Bestimmung von Kontext(en)
Kontext, Kontextualität und Kontextualisierung sind gleichermaßen frühe und zentrale Topoi der qualitativen Sozialforschung. So hatte schon Malinowski (1923) die Bedeutung des Kontextes, und insbesondere des Situationskontextes, für das Verstehen sprachlicher Äußerungen betont. Die Einbeziehung bzw. angemessene Berücksichtigung des Kontextes als Voraussetzung des Verstehens ist seit jeher ein zentrales Postulat aller sich interpretativ verstehenden Ansätze (vgl. u. a. Hoffman-Riem 1980). Umgekehrt wurde in der Ignorierung von Kontexten bzw. im bewussten Versuch, Kontexteinflüsse zu minimieren, ein, wenn nicht sogar das entscheidende Problem der standardisierten Umfrageforschung gesehen (vgl. u. a. Cicourel 1974; Garfinkel 1967; Wilson 1982).

Auch in der deutschen Methodenliteratur kann die Bedeutung des Kontextes für die Interpretation als „kanonisiert" gelten (vgl. u. a. Hoffmann-Riem 1980; Steinke 1999, S. 28 ff.). So betont etwa Lamnek (1988, S. 25), dass die „Bedeutung eines Handelns oder eines sprachlichen Ausdrucks nur durch

4.3 Exkurs: Kontextualisierung bei der Analyse Diskursiver Interviews

den Rekurs auf den (symbolischen oder sozialen) Kontext seiner Erscheinung verständlich" werde. Und mit Blick auf Interviews behauptet Kohli (1978, S. 13): „Die Analyse des situativen Kontextes der Befragung ist entscheidend dafür, auf welche Alltagssituationen die Äußerungen des Befragten generalisiert werden können." Ähnlich stellt auch Bohnsack (1991, S. 21) fest: „Im Einzelinterview kann ich die Einzeläußerung erst im Gesamtkontext einer Erzählung oder längeren Darstellung adäquat verstehen."

Trotz dieser allgemein hohen Wertschätzung des Kontextes sind weitergehende Explikationen eher selten. Als so selbstverständlich die Bedeutung des Kontextes gilt, so unzweifelhaft scheint es auch zu sein, was der Kontext eines Textes ist, wie dieser Kontext gefunden und wie er in den Interpretationsprozess einbezogen werden kann. Dabei machen schon die drei eher zufällig ausgewählten Zitate deutlich, dass, bei gleicher Würdigung, ganz unterschiedliche Kontexte gemeint sein können (hier immerhin schon vier, nämlich ein symbolischer, ein sozialer, ein situativer und ein Erzählkontext).

Eine allgemeine Behandlung der Frage, wie und welcher Kontext bei Interpretationen zu berücksichtigen ist, mag zunächst auch nicht sinnvoll erscheinen. Der Grund hierfür ist einfach: So unterschiedlich die Daten und Realitätszugänge sind, die mit qualitativen Methoden gewonnen werden sollen, so unterschiedlich werden auch die Kontexte sein, die zur Interpretation herangezogen werden. Dies gilt auch für qualitative Interviews, die nicht nur in ihrer Form sehr unterschiedlich sein können, sondern auch auf der Basis ebenso unterschiedlicher methodologischer Überlegungen und Zielsetzungen eingesetzt werden. Entsprechend wäre die Ebene der einzelnen qualitativen Methoden und Methodologien der Ort der Definition und Präzisierung von Kontext. Aber auch methodennah ist keine systematische Diskussion von Kontextfragen erkennbar[17], vor allem nicht im Bereich der Interviewmethoden.

---

[17]Die beiden wichtigsten Ausnahmen sind hier die Konversationsanalyse und die eher „kontextskeptische" Haltung der Objektiven Hermeneutik (vgl. Oevermann 1997; Wernet 2000, S. 21 ff.), also zwei methodologische Richtungen, die nicht gerade für eine besondere Affinität zu Interviewmethoden bekannt sind. Auch in internationalen und sprachwissenschaftlichen Diskursen wurden Fragen der Definition und Differenzierung von Kontext(en) lange vernachlässigt. Clark und Carlson sprechen daher auch von Kontext als einem „conceptual garbage can" (1981, S. 314), eine Charakterisierung, die auch heute noch fast sprichwörtlich ist.

> **Kontextarten**
> Was (ein) Kontext ist, ist alles andere als eindeutig. Entsprechend werden viele unterschiedliche Kontextarten definiert und unterschiedlich klassifiziert. Die verschiedenen Kontextmodelle konvergieren dabei jedoch in einigen Punkten. Auf dieser Basis können zumindest grob drei Kontextarten oder -ebenen unterschieden werden:
>
> 1. Die erste ist der textliche *Kontext* (auch Kotext). Dies ist vor allem der Text vor einer zu interpretierenden Textstelle, wobei hierbei wiederum zwischen der „unmittelbar davor" und allen „weiter davor" stehenden Textpassagen zu unterscheiden ist. Zum textlichen Kontext gehören weiterhin der Text (unmittelbar) nach der zu interpretierenden Textstelle sowie der Gesamttext (bei Interviews also das Interviewtranskript). Schließlich können auch andere Texte als „intertextueller" Kotext definiert werden (z. B., wenn sich Befragte auf solche Texte beziehen).
> 2. Die zweite Kontextart ist der *situative Entstehungskontext* eines Textes. Hierzu zählt zum einen die kommunikative Gattung, also ob es sich bei einem Text z. B. um ein Interview, einen Zeitschriftenartikel oder einen privaten Telefonanruf handelt. Wichtiger sind hier aber die Spezifika der Textentstehung, auf deren Bedeutung schon in Abschn. 2.2 hingewiesen wurde. Bei Interviews ist dies vor allem das Interviewsetting (Zeit und Ort des Interviews, Art der Interviewführung usw.).
> 3. Als dritte und weiteste Kontextart werden zudem *externe Kontexte* unterschieden. Diese können sehr unterschiedlich sein und umfassen neben den individuellen und sozialen Merkmalen der „Textproduzenten" (bei Interviews u. a. Alter, Geschlecht, sozialer Status usw. der Befragten) auch den weiteren gesellschaftlichen, politischen oder gar historischen Kontext. Die Bestimmung als relevant angesehener externer Kontexte hat also „nach oben" kaum eine Grenze.

Auch wenn eine methodenunabhängige Bestimmung von Kontexten letztlich nicht möglich scheint, so lassen sich doch allgemeine *Anforderungen für eine methodologisch fundierte Bestimmung von Kontexten* formulieren. So müssen für die Bestimmung relevanter Kontexte auf mindestens vier Teilfragen Antworten gefunden werden (vgl. a. Franck 1996):

1. Zunächst muss, und das ist keineswegs trivial, geklärt werden, was als *Text* gelten soll, für den dann der Kontext bestimmt wird.[18] „Text" ist zum einen substantiell-materiell zu bestimmen, insbesondere wenn der Textbegriff auch (vertextete) Handlungen oder Objekte (z. B. Bilder) einschließt. Aber auch bei Texten im engeren Sinne kann eine genauere Definition dessen, was der Text sein soll, erforderlich sein. So ist z. B. bei Interviews zu klären, ob non- und paraverbale Elemente als Teil des Textes, als Kontext oder vielleicht auch als beides zugleich verstanden werden sollen. Zum anderen muss geklärt werden, ob bzw. wann Texteinheiten „eigene" Kontexte haben oder ob Kontext immer nur der einer Textgesamtheit ist.
2. Zweitens ist zu klären, was für einen gewählten Text als Kontext gelten soll. Dass ein Kontext nur durch die Beziehung zum Text zum Kontext wird, scheint evident. Ungleich schwieriger und umstrittener ist die Frage der *Bestimmung relevanter Kontexte.* Zentral ist dabei die Frage, welche (und wie viele) Kontextinformationen zum Verstehen eines Textes notwendig sind. Entsprechend wurden immer wieder Vorschläge zur Differenzierung unterschiedlicher Kontextarten gemacht (vgl. u. a. Auer 1996, S. 16 ff.; Goodwin und Duranti 1992, S. 6 ff.; Harris 1988; Reisigl und Wodak 2009, S. 93).
3. Sind Text und Kontext bestimmt, ist die *Beziehung zwischen Text und Kontext* zu klären. Dabei geht es vor allem um die Frage des analytischen Primats: Werden Kontextinformationen sporadisch und selektiv zur Interpretation einzelner Textstellen herangezogen oder wird der Text als „typischer" Ausdruck des eigentlich interessierenden Kontextes verstanden? So definiert zwar der Text den Kontext, dieser geht dem Text aber zeitlich und kausal voraus.[19]
4. Schließlich ist zu klären, ob der Kontext eines Textes auch selbst kontextualisiert werden muss. Es stellt sich also die für die methodologische Absicherung von Interpretationen wichtige Frage der „*Kontextualisierung* von Kontexten" und dabei auch die, wie mit der Gefahr eines infiniten Regresses umzugehen ist.

---

[18]Allgemein zur Definition von „Text" vgl. u. a. Brinker (2005) und Fix (2008); zum Textbegriff der qualitativen Sozialforschung vgl. insb. Soeffner (1979) sowie die Beiträge in Garz (1994).

[19]So ist Heritage (1984, S. 242) zwar zuzustimmen, wenn er feststellt, dass „the significance of any speaker's communicative action is doubly contextual in being both context-shaped und context-renewing". Aber das bedeutet eben auch, dass Kontexte nur zum Teil – und wohl zu einem weit geringeren – erst in der Situation der Textproduktion generiert oder moduliert werden.

Implikationen für eine interpretative Interviewmethodologie

Dass Kontexte zwar methodenspezifisch definiert und begründet werden müssen, dabei aber auch grundlegende Fragen der qualitativen Sozialforschung berührt werden, zeigte auch die seit den 1990er Jahren zunehmende Befassung mit Kontextfragen (vgl. insb. Duranti und Goodwin 1992; Miller und Dingwall 1997), die zu zum Teil sehr kontroversen Auseinandersetzungen geführt hat (vgl. zusammenfassend Blommaert 2001; Mey 2001). Im Kern ging es dabei darum, wer darüber entscheidet, was als Kontext einbezogen wird: Sind dies (auch) die Forscher/innen, die für eine angemessene Kontextualisierung sorgen müssen, oder sind es, und zwar ausschließlich, die beteiligten „Textproduzenten", die bewusst oder unbewusst Kontextualisierungshinweise geben.[20] Folgt man den Argumenten dieser Kontroverse, besteht das Dilemma der Kontextbestimmung darin, dass man sich entweder auf die Teilnehmerkontexte beschränken oder Kontexte „deduktiv" (theoriegeleitet) als Forscherkontexte setzen muss.

Für interpretative und an der Gewinnung von Interviewdaten interessierte Ansätze sind indes beide Lösungswege nicht gangbar. So wichtig die Kontextualisierungshinweise von Teilnehmer/innen auch für interpretative Analysen sind, so wenig kann Kontext mit dem Teilnehmerkontext gleichgesetzt werden. Dies mag sinnvoll und notwendig sein, solange sich das Forschungsinteresse auf das „Wie" der Mechanismen des „conversational management" richtet. Sobald aber die rekonstruktive Erfassung sozial geteilter Bedeutungen das zentrale Forschungsziel ist, kann diese nicht auf die Einbeziehung weiterer Kontexte verzichten, auch wenn die Befragten selbst keine entsprechenden Kontextualisierungshinweise geben.

Eine Gleichsetzung von Kontext mit dem Teilnehmerkontext ist für die Kommunikationsform Forschungsinterview zudem besonders problematisch. Denn anders als z. B. in aufgezeichneten Gesprächen nehmen Interviewer/innen aktiv an der Kommunikation teil und sind daher sowohl an der interaktiven Bedeutungs- wie auch an der Kontextkonstitution im Interview beteiligt – und zwar umso stärker, wie sie das Gespräch, wie bei Diskursiven Interviews, durch ihre Redebeiträge strukturieren. Die Kontextualisierungen im Interview werden

---

[20]Die erste Position wurde vor allem von Diskursanalytiker/innen vertreten, bei der zweiten handelt es sich um eine unter Konversationsanalytiker/innen weit geteilte und oft betonte Auffassung. So stellt etwa Wolff (1986, S. 67) fest: „Der Kontext wird in konversationsanalytischer Perspektive als eine Leistung des Gesprächs bzw. seiner Teilnehmer betrachtet. Nicht der Kontext des, sondern der Kontext im Gespräch ist, was konversationsanalytisch interessiert."

zudem in einem erheblichen Maße durch die „institutionelle Situation" des Interviews beeinflusst (die Befragten wissen, was ein Interview ist und dass sie sich an einem solchen beteiligen).

Sowohl die aktive Beteiligung der Interviewer/innen als auch die „institutionelle Situation" des Interviews machen es unmöglich, qualitative Interviews wie (aufgezeichnete, non-reaktive) Alltagskommunikation zu behandeln. Es ist also eine Lösung des Kontextbestimmungsproblems zu finden, die Kontexte einerseits nicht von vornherein auf den Teilnehmer- bzw. Produktionskontext begrenzt, andererseits diese aber dennoch empirisch, d. h. aus der interpretativen Analyse heraus bestimmt und „deduktive" Kontextsetzungen vermeidet. Noch ist jedoch für die Frage, wie Kontexte „richtig" und insbesondere auch im Rahmen deutungsmusteranalytischer Rekonstruktionen zu bestimmen sind, keine befriedigende Lösung in Sicht.[21]

Für die methodologische Fundierung von Kontextualisierungen bei rekonstruktiven Analysen qualitativer Interviews bedeutet dies vorerst:

- Was als Kontext gilt, kann nicht unabhängig von Fragestellung und methodologischer Position bestimmt werden. (Es gibt keine „objektiven" Kontexte). Die Minimalforderung besteht daher darin, bei Interpretationen offenzulegen, wie Kontexte definiert werden.
- Kontexte können im Rahmen interpretativer und rekonstruktiver Strategien nicht extern bestimmt werden, sondern müssen in jedem Fall aus dem empirischen Material bzw. aus dem Text herausgearbeitet werden, um willkürliche Setzungen zu vermeiden.
- Eine empirische Bestimmung der relevanten Kontexte erfordert zudem immer Entscheidungen der Interpret/innen. Allein dadurch, aber auch durch die Beteiligung in der Entstehungssituation, werden Kontexte immer durch die Forscher/innen mit-"konstruiert".

---

[21]Vielversprechend sind hier aber Vorschläge wie die von Stenvoll und Svensson (2011), die auf einer prozeduralen Strategie beruhen. Sie schlagen ein Stufenmodell der textlichen Verankerung von Kontexten vor, das diese nicht auf Teilnehmerkontexte begrenzt. Im Einzelnen unterscheiden sie drei Arten von Kontextualisierungshinweisen, nämlich explizite, implizite und indirekte. Diese Form der Kontextualisierung scheint deshalb weiterführend, weil sie die Interpretierenden nicht auf eine passive Rolle festlegt, vor allem aber, weil Kontexte hier auch in kontrastierenden Textanalysen gewonnen werden können. Dies macht zugleich deutlich, dass über Teilnehmer- und Situationskontexte hinausgehende Kontextualisierungen keineswegs „deduktiv" hergeleitet werden müssen.

- Die empirische Verankerung im Text ist weder mit den Teilnehmerkontexten gleichzusetzen, noch besteht die Notwendigkeit, Kontexte über/für den einzelnen Text zu bestimmen. Gerade für vergleichende Interpretationsstrategien erhöht sich damit der Spielraum für eine dennoch empirisch basierte Kontextbestimmung.

Für die Rekonstruktion sozialer Deutungsmuster auf der Basis Diskursiver Interviews kann schließlich festgehalten werden, dass der engere textliche und der situative Kontext grundsätzlich zu berücksichtigen sind, externe Kontexte dagegen nur bei entsprechenden Kontextualisierungshinweisen durch die Befragten.[22] Anders formuliert: Das Risiko, methodologisch nicht zu legitimierende, weil von den Forscher/innen willkürlich gesetzte Kontexte bei der Rekonstruktion sozialer Deutungsmuster heranzuziehen, steigt mit der Entfernung vom Originaltext und von der unmittelbaren interaktiven Entstehungssituation und sollte daher, wenn überhaupt, zurückhaltend und reflektiert erfolgen.

4.4 Typenbildung

Begriffe wie Typus, Typenbildung, Typologie oder auch Idealtypus werden in den Sozialwissenschaften viel, mit oft sehr unterschiedlichen Intentionen und sehr häufig mit einer eher vagen Definition verwendet. Auch die qualitative Sozialforschung ist dabei keine Ausnahme. Daher sind hier zunächst ein paar begriffliche Vorklärungen erforderlich. Diese werden die vielen Unklarheiten der überaus „vertrackten" Diskussion zu Typenbegriffen und Typenbildung nicht beseitigen können; sie haben allein den Zweck, die Frage der Typenbildung im Zusammenhang mit einer Deutungsmusteranalyse mittels Diskursiver Interviews zu behandeln, ohne allzu schnell Missverständnisse hervorzurufen.

Realtypen und Idealtypen
Allgemein lassen sich zwei grundsätzliche Formen von Typen unterscheiden. Die erste Form soll hier als Realtyp(us) bezeichnet werden. Bei der zweiten handelt es sich um den berühmten Idealtypus.

---

[22]Eine umfassendere Berücksichtigung externer Kontexte kann hingegen notwendig werden, wenn die Rekonstruktion sozialer Deutungsmuster in Verbindung mit einer Diskursanalyse erfolgt (Keller 2014). In diesem Fall ergibt sich der erweiterte Kontextualisierungsbedarf aus den diskursanalytischen Anforderungen.

4.4 Typenbildung

Realtypen sind Versuche, die empirische Vielfalt mittels begrifflicher Konstruktionen zu strukturieren. Für Realtypen ist dabei charakteristisch, dass sie nur die „vollen", empirisch nachweisbaren Formen erfassen, so wie sie sich aus dem Datenmaterial rekonstruieren lassen. Das Präfix „real" drückt hierbei aus, dass empirische Phänomene mit diesem Begriff sinnvoll bezeichnet und zusammengefasst werden können.[23]

Realtypen werden in der Regel durch eine Gruppierung (oder „Clusterung") von „Fällen" erreicht, die sich hinsichtlich einer Reihe von Merkmalen ähneln. Was dabei jeweils als Fall definiert wird, hängt von der Fragestellung ab und ob kontrastierend vorgegangen wird oder über Einzelfallanalysen. (Beim Diskursiven Interview sind es die auf ein Bezugsproblem angewandten Derivationen). Eine solche Gruppierung von Fällen allein reicht jedoch nicht aus. Erst wenn es gelingt, für diese Fallgruppen eine gemeinsame, grundlegende Struktur freizulegen bzw. deutlich zu machen, kann von der Bildung eines oder mehrerer Realtypen gesprochen werden.

Realtypen können, auch wenn sie aus kontrastierenden Analysen hervorgehen, Einzeltypen sein. Sehr häufig werden jedoch mehrere, mehr oder weniger klar voneinander abgrenzbare Realtypen unterschieden. In diesem Fall kann man von einem Realtypenset oder -satz sprechen. So ein Realtypenset sollte das untersuchte Feld, zumindest aber die Forschungsergebnisse, aus denen er entwickelt wurde, möglichst gut repräsentieren und dadurch das Verständnis dieses Feldes verbessern. Sind Realtypen dagegen nicht nachvollziehbar oder nicht gut von anderen unterscheidbar, ist die Realtypenbildung nicht gelungen. Ein darüber hinausgehender Anspruch, insbesondere eine Anwendbarkeit auf andere Bereiche, besteht nicht. Vor allem dies unterscheidet Realtypen von Idealtypen.

Das Konzept des *Idealtypus* geht bekanntlich auf Max Weber (1995) zurück, der ihm immer wieder neue und leicht unterschiedliche Fassungen gegeben hat. Idealtypen sind für Weber vor allem ein heuristisches Instrument, das Forschung und Theoriebildung unterstützen soll, indem sie gewissermaßen den Blick für die Wirklichkeit schärfen.

Idealtypen sind „ideal", weil sie theoretisch „klar" sind – und in sich so konsistent, dass reale Fälle nie oder nur äußerst unwahrscheinlich einem Idealtypus genau entsprechen. Idealtypen bestehen daher niemals aus willkürlich

---

[23]Der Begriff Realtypus wurde erstmals von Eucken (1947, S. 68 ff.; 418 ff.) in bewusster Gegenüberstellung zum Weberschen Idealtypus verwendet, ist heute aber viel weniger verbreitet als der Idealtypusbegriff. Die hier vorgenommene Unterscheidung zwischen realen (empirischen) und idealen (theoretischen) Typen folgt weitgehend der Unterscheidung Euckens.

Tab. 4.2 Real- und Idealtypen

	Realtypen	Idealtypen
Ziel	Strukturierung und Erklärung der Forschungsergebnisse	Heuristisches Instrumentarium; Theoriebildung und Anleitung von (zukünftiger) Forschung
Vorgehen	Empirische Rekonstruktion (insb. durch kontrastierende Verfahren)	Theoretische Konstruktion (möglichst auf der Basis empirischer Forschung, evtl. Realtypen)
Einzeltypen	Empirisch rekonstruierte Struktur (auf der Basis eines oder mehrerer Fälle)	Durch „Irrealisierung": theoretisch gehaltvolles Konzept
Mehrere Typen	Strukturierung des untersuchten Gegenstandsbereichs (Realtypenset)	Generelle begrifflich-konzeptionelle Heuristik ([Ideal]Typologie)

ausgewählten und beziehungslosen Merkmalen, auch wenn diese empirisch vorliegen, sondern beinhalten explizite und erklärbare Beziehungen zwischen ihren Bestandteilen, enthalten somit zumindest den Nucleus einer Hypothese. Idealtypen sind damit deutlich voraussetzungsvoller als die Bildung von Realtypen (Tab. 4.2).

Die Bedeutung und Verwendung von Idealtypen werden dabei mit ihrem heuristischen Wert begründet: „Um die wirklichen Kausalzusammenhänge zu durchschauen, konstruieren wir unwirkliche" (Weber 1995, S. 287). Idealtypen sind daher auch kein Abbild der Wirklichkeit, sondern sollen ihrer Darstellung „eindeutige Ausdrucksmittel verleihen" (Weber 1995, S. 190). Idealtypenbildungen rechtfertigen sich also dadurch, dass sie zu einem besseren Verständnis eines Sachverhalts beitragen als es ohne eine solche Typenbildung möglich wäre.

Nach Weber (1995, S. 191) wird ein Idealtypus „gewonnen durch einseitige Steigerung eines oder einiger Gesichtspunkte und durch Zusammenschluss einer Fülle von diffus und diskret, hier mehr, dort weniger, stellenweise gar nicht, vorhandenen Einzelerscheinungen, die sich jenen einseitig herausgehobenen Gesichtspunkten fügen, zu einem in sich einheitlichen Gedankengebilde. In seiner begrifflichen Reinheit ist dieses Gedankenbild nirgends in der Wirklichkeit empirisch vorfindbar, es ist eine Utopie, und für die historische Arbeit erwächst die Aufgabe, in jedem einzelnen Falle festzustellen, wie nahe oder wie fern die Wirklichkeit jenem Idealgebilde steht (…)."

4.4 Typenbildung

Bereits bei Weber (1995) können zwei grundlegende Arten von Idealtypen unterschieden werden (vgl. hierzu auch Mommsen 1974, S. 221 ff.; Pfister 1928, S. 170 ff.). Zum einen sind dies historische oder Individualtypen. Einzelne Idealtypen finden vor allem bei historischen (diachronen) Forschungsinteressen Verwendung (z. B. Epochenbegriffe wie Kapitalismus) und dienen meist der Erklärung komplexer sozialer Wandlungsprozesse und historisch dauerhafter Strukturen. Beispiele aus dem Bereich der Deutungsmusteranalyse sind die historischen Analysen zur Genese und Entwicklung weitreichender sozialer Deutungsmuster wie die von Honegger (1978) zum frühneuzeitlichen Deutungsmuster „Hexe" und von Schütze (1986) zum Deutungsmuster „Mutterliebe".

Ist das Forschungsinteresse dagegen vergleichend ausgerichtet, wird man sich meist nicht mit einzelnen Typen zufriedengeben. Das Ziel besteht dann vielmehr in der Entwicklung einer *Typologie*[24], also in der möglichst vollständigen und theoretisch gehaltvollen Strukturierung eines Gegenstandsbereiches.[25] Von einer vollständigen Typologie kann man dabei sprechen, wenn sie das ganze Feld abdeckt, wenn also alle möglichen bzw. notwendigen Idealtypen gebildet wurden. In diesem Fall gibt es kein Einzelphänomen, das nicht mit dem typologischen Begriffsinstrumentarium beschrieben und erklärt werden kann. Ob eine Typologie vollständig ist, kann letztlich nur die Erfahrungsprobe (ihre heuristische Bewährung) zeigen. Grundsätzlich muss aber von einem eher vorläufigen Charakter von Typologien ausgegangen werden.

Wie die Entwicklung eines einzelnen Idealtypus voraussetzungsvoller ist als die von Realtypen, so übersteigt also auch der an eine Typologie gestellte Anspruch den an Realtypensets bei Weitem. Er besteht vor allem darin, dass das entwickelte begrifflich-konzeptionelle Instrumentarium „zeit- und ortsungebunden" seinen Wert für die Theoriebildung oder die empirische Forschung erweisen muss. Bekannte Beispiele für in diesem Sinne erfolgreiche Typologien sind Webers Herrschaftstypen (1985) und Esping-Andersens (1990) Typologie von Wohlfahrtsstaaten.

Während also Realtypensets einen konkreten Gegenstandsbereich strukturieren und begrifflich-konzeptionell repräsentieren sollen, zielen Typologien auf ein

---

[24]Der Begriff Typologie wird hier auf Idealtypen beschränkt, daher ist das Präfix „ideal" hier nicht notwendig.

[25]Typologien können aus logisch interdependenten Idealtypen bestehen, in denen die einzelnen Idealtypen sinnhaft aufeinander bezogen sind, wie dies vor allem bei antagonistisch-komplementären Typologien (wie dichotome Klassenmodelle) oder bei Stufenmodellen oft der Fall ist. Interdependente Idealtypen werden jedoch die Ausnahme sein, denn solche Beziehungen zwischen Idealtypen werden oft nicht herstellbar sein.

heuristisches Instrumentarium, das auch jenseits des Entstehungszusammenhangs und unabhängig von diesem für die analytische Durchdringung sozialer Wirklichkeitsbereiche wertvoll ist. Viele theoretische Begriffe sind daher in diesem Sinne Idealtypen. Realtypen und Sets von Realtypen können dabei eine Vorstufe einer Idealtypenbildung sein, d. h. Idealtypen können aus bestehenden Realtypen heraus entwickelt werden.

Typologien vs. Klassifikationen
Ein Teil der Verwirrung über Typologien resultiert sicher auch daraus, dass immer wieder Klassifikationen für Typologien ausgegeben werden (vgl. u. a. Barton und Lazarsfeld 1979, S. 59 ff.; Hempel 1976; Kelle und Kluge 1999, S. 77 ff.; Kuckartz 2010). So werden oft aus zwei Variablen gebildete Klassifikationen als Typologien bezeichnet und dabei meist dann auch kreuztabellarisch dargestellt (im Minimalfall von jeweils zwei Variablen mit zwei Ausprägungen als Vier-Felder-Tafel).

Klassifikationen folgen jedoch einer ganz anderen Logik als Typologien. Sie zielen darauf, einen Bereich möglicher Merkmalskombinationen vollständig abzudecken. Für Klassifikationen gelten daher auch die Anforderungen der Eindeutigkeit, Ausschließlichkeit und Vollständigkeit (vgl. Friedrichs 1973, S. 88 f.). Demnach muss jedem Objekt eines Merkmalsraums genau eine Merkmalskombination zugeordnet werden können; es muss also genau in (nur) eine „Klasse" passen. Die Möglichkeit leerer Klassen ist eine logische Folge dieses Strukturierungsverfahrens. Ein Beispiel für eine Klassifikation sind mehrdimensionale Modelle sozialer Schichtung (die z. B. Einkommen, Bildung und soziales Ansehen berücksichtigen): In einem solchen Modell muss jedes Individuum genau einer Schicht (und nicht mehreren zugleich) zugeordnet werden können. Ziel einer Klassifikation ist die Veranschaulichung der möglichen Merkmalskombinationen eines Feldes und eine entsprechende „Sortierung" der Untersuchungseinheiten, oft zur Vorbereitung einer quantifizierenden Untersuchung (z. B. zur Schichtverteilung). Klassifikationen setzen dabei immer voraus, dass die relevanten Merkmale und ihre Ausprägungen bereits bekannt sind. Sie werden deduktiv gewonnen und sind listen- und tabellenförmig darstellbar.

Klassifikationen können daher auch „sinnfrei" sein, denn im Prinzip kann jedes Merkmal mit jedem kombiniert werden. Sie transportieren keine substanziellen Aussagen über die soziale Wirklichkeit. Der Nutzen von Klassifikationen ergibt sich allein aus ihrer Brauchbarkeit für

Deskriptionen und quantifizierende Analysen. Entscheidend ist dabei, dass die relevanten Merkmale bereits bekannt sind. Typen und Typologien unterscheiden sich also vor allem aufgrund von zwei Eigenschaften von Klassen und Klassifikationen: Zum einen sollen sie eine Sinnstruktur aufweisen bzw. verdeutlichen, also spezifische Beziehungen zwischen ihren Elementen aufweisen; zum anderen werden die dabei relevanten Merkmale erst im Analyseprozess bestimmt, im Fall empirischer Typenbildung also aus dem Datenmaterial rekonstruiert.

Typenbildung in der qualitativen Sozialforschung
In der qualitativen Sozialforschung ist die Bildung von Typen sehr verbreitet und wird dabei meist als zentrale Strategie zur Verallgemeinerung von Forschungsergebnissen und zur Qualitätssicherung (vgl. u. a. Flick 1995, S. 255 f.; Przyborski und Wohlrab-Sahr 2014, S. 376 ff.; Rosenthal 2008, S. 74 ff.) oder auch nur zur Strukturierung der eigenen Forschungsergebnisse (vgl. Kluge 1999, S. 43 ff.) angesehen.[26] Oft scheint die „Krönung" qualitativer Forschung mit (Ideal)Typen aber auch so selbstverständlich, dass der Zweck einer Typenbildung erst gar nicht näher erläutert wird.[27] Gleiches ist auch für die Verfahren der Typenbildung wiederholt festgestellt worden. Ob es aber nun zur „Eigenart

---

[26]Für die Rezeption von Typenkonzepten in der qualitativen Sozialforschung waren zudem Beckers Begriff der „konstruierten Typen" (Becker 1959, S. 155 ff.) sowie die Überlegungen von Barton und Lazarsfeld (1979) einflussreich. Eine der frühesten qualitativen Arbeiten, die explizit eine Idealtypenbildung durchführt, stammt von Gerhardt (1984, 1986). Zur Rezeptions- und Anwendungsgeschichte von Typenkonzepten in der Sozialforschung vgl. insb. a. Kluge (1999).

[27]So finden sich etwa bei Kluge (1999) und Kelle und Kluge (1999) nur äußerst vage Hinweise darauf, warum in der qualitativen Sozialforschung Typen gebildet werden, nämlich „um komplexe soziale Realitäten und Sinnzusammenhänge zu erfassen und möglichst weitgehend verstehen und erklären zu können" (Kelle und Kluge 1999, S. 75). Der Nutzen von Typenbegriffen für unterschiedliche Formen wissenschaftlicher Analysen (also auch für die Interpretation und Einordnung qualitativer Forschungsergebnisse) wird kaum bestritten; er begründet aber nicht, warum Typen (ausgerechnet) als Ergebnis qualitativ-empirischer Forschung angestrebt werden sollten. Kluge (1999, S. 51 ff.) stellt zudem sehr ausführlich unterschiedliche Verwendungsweisen des Typusbegriffs in der qualitativen Sozialforschung vor. Solche Begriffsexplikationen sind aber offensichtlich fruchtlos und zeigen nur, dass der Typusbegriff (mit unterschiedlichen Präfixen) auch in der qualitativen Sozialforschung nahezu beliebig für alle Arten begrifflicher Zuschreibungen verwendet wird.

jeglicher Typenbildung (...) gehört, dass ihr Vollzug außerordentlich schwer zu erklären und zu rationalisieren ist" (Wagner 2008, 213), oder ob dafür andere Gründe ursächlich sind, kann hier nicht beurteilt werden.

Auch wenn dies nur selten explizit gemacht wird, handelt es sich bei qualitativ-empirischen Typen überwiegend um Realtypen. Dies ist auch insofern naheliegend, als Realtypen ein Mittel zur Strukturierung und Erklärung eines Gegenstandsbereiches sind und daher auch für die Strukturierung von Forschungsergebnissen geeignet sein sollten.[28] Realtypen sind zudem die logisch nähere bzw. erste Form der Typenbildung als Ergebnis qualitativer Sozialforschung.

Die unterschiedlichen Interpretations- und Analysestrategien führen dabei auch zu unterschiedlichen Arten von Typen, die der Weberschen Unterscheidung von individuell-genetischen Typen und Typologien entspricht. Fall- bzw. sequenzanalytische Interpretationsverfahren zielen in der Regel auf Fall- oder Einzeltypen, wobei die bereits abgeschlossene Interpretation der „Fälle" (z. B. von Lebensgeschichten) die Ausgangsbasis bildet. Solche Formen der (Real)Typisierung dienen insbesondere der Generalisierung allgemeiner (fallübergreifender) Strukturen (vgl. u. a. Gerhardt 1986; Rosenthal 2008, S. 74 ff.). Kontrastierende Verfahren streben demgegenüber meist mehrere, aufeinander bezogene Realtypen an. Die Typenbildung ist hier also ein Teil bzw. der Abschluss des kontrastierenden Interpretationsverfahrens.

Auf kontrastierende Verfahren aufbauende Typenbildungen bzw. sich als kontrastierende Typenbildung verstehende Verfahren haben jedoch immer wieder Irritationen ausgelöst. Wesentlich ist dies auf die bereits erwähnte Vermengung von Typologien und Klassifikationen zurückzuführen (so u. a. bei Kelle und Kluge 1999, S. 77 ff.; Kluge 1999, S. 31 ff.; Kuckartz 2010) und auf eine damit oft einhergehende Verwendung von Begrifflichkeiten (wie Cluster; Merkmalsraum), die viele eher mit standardisierten Methoden verbinden. Irritierend ist aber auch das häufige, geradezu apodiktische und nicht weiter begründete Insistieren auf Einzelfallanalysen als Ausgangspunkt für (dann fall-) kontrastierende Typenbildungen (z. B. Kelle und Kluge 1999, S. 75) – steht dies doch der Logik kontrastierender Interpretationen diametral entgegen.

---

[28]Zu dieser Einschätzung kommen auch Przyborski und Wohlrab-Sahr (2014), nach denen „die Konstruktion von Idealtypen nicht in erster Linie als Resultat der Forschung, sondern vor allem als Methode der Forschung aufzufassen ist" (2014, S. 379). Aus der richtigen Feststellung, dass Idealtypen ein heuristisches Instrument sind, folgt logisch indes keineswegs, dass diese nicht empirisch aus Forschungsergebnissen entwickelt werden können.

4.4 Typenbildung

Als besonders problematisch muss aber vor allem die Zulassung, wenn nicht explizite Forderung „deduktiv" gewonnener Vergleichskriterien (u. a. Kelle und Kluge 1999, S. 83 ff.) und damit dann auch der basalen Konstruktionsmerkmale von Typen gelten, die insbesondere im Bereich der dokumentarischen Methode sehr offensiv vertreten wird (vgl. u. a. Bohnsack 1989, 1992; Nentwig-Gesemann 2001; Nohl 2013). Ein solches Vorgehen, eine externe Vorab-Bestimmung der grundlegenden Kriterien für die Typenkonstruktion ist mit der „induktiven" und offenen Vorgehensweise qualitativer Sozialforschung unvereinbar und wird hier als mögliche Vorgehensweise bei der Typenbildung ausgeschlossen.

Realtypen und vor allem eine überzeugende Rekonstruktion eines Realtypensatzes können als erfolgreiches Ergebnis qualitativer Studien gelten. Dennoch können und werden Realtypen oft als Ausgangspunkt für eine Idealtypenbildung angesehen und genutzt.[29] Denn oft wird die Bildung von Idealtypen oder einer (Ideal)Typologie als (ehrgeizigeres) Ziel qualitativer Analysen angestrebt.

Webers Erläuterungen zur Bildung von Idealtypen (s. o.) machen aber zunächst zwei Aspekte deutlich, die hinsichtlich des Ziels, Idealtypen als Endpunkt qualitativ-empirischer Forschung anzustreben, zumindest skeptisch machen sollten: Zum einen müssen Idealtypen keineswegs oder gar nur empirisch gewonnen werden, sondern können auch theoretisch entwickelt werden, wie dies Weber selbst überwiegend getan hat; und wenn sie auf empirischer Forschung basieren, können ebenso gut quantitative – hierfür ist Esping-Andersens (1990) Typologie von Wohlfahrtsstaaten ein prominentes Beispiel – wie qualitative Daten dafür die Grundlage bilden.

Gewichtiger ist aber noch, dass die Idealtypenbildung vor allem ein analytischer Prozess (des „Bereinigens", „Fortdenkens" usw.) ist. Idealtypen können nicht unmittelbar interpretativ gewonnen werden (wenn auch auf der Basis empirischer Realtypen), sondern sind das Ergebnis einer zusätzlichen, theoriekonstruierenden Analyse des vorliegenden Materials, seien es nun Realtypen oder andere „Zwischenprodukte". Eine interpretative Rekonstruktion von Sinnstrukturen kann daher nie direkt zur Idealtypenbildung führen; diese erfordert immer einen zusätzlichen analytischen Schritt (vgl. Abb. 4.1).

Dennoch sollte – dies wird für die Deutungsmusteranalyse noch erläutert – die Bildung von Idealtypen als eine (überdies reiz- und anspruchsvolle) Zielsetzung

---

[29]Grundsätzlich können aus Realtypensets auch Klassifikation abgeleitet werden, wobei Realtypensets als unvollständige Klassifikationen gelten können. Sofern die Realtypen durch empirische Forschung gewonnen wurden, wäre dies als Resultat jedoch zumindest enttäuschend. Denn Klassifikationen lassen sich weiter weniger aufwendig aus einfachen Kombinationen von Merkmalen bilden.

Abb. 4.1 Realtypen und Idealtypen als Ergebnisse eines qualitativen Forschungsprozesses

qualitativer Forschung nicht leichthin aufgegeben werden. So gibt es kaum Zweifel daran, dass eine gelungene Idealtypenbildung oder gar eine Typologie den Wert einer qualitativen Studie sehr deutlich erhöhen können, weil sie deren Bedeutung über den engeren Forschungskontext erheben. Genauso zweifelsfrei scheint andererseits aber leider auch, dass qualitative Forschungsergebnisse sich sehr häufig nicht für eine Bildung von Idealtypen eignen.

Typenbildung in der Deutungsmusteranalyse (auf der Basis Diskursiver Interviews)
Bei der Anwendung typologisierender Verfahren im Zuge einer Deutungsmusteranalyse hat man es mit einer besonderen Situation zu tun. Denn soziale Deutungsmuster sind bereits „typisierte Wissensformen", die mehr oder minder komplexe Zusammenhänge vereinfachend abbilden und gerade dadurch die Verwender der Deutungsmuster handlungsfähig machen. Deutungsmuster sind also selbst bereits Typen. Diese Besonderheit ist aber nur ein semantisches Problem und hat keinen Einfluss auf das Vorgehen bei der Bildung von Realtypen, die dann Realtypen „praktischer" Typen (oder eben von Deutungsmustern) sind.

Im Interpretationsverständnis des Diskursiven Interviews führt die kontrastierende Rekonstruktion der sozialen Deutungsmuster unmittelbar zur Bildung von Realtypen im oben definierten Sinn: als empirische, von Idiosynkrasien bereinigte Typenbegriffe. Die Gesamtheit der Deutungsmuster-Realtypen repräsentiert und strukturiert dabei „nur" die im Datenmaterial auffindbaren (bzw. aus ihm rekonstruierten) sozialen Deutungsmuster (Realtypenset). Eine solche Rekonstruktion aller Realtypen eines Bezugsproblems setzt in der Regel voraus, dass durch das Sampling bereits eine möglichst gute (typo)logische Repräsentation des Feldes erreicht wurde (vgl. Abschn. 3.1).

Einen gesonderten Schritt zur Bildung von Realtypen kann es also bei der Deutungsmusteranalyse, so wie sie hier verstanden wird, nicht geben. Dies auch nicht im Sinne eines „zweiten Grades" (oder auf einer anderen Ebene als der des Textmaterials). So erfordern kontrastierende Interpretationen zwar vielfache

4.4 Typenbildung

und auch wiederholte Vergleiche, um zu den erforderlichen Gruppierungen von Derivationen zu kommen; einen „qualitativen Sprung" von einfachen Vergleichen zur kontrastierenden Realtypenbildung gibt es dabei jedoch nicht. Vielmehr sind die gruppierten Derivationen das sich schrittweise entwickelnde Ergebnis wiederholter Kontrastierungen. Diese werden erst dann beendet, wenn die Gruppierungen der individuellen Derivationen „sinnrekonstruktiv" erschlossen wurden, sie also mehr als empirische Kumulationen von Merkmalen sind, weil sie eine geteilte Sinnstruktur erkennen lassen, und wenn weitere Kontrastierungen nicht mehr möglich sind oder keine neuen Erkenntnisse versprechen.

Dass die so gewonnenen Gruppierungen sinnhaft interpretiert werden können, also nachvollziehbar ähnlich und von anderen unterscheidbar sind, ist dabei sehr wahrscheinlich: Denn so wie sich die Gruppierungen von Derivationen allmählich durch Kontrastierungen herausschälen, so entwickelt sich mit den schrittweise rekonstruierten Strukturen auch das Verständnis für ihre Bedeutungsmöglichkeiten im Prozess der Kontrastierung. Kurz: Die beiden Voraussetzungen für die Realtypenbildung – die Gruppierung (von Derivationen) und deren interpretative Erschließung – sind also parallele Prozesse.

Realtypensets und – je nach Forschungsinteresse und Gegenstand – auch einzelne Realtypen können durchaus zufriedenstellende Forschungsergebnisse darstellen. Dennoch ist auch für eine Deutungsmusteranalyse die Entwicklung von Idealtypen und einer möglichst vollständigen Typologie der sozialen Deutungsmuster eines Bezugsproblems ein wünschenswertes (wenn auch nicht notwendiges) Ziel. Die Realtypenbildung kann in diesem Fall als ein Zwischenschritt zur Entwicklung einer (Ideal)Typologie angesehen werden.

Wenn zuvor also darauf hingewiesen wurde, dass Idealtypen auch theoretisch oder quantitativ gewonnen werden können, dann ist dies hier für das Diskursive Interview und die Deutungsmusteranalyse wieder zu relativieren. Hierfür sind zwei Überlegungen entscheidend:

Zum einen wird hier davon ausgegangen, dass Deutungsmuster, gerade weil es sich bei ihnen selbst um typisierte Wissensformen handelt, nur empirisch rekonstruiert werden können. Eine idealtypische Konstruktion sozialer Deutungsmuster-Typen, die nicht auf empirischen Rekonstruktionen realtypischer Deutungsmuster (oder anderem empirisch rekonstruierten Material) basiert, ist vielleicht nicht unmöglich, aber auf jeden Fall wenig vielversprechend, da sie der empirischen Komplexität des Gegenstandsbereichs kaum gerecht werden könnte. Darüber hinaus wird hier die insbesondere vonseiten der Grounded Theory vertretene Position empirisch begründeter Theoriebildung (Glaser und Strauss 1967) geteilt. Für Idealtypen „übersetzt" soll also behauptet werden, dass empirisch basierte, d. h. durch intensive Beobachtung der sozialen Wirklichkeit gewonnene

Idealtypen „besser" (falsifikationsstabiler) sind als solche, bei denen dies nicht der Fall ist. Davon unbenommen hängt die Güte einer Idealtypenbildung nur zum Teil von ihrer empirischen Fundierung ab und in keinem Fall können Idealtypen ausschließlich interpretativ rekonstruiert werden: Die Bildung von Deutungsmuster-Idealtypen ist kein rein empirisches Vorgehen. Sie entstehen nicht allein durch fortgesetzte Interpretationen oder gar durch eine einfache Summation von Merkmalsausprägungen. Eine Idealtypenbildung erfordert vielmehr und zusätzlich ein erhebliches Maß an „Theoriearbeit". Die Bildung eines oder mehrerer Idealtypen ist also kein reiner Rekonstruktionsprozess, in dem – wie aufwändig auch immer – bestehende Strukturen freigelegt werden. Er ist zu einem guten Teil ein Konstruktionsprozess, bei dem sich die konzeptionelle Begrifflichkeit sukzessiv vom empirischen Gegenstandsbereich und im Fall einer empirisch-qualitativen Fundierung auch von den Realtypen entfernt.

Das Ziel besteht dabei in einer „Irrealisierung" oder Befreiung von konkreten Gegenstandsbezügen. Erst wenn die Typen in diesem Sinne „ideal" und „empirisch leer" sind, kann sinnvoll von einer Idealtypenbildung gesprochen werden. Für die Deutungsmusteranalyse bedeutet dies vor allem, dass Deutungsmuster-Idealtypen keine Elemente mehr enthalten, die noch direkt auf den konkreten Untersuchungsgegenstand hinweisen. Für diesen Prozess der Idealtypenkonstruktion sind primär gedanklich-kreative Leistungen erforderlich (u. a. theoretische Extrapolation und Generalisierung, Abstraktion, gedankenexperimentelle Variation).[30]

Hieran zeigt sich vielleicht auch, worin die erwähnte Schwierigkeit besteht, den Prozess der Idealtypenbildung darzustellen. Denn es handelt sich nicht um einen methodischen Schritt, für den man entsprechende Verfahrensweisen

---

[30]Das klingt womöglich abstrakter und komplizierter, als es dann in tatsächlichen Interpretations- und Analyseprozessen ist. Ein rein fiktives Beispiel: Bei einer Studie zu Deutungsmustern von Arbeitslosigkeit (vgl. a. die Kurzdarstellung von Brenke und Peter [1985] in Abschn. 1.3) könnten z. B. Realtypen wie „Arbeitslose sind faul", „Arbeitslosigkeit kann jeden treffen", „Arbeitslosigkeit ist in einer globalisierten Welt normal" usw. das (gegenstandsnahe) Ergebnis der interpretativ-rekonstruktiven Analysen sein. Die Folge weiterer analytischer Auseinandersetzungen mit diesen Realtypen könnten dann abstraktere und konsistentere Idealtypen sein wie vielleicht „Viktimisierung sozialer Lagen" oder „Ökonomischer Fatalismus". Solchen Idealtypen würde dann in der Regel keine einzelne Derivation (von Arbeitslosigkeit) genau entsprechen. Sie müssten, um sich zu bewähren, aber sowohl das untersuchte Feld „besser" erklären können, als auch auf andere Gegenstandsbereiche (z. B. Deutungsmuster anderer sozialer oder individueller Lagen wie Armut, Ausbildung oder Gesundheit) erfolgreich angewendet werden können.

4.4 Typenbildung

darstellen könnte. Man kann sich hier an die sehr knappen und vagen Anregungen Webers halten, wie die „Sinndeutung durch den Erfolg" und das gedankenexperimentelle Fortdenken einzelner Bestandteile (bzw. die thematisch-logische Reinigung) eines Typus (Weber 1985, S. 4 f.), oder sich an weitergehenden Interpretationen oder Vorschlägen orientieren, wie sie insbesondere Gerhardt (1984, 1986) in die methodologische Diskussion eingeführt hat. So anregend und hilfreich diese Ratschläge für die Idealtypenkonstruktion auch sein mögen: Sie ändern nichts daran, dass der entscheidende Impuls für die Bildung von Idealtypen – und erst recht für die von Typologien – ein gedanklicher (konzeptioneller, theoretischer) ist und daher weder „gelernt" noch „angewendet" werden kann.

Ob schließlich eine aus empirisch-qualitativer Forschung heraus entwickelte Typologie gut (oder „besser") ist, kann wiederum weder allgemein „bewiesen" noch für den konkreten Forschungsfall nachgewiesen werden. Denn, wie Weber betonte, der Wert von Idealtypen und Typologien zeigt sich erst in der Erfahrungsprobe späterer Anwendungen, nämlich daran, ob sie als heuristische Instrumente taugen. Auch eine Rekonstruktion von Deutungsmuster-Idealtypen muss sich in weiteren Untersuchungen und für die Theoriebildung als nützlich erweisen, und zwar auch in anderen sozialen Feldern. Das empirische Material, aus dem die Idealtypen entwickelt wurden, kann dabei jedoch als erster und wichtigster Anwendungsfall angesehen werden. Wenn es gelingt, mit den Idealtypen ein (noch) besseres Verständnis des Forschungsgegenstandes zu erlangen (als mit den Realtypen), ist dies zumindest ein gutes Argument für die Plausibilität und Tragfähigkeit der entwickelten Deutungsmuster-Idealtypen.

Qualitätssicherung beim Diskursiven Interview

In Abschn. 4.4 wurde die Typenbildung auch als Weg zur Generalisierung und Qualitätssicherung qualitativer Forschung beschrieben. Dabei ist noch offengeblieben, was hierunter genau zu verstehen ist. Dies soll nun in diesem abschließenden Kapitel näher geklärt werden. Wie in früheren Kapiteln ist dafür zunächst eine allgemeine Befassung mit dem Thema Qualitätssicherung in der qualitativen Sozialforschung erforderlich, bevor die damit verbundenen Fragen in Hinblick auf das Diskursive Interview diskutiert werden können.

Im Bereich der qualitativen Sozialforschung sind unterschiedliche Strategien zu beobachten, mit denen versucht wird, die Qualität empirischer Forschung (als Prozess und als Ergebnis) zu untermauern und damit deren Autorität zu erhöhen.[1] Grundsätzlich können dabei zwei zentrale Aspekte unterschieden werden:

Zum einen ist die Frage zu beantworten, warum ein Rezipient dem/der Forschenden seine/ihre Forschungsergebnisse „abnehmen" soll. Hier geht es also um die *Glaubwürdigkeit der Forschungsergebnisse*. (Wie kommt der/die Forscher/in zu seinen/ihren Interpretationen? Würden andere zu den gleichen kommen?) In der empirischen Sozialforschung wird diese Frage klassisch anhand von Gütekriterien (Validität, Reliabilität, Objektivität) beurteilt.

Werden Forschungsergebnisse als glaubwürdig (gültig) anerkannt, stellt sich sodann die weitere Frage, ob sie über den konkreten Untersuchungsgegenstand hinaus bedeutsam sind. Hier geht es also um die *Verallgemeinerbarkeit* (bzw. den Grad der Verallgemeinerbarkeit) von grundsätzlich als glaubwürdig anerkannten Forschungsergebnissen.

---

[1]Dabei stellt „empirische Forschung" selbst wiederum nur einen Modus unter anderen dar, mit dem die Gültigkeit wissenschaftlicher Arbeit gerechtfertigt wird (Reichertz 1999, S. 320 ff.). Zu den alternativen Modi zählt Reichertz u. a. das Charisma der Forschenden, spezifische Verfahren und den wissenschaftlichen Diskurs (1999, S. 334 ff.).

Bezüglich beider Fragen ist die qualitative Sozialforschung nur mühselig zu entkräftenden Verdachten ausgesetzt: Im ersten Fall besteht der Verdacht des Subjektivismus: Interpretationen seien immer und notwendig subjektiv; viele andere Forscher/innen hätten die Daten daher auch anders interpretiert und wären zu anderen Ergebnissen gekommen. Im zweiten Fall werden die fehlende statistische Repräsentativität bzw. die kleinen Fallzahlen kritisiert, die keine statistischen Verallgemeinerungen zulassen. Wie schon in Abschn. 3.1 erläutert wurde, beruht dies auf einem verengten, aber in den Sozialwissenschaften und auch „außerwissenschaftlich" überaus verbreiteten Verständnis von Repräsentativität und Generalisierbarkeit. Der qualitativen Sozialforschung fällt es daher oft schwer, den Wert der eigenen Forschungsergebnisse nach außen überzeugend darzulegen.[2]

Qualitative Sozialforscher und Sozialforscherinnen stimmen aber weitgehend darüber ein, dass für beide Fragen (nach der Glaubwürdigkeit und nach der Verallgemeinerbarkeit) Antworten gefunden werden müssen. Keine Einigkeit besteht dagegen darüber, wie diese Antworten aussehen könnten und ob Antworten für die gesamte qualitative Sozialforschung oder nur für einzelne Methoden und Richtungen gefunden werden können.

Die große Heterogenität im Umgang mit Qualitätsstandards innerhalb der qualitativen Sozialforschung führt Flick (2005, S. 192 ff.) vor allem auf die unterschiedlichen und z. T. gegensätzlichen methodologischen Schulen sowie auf unterschiedliche Entwicklungen und Traditionen in Sprachräumen (insb. zwischen der angloamerikanischen und der deutschen Diskussion) und Disziplinen zurück. Im Ergebnis habe dies zu einer Diskrepanz zwischen dem Anspruch auf allgemeine, für die gesamte qualitative Sozialforschung geltende Standards und „lokalen", auf einzelne Methoden und Anwendungsbereiche begrenzten Lösungsvorschlägen geführt. Andererseits wird immer wieder die Frage gestellt, ob es überhaupt für alle Richtungen der qualitativen Sozialforschung gleichermaßen gültige Qualitätskriterien geben kann bzw. ob eine „Standardisierung von Qualitätsstandards" überhaupt notwendig oder wünschenswert ist (vgl. a. Lüders 2003; Reichertz 1997; Strübing et al. 2018).

Insgesamt wird die Vorstellung allgemeingültiger qualitativer Qualitätsstandards nur selten vertreten (Seale 1999). Weit häufiger wird davon ausgegangen, dass sich die einzelnen methodologischen Richtungen vor allem hinsichtlich ihrer epistemologischen Prämissen so grundsätzlich unterscheiden, dass bestenfalls auf der Ebene

---

[2]Ein möglicher Grund dafür könnte allerdings auch ein zu wenig selbstkritischer Umgang mit Fragen der Qualitätssicherung in der qualitativen Sozialforschung sein.

einzelner Methodologien die Formulierung relativ „verbindlicher" (konsensueller) Qualitätskriterien möglich wäre (vgl. u. a. Creswell und Miller 2000; Guba und Lincoln 1998; Madill et al. 2000; Metcalfe 2005; Terhart 1995).

5.1 Glaubwürdigkeit

Zur Begründung oder Plausibilisierung der Glaubwürdigkeit von Forschungsergebnissen werden in weiten Teilen der empirischen Forschung sog. Gütekriterien verwendet. Üblicherweise wird dabei zwischen Validitätskriterien (zur Überprüfung der Gültigkeit der Ergebnisse), Reliabilitätskriterien (Überprüfung der Zuverlässigkeit einer Methode) und Objektivitätskriterien (Unabhängigkeit der Forschungsergebnisse von den forschenden Personen) unterschieden. Vor allem die beiden ersten Kriterien haben einen deutlich „messtechnischen" Hintergrund und sind auf qualitative Forschung nicht ohne Weiteres übertragbar.

Grundsätzlich können drei klar unterscheidbare Umgangsweisen mit Gütekriterien ausgemacht werden: die Zurückweisung von Gütekriterien, Versuche, die klassischen Kriterien anzuwenden oder für die qualitative Sozialforschung zu adaptieren, und die Entwicklung eigener, qualitativer Gütekriterien.

Zurückgewiesen wird die Verwendung von Gütekriterien vor allem mit zwei Argumenten: Zum einen wird auf den Charakter qualitativer Forschung verwiesen. Da diese der Exploration und Hypothesengewinnung diene, sei die Frage der Gültigkeit der Forschungsergebnisse zumindest von untergeordneter Bedeutung. Spezifische, unmittelbar auf die Erzeugung der Forschungsergebnisse gerichtete Gütekriterien seien daher *nicht notwendig*. Oft wird auch keine Notwendigkeit von Gütekriterien gesehen, weil die Gültigkeit der Forschungsergebnisse bereits durch das angewendete Analyseverfahren hinreichend gewährleistet sei. Zum anderen wird behauptet, dass eine Anwendung von Gütekriterien in der qualitativen Sozialforschung *nicht möglich* sei, was vor allem mit dem interpretativen Charakter qualitativer Forschung begründet wird. Interpretationen entzögen sich demnach per se „objektivierten" Qualitätskriterien und externen Beurteilungen.[3]

---

[3]In der radikalkonstruktivistischen Version dieser Sichtweise wird darüber hinaus geltend gemacht, dass es grundsätzlich nicht möglich sei, etwa zwischen „guten" und „schlechten" Interpretationen zu unterscheiden, was bereits die Idee, man könne Forschungsergebnisse anhand von Gütekriterien beurteilen, absurd erscheinen lässt (vgl. u. a. Lincoln und Guba 1985, S. 289 ff.; Seale 1999, S. 32 ff.; Steinke 1999, S. 131 ff.).

Gegen die Zurückweisung von Gütekriterien wird von anderer Seite eingewandt, dass sich jede Forschung Fragen nach ihrer Qualität gefallen lassen und Kriterien dafür benennen müsse, an denen Dritte diese Qualität beurteilen können. Denn auch wenn man explorativ oder deskriptiv forscht, könne dies besser oder schlechter gemacht werden. Gleiches gilt auch für die empirisch basierte Hypothesengenerierung und sozialwissenschaftliche Interpretationsverfahren, für die andere (prüfbare) Anforderungen gelten müssten als etwa für künstlerische.

Die zweite Grundhaltung geht davon aus, dass die klassischen Gütekriterien der Validität, Reliabilität und Objektivität universell sind (also kein Spezifikum einer bestimmten Methodenart) und daher auch auf qualitative Forschung anzuwenden sind. Die *Anwendung oder Reformulierung der klassischen Gütekriterien für qualitative Forschung* (vgl. u. a. Kirk und Miller 1986; Kelle et al. 1993; Kvale 1995; Madill et al. 2000) erweist sich aber insgesamt als überaus schwierig, ohne dass dieser Anspruch ganz aufgegeben wird (vgl. Flick 2005, S. 195 f.).

Ein mögliches Reliabilitätskriterium ist z. B. das parallele, aber unabhängige Kodieren einer Textpassage von mindestens zwei Kodierer/innen. Stimmen die vergebenen Codes weitgehend überein, kann der Kodiervorgang als reliabel bewertet werden (für Beispiele vgl. Madill et al. 2000; Silverman 1997). Weit mehr Aufmerksamkeit als das Kriterium der Reliabilität[4] hat in der methodologischen Diskussion der qualitativen Sozialforschung jedoch die Validität gefunden. Dabei wird zum einen beansprucht, dass qualitative Erhebungsverfahren u. a. aufgrund ihrer Offenheit, „Naturalistizität" und Kontextualisierung bereits eine „ökologische Validität" (vgl. Kvale 1995; Mühlfeld et al. 1981, S. 346 ff.) gewährleisten, also eine gegenüber standardisierten Verfahren deutlich höhere Gültigkeit. Ebenso wie andere Vorschläge zur Validierung[5] von Forschung handelt es hierbei jedoch nicht um ein Validitätskriterium im klassischen Sinne,

---

[4]So ist die Behauptung Lamneks, Reliabilität tauche als messtheoretischer Begriff „in den Methodendiskussionen des qualitativen Paradigmas (…) nur negativ ausgrenzend auf" (Lamnek 1988, S. 161), angesichts einiger Gegenbeispiele gewiss übertrieben, gibt aber wohl eine verbreitete Einschätzung wieder.

[5]Die vielleicht bekanntesten Vorschläge für qualitative Validierungsverfahren sind die kommunikative, die pragmatische, die prozedurale, die argumentative und die kumulative Validierung (vgl. u. a. Flick 2005, S. 197 f.; Kvale 1995; Lamnek 1988, S. 151 ff.). Darüber hinaus wurden auf der Basis sehr unterschiedlicher epistemologischer Positionen Validitätskriterien und Validierungsformen vorgeschlagen, die häufig kaum noch einen erkennbaren Bezug zum klassischen Validitätsverständnis haben (vgl. u. a. Lather 1993; Lewis 2009; Maxwell 1992; Onwuegbuzie und Leech 2007).

5.1 Glaubwürdigkeit

sondern um eine allgemeine Strategie zur Geltungsbegründung (Mishler 1990, S. 419 f.). Dies gilt auch für die „kommunikative Validierung", die den sozialen Verfahren (s. u.) zuzurechnen ist.

Die in weiten Teilen der qualitativen Sozialforschung am häufigsten mit der Hoffnung auf eine plausible Geltungsbegründung verbundene und praktizierte Strategie ist aber wohl die *Triangulation* (vgl. u. a. Denzin 1970; Flick 2008). Eine Triangulation ist „die Kombination von Methodologien bei der Untersuchung desselben Phänomens" (Denzin 1970, S. 291), wobei meist die Kombination unterschiedlicher Datenarten oder Methoden gemeint ist.[6] Im Fall einer Methodentriangulation können die eingesetzten Methoden gleichberechtigt sein oder in einem hierarchisierten Verhältnis stehen. Werden dabei qualitative Methoden mit standardisierten kombiniert, wird dies meist als „Mixed Methods" bezeichnet (vgl. u. a. Bryman 2006; Tashakkori und Teddlie 2003).

Ursprünglich wurde die Triangulation primär zur Validierung von Forschungsergebnissen entwickelt: Wenn zwei Methoden zum gleichen Ergebnis kommen, so die Idee, validieren sie sich gegenseitig bzw. das übereinstimmende Ergebnis. Derartige Ansprüche haben sich jedoch methodologisch nicht aufrechterhalten lassen. So sind auch zwei oder mehr übereinstimmende Ergebnisse keine Garantie, dass die Ergebnisse gültig sind. Vor allem aber ist unklar, wie damit umzugehen ist, wenn die Ergebnisse unterschiedlicher Methoden zu widersprüchlichen Ergebnissen führen. Heute werden triangulative Verfahren daher auch eher als alternative Formen der Geltungsbegründung (und nicht als Mittel zur Validierung) angesehen (vgl. hierzu a. Flick 2008, S. 17 ff.).

Die Schwierigkeiten bei der „Übersetzung" klassischer Gütekriterien für qualitative Kontexte haben die Zweifel an deren Anwendbarkeit und Angemessenheit eher noch verstärkt. Will man dann aber nicht ganz auf Qualitätskriterien verzichten, bleibt als einziger Ausweg die *Entwicklung und Anwendung eigener, der qualitativen Sozialforschung* insgesamt oder einzelnen Ansätzen und Methoden *angemessener Kriterien*. Als schon klassisch kann hier der Vorschlag von Lincoln und Guba gelten, die Glaubwürdigkeit, Übertragbarkeit, Zuverlässigkeit, Bestätigbarkeit und Authentizität als spezifisch qualitative Gütekriterien (bzw. Kriterien zur Herstellung von Vertrauenswürdigkeit) vorschlagen (Lincoln und Guba 1985, S. 289 ff.; Guba und Lincoln 1998, S. 213).

---

[6]Zusätzlich unterscheidet Denzin (1970) noch die Forscher- und die Theorien-Triangulation.

Soziale Verfahren der Geltungsbegründung

Von besonderer Bedeutung für die Diskussion um Qualitätsstandards in der qualitativen Sozialforschung sind Verfahren, die eine Geltungsbegründung über soziale Prozesse anstreben. Dabei soll die Qualität der Forschung durch ihre Akzeptanz bei relevanten Bezugsgruppen gesichert werden.[7] Grundsätzlich ist hier zwischen einer Geltungsabsicherung durch die „Beforschten" und im wissenschaftlichen Diskurs zu unterscheiden.

Die erste Variante ist im deutschsprachigen Kontext vor allem als *kommunikative Validierung* bekannt (auch „member check" oder „member validation"). Hierbei werden der Forschungsprozess und/oder die Forschungsergebnisse durch die Beforschten „geprüft" (vgl. Scheele und Groeben 1988). Der Einfluss der Beforschten kann dabei von einer bloßen Kommentierung von Forschungsergebnissen bis hin zur aktiven Mitgestaltung, wenn nicht Kontrolle des Forschungsprozesses reichen (Bloor 1997, S. 41 ff.). Die kommunikative Validierung wird in der qualitativen Sozialforschung kontrovers diskutiert. Vor allem für weite Bereiche der Ethnografie und insbesondere in der sog. Handlungsforschung ist sie ein zentrales Forschungsinstrument, dessen Bedeutung weit über die Geltungsbegründung hinausgeht. Von den meisten qualitativen Forscherinnen und Forschern wird sie dagegen als illegitime Einschränkung der Forscher/innen abgelehnt (Flick 2005, S. 197).

Die zweite Form fasst Geltungsbegründung als sozialen Diskurs auf, der insbesondere in der „scientific community"[8] geführt wird.[9] Vor allem

---

[7]In letzter Konsequenz ist die Geltung empirischer Forschungsergebnisse immer von sozialen Prozessen abhängig, nämlich davon, ob Forschungsergebnisse von der „scientific community" anerkannt bzw. hinreichend gewürdigt werden. Im Unterschied zu den zuvor diskutierten Kriterien wird in den als „sozial" bezeichneten Verfahren die diskursive Form der Geltungsbegründung aber konsequent als entscheidender, wenn nicht einziger Maßstab verstanden.

[8]In diesem Sinne definiert Mishler (1990, S. 417) Validierung als „social construction of knowledge", bei der entscheidend sei, ob „the relevant community of scientists evaluates reported findings as sufficiently trustworthy to rely on them for their own work". Im weiteren Sinne sind hierzu auch Verfahrensschritte zu zählen, die eine wechselseitige Kontrolle von Forscher/innen schon im Forschungsprozess selbst vorsehen (z. B. die Interpretation in Gruppen).

[9]Als weitere Bezugsgruppen kommen u. a. die Öffentlichkeit, Auftraggeber, Adressaten oder allgemein die „Praxis" in Betracht. Häufig wird in der „praktischen Relevanz" von Forschung auch ein eigenes Qualitätskriterium gesehen (vgl. z. B. Hammersley 1992; Steinke 1999, S. 241 ff.), wenn sie nicht – wie in der Handlungs- und Praxisforschung – sogar zum zentralen Qualitätsmerkmal von Forschung überhaupt erhoben wird.

5.1 Glaubwürdigkeit

> sind hierunter als „*peer examination*" bezeichnete Verfahren zu verstehen, bei denen eine externe Prüfung einzelner Forschungsschritte durchgeführt wird. Auch die Art und der Umfang einer „peer examination" können sehr unterschiedlich sein und vom einfachen Austausch bis zu umfangreichen Begutachtungen in Auditing-Prozessen reichen (vgl. Lincoln und Guba 1985, S. 318 ff., 382 ff.). Für soziale Verfahren der Geltungsbegründung und insbesondere von „peer examination" gibt es eine Vielzahl von Einzelvorschlägen sowie umfassende Kriterienkataloge. Ein zentraler Aspekt ist dabei die Herstellung von Transparenz und intersubjektiver Überprüfbarkeit durch eine ausführliche Dokumentation des gesamten Forschungsprozesses (Steinke 1999, S. 208 ff.).

Mittlerweile liegen viele solcher Vorschläge für spezifisch qualitative Gütekriterien vor (vgl. u. a. Huberman und Miles 1998; Mishler 1990; Steinke 1999). Meist werden dabei „weiche" Kriterien vorgeschlagen wie die „Gegenstandsangemessenheit" der Methode (Steinke 1999, S. 215 ff.), die dokumentierte Reflexivität der Forschenden (Seale 1999, S. 159 ff.; Steinke 1999, S. 231 ff.; s. a. Abschn. 2.2.3) und vor allem auch soziale Verfahren der Geltungsbegründung (s. Box). Kritisch wird gegen solche Kriterienvorschläge zur Beurteilung qualitativer Sozialforschung eingewandt, dass die einzelnen Vorschläge meist sehr allgemein, zu vage formuliert und daher schwer anwendbar seien. Darüber hinaus scheinen viele Vorschläge nur für einzelne Methoden angemessen und können daher nicht beanspruchen, für die qualitative Sozialforschung allgemeingültige Gütekriterien zu sein. Trotz der vielfältigen Vorschläge ist es daher bisher nicht gelungen, für die qualitative Sozialforschung verbindliche (oder auch nur halbwegs konsensuelle) Gütekriterien zu entwickeln.

Da noch keine überzeugenden Lösungen gefunden wurden, hat sich von den drei hier skizzierten Grundpositionen zur Geltungsbegründung bisher auch keine durchsetzen können. Deutlich scheint auch, dass sich viele qualitative Sozialforscher/innen nur wenig bzw. nur auf ihre konkrete Forschung bezogene Gedanken zur Geltungsbegründung machen. Gleichzeitig gibt es offenbar so etwas wie Referenzpunkte und implizite Regeln, mit denen die Qualität der eigenen Forschung „signalisiert" wird. Hierzu gehören u. a. die Verwendung etablierter und zunehmend „standardisierter" und kodifizierter Methoden, ein hoher Grad an „Verregelung" dieser Methoden (bzw. die Neigung, Methoden mit starken Regelvorgaben zu verwenden) sowie die Offenlegung des methodischen Vorgehens (u. a.: genaue Darstellung der einzelnen Arbeitsschritte; Interpretationsbeispiele; offensive Diskussion von Forschungsproblemen).

5.2 Reichweite

Neben der Glaubwürdigkeit der Forschungsergebnisse gilt deren Verallgemeinerbarkeit (Generalisierung) als das zweite wichtige Qualitätskriterium für die Beurteilung von Forschung. Die Frage, ob und wie weit Forschungsbefunde über den unmittelbaren Forschungsgegenstand hinaus Geltung beanspruchen können, setzt dabei eine (positive) Glaubwürdigkeit voraus. (Sind Forschungsergebnisse nicht glaubwürdig, dann besteht kein Grund, diese zu verallgemeinern). Forschungsergebnisse müssen allerdings nicht unbedingt verallgemeinerbar sein (so insb. angewandte Forschung). Aber mit dem Grad ihrer Reichweite bzw. Generalisierbarkeit steigen (ceteris paribus) auch die Bedeutung und der Wert von Forschungsergebnissen.

Auch für diese zweite Form der Beurteilung von Forschungsqualität fallen die Antworten innerhalb der qualitativen Sozialforschung sehr gegensätzlich aus. Zunächst findet sich auch hier die Auffassung, dass eine Generalisierung qualitativer Forschungsbefunde *nicht möglich* oder *nicht notwendig* sei. Die Unmöglichkeit von (statistischen) Generalisierungen kann dabei einerseits als unvermeidlicher Preis für die gegenstandsnahe und „dichte" Beschreibung bedauert werden, etwa wenn das Interesse komplexen Einzelphänomenen gilt (Mayntz 1985). Als unnötig kann eine Generalisierung dagegen in Hinblick auf das Ziel der Hypothesengenerierung bzw. empirisch begründeter Theoriebildung gelten. Denn wie verbreitet entdeckte oder rekonstruierte Zusammenhänge sind, ist eine Frage, die eigentlich außerhalb eines explorativen oder hypothesengenerierenden Forschungsinteresses steht oder hier zumindest nachrangig ist. Insgesamt werden Fragen der Generalisierbarkeit (ähnlich wie die klassischen Gütekriterien) eng mit der Logik quantitativer Verfahren und statistischen Messens verknüpft und daher als für die qualitative Forschung unangemessen abgelehnt (vgl. u. a. Geertz 1987, S. 30 ff.; Lincoln und Guba 1985, S. 110 ff.).

Der Anspruch auf Generalisierung wird aber auch in weiten Teilen der qualitativen Sozialforschung grundsätzlich akzeptiert und auch offensiv vertreten (z. B. Williams 2000). Zumindest bestehen diverse Strategien, die Reichweite der empirischen Befunde zu erhöhen bzw. zu plausibilisieren. Eine eher pragmatische Strategie der Generalisierung besteht darin, in der Verknüpfung mit standardisierten Methoden *(mixed methods)* zu einer stärkeren Verallgemeinerbarkeit qualitativer Befunde zu gelangen (vgl. u. a. Flick 2008, S. 108 f.; Hammersley 1992, S. 86 ff.; Seale 1999, S. 113 ff.), also indirekt über den „Umweg" statistischer Repräsentativität. Eine ganz andere Strategie ist die *theoretische Generalisierung*. Dies sind Versuche, die Reichweite von Forschungsergebnissen durch die Verknüpfung mit Theorien zu erweitern (vgl. u. a. Becker 1998, S. 146 ff.; Hammersley 1992, S. 91 ff.; Przyborski und Wohlrab-Sahr 2014, S. 366 f.; Seale 1999, S. 109 ff.).

5.2 Reichweite

Trotz dieser und anderer Versuche, Generalisierbarkeit auch im Rahmen qualitativer Forschung zu gewährleisten, dominieren in der qualitativ-methodologischen Literatur *generalisierungsskeptische Positionen* („The only generalization is: there is no generalization"; Lincoln und Guba 1985, S. 110). Sofern dies nicht nur zu einer einfachen Zurückweisung des Anspruches auf Generalisierung führt, werden Strategien vorgeschlagen, mit denen eine Geltung, die nicht nur auf den unmittelbaren Untersuchungskontext begrenzt ist, in einer der qualitativen Sozialforschung angemessenen Form begründet werden könne.

Vorschläge für originär qualitative Mittel zur Erhöhung der Reichweite (bzw. Anwendbarkeit) qualitativer Forschungsergebnisse sind u. a. die „Übertragbarkeit" (transferability) von Ergebnissen auf andere Kontexte (Lincoln und Guba 1985, S. 110 ff.) und die „Limitation" (Steinke 1999, S. 27 ff.). Ähnlich wie bei den Kriterien für Glaubwürdigkeit sind auch diese Vorschläge sehr vage und hinsichtlich ihrer Anwendung unklar (Seale 1999, S. 107 f.). Von ebenfalls „weichen" Konzepten wie einer theoretischen Generalisierung unterscheiden sich diese Vorschläge zudem weniger durch das Vorgehen als dadurch, dass das Ziel nicht als Generalisierung bezeichnet wird.

Auch hinsichtlich der Generalisierungsfrage ist die Situation in der qualitativen Sozialforschung also heterogen und kontrovers. Andererseits bestehen seit langem zwei qualitative „Großstrategien" zur Erhöhung der Reichweite qualitativer Forschungsergebnisse, die hier schon an anderer Stelle vorgestellt wurden (vgl. Abschn. 3.1 und 4.4).

Dies ist zum einen die Bildung von *Typologien* (vgl. Kluge 1999; Weber 1995 [1922]), die zwar keine Generalisierungen im Sinne statistischer Repräsentativität sind, aber eine generalisierungsäquivalente Funktion haben können. Denn zumindest eine Aufgabe von Typologien besteht auch darin, den Raum oder das Feld des untersuchten Phänomens strukturell-typologischen (statt quantitativ-proportional) abzubilden. Auf diesem Wege können dann Rückschlüsse für den gesamten Gegenstandsbereich gezogen werden.

Die zweite in diesem Zusammenhang wichtige Strategie ist das *„theoretical sampling"*, wie es Glaser und Strauss als grundlegendes Verfahren der „Grounded Theory" beschrieben haben (Glaser und Strauss 1967). Wenn das Ziel des „theoretical sampling" auch darin besteht, die Entwicklung gegenstandsbezogener Theorien zu ermöglichen, kann es dennoch auch als grundlegende Alternative zu Verfahren einer „repräsentativistischen" Generalisierung gelten. Denn beim „theoretical sampling" wird durch *systematische Variation* bereits im Forschungsprozess selbst eine Repräsentation und eine theoretische Sättigung angestrebt, die Bemühungen um eine Ex post-Generalisierung überflüssig erscheinen lassen (vgl. Glaser und Strauss 1967; Gobo 2004; Seale 1999, S. 87 ff.).

5.3 Qualitätssicherung bei der Deutungsmusteranalyse mit Diskursiven Interviews

Grundsätzlich ist ein unaufgeregter Umgang mit Fragen der Qualitätsbeurteilung zu empfehlen, an deren prinzipieller Notwendigkeit aber kein Zweifel bestehen sollte. Angesichts der schier unüberwindlichen „Übersetzungsprobleme" ist es aber ebenso zweifelsfrei, dass weder die klassischen Gütekriterien noch ein Generalisierungsanspruch im Sinne statistischer Repräsentativität geeignet sind, die Qualität von Rekonstruktionen sozialer Deutungsmuster zu beurteilen. Dies ändert aber wiederum nichts an den eingangs formulierten Fragen bzw. Zweifeln an der Glaubwürdigkeit („Sind das nicht nur subjektive Interpretationen?") und an der Reichweite von Forschungsergebnissen („Gilt das nicht nur für den untersuchten Bereich?"). Beide Fragen richten sich direkt an die Qualität der Forschung und sollten daher auch für eine Deutungsmusteranalyse auf der Basis Diskursiver Interviews beantwortet werden können.

Das Diskursive Interview versteht sich als eine umfassende qualitative Forschungsmethode, bei der die einzelnen Verfahrensschritte integriert und am Ziel der Rekonstruktion sozialer Deutungsmuster orientiert sind. Die Qualitätssicherung findet im Diskursiven Interview daher immer schon im und durch den Forschungsprozess selbst statt. Eine Ex post-Prüfung in Form eines oder mehrerer gesonderter Verfahren im Anschluss an den Forschungsprozess ist insofern nicht erforderlich – und zwar weder für die Frage der Glaubwürdigkeit noch für die nach der Reichweite der Forschungsergebnisse.

Qualitätssichernde Aspekte wurden entsprechend schon während der Darlegung des methodischen Vorgehens erläutert. Zentral ist hier die umfassende und (hoffentlich) überzeugende methodologische Begründung aller Forschungsschritte. Beim Diskursiven Interview sind dies vor allem der Samplingprozess, die Form der Interviewführung, die methodologische Fundierung von Frageformen, die kontrastierende Interpretation und die Typenbildung. An dieser Stelle müssen diese Aspekte der Forschungsqualität nur „erinnert" und zusammengeführt werden. (Dennoch werden am Ende dieses Abschnitts „ergänzende Maßnahmen" für eine zusätzliche Qualitätsfundierung vorgeschlagen.)

Nach der hier vertretenen Auffassung ist eine Generalisierung für Fragestellungen, die mit qualitativen Methoden untersucht werden, oft nicht notwendig, nicht möglich und vielleicht sogar nicht einmal wünschenswert. Gleichzeitig lässt sich als Grundregel formulieren, dass jede Forschung wenig dagegen einzuwenden hat, wenn die *Reichweite* der Forschungsergebnisse über

5.3 Qualitätssicherung bei der Deutungsmusteranalyse mit Diskursiven ...

den engeren Forschungskontext hinausreicht. Kurz: Sind Forschungsergebnisse nicht oder kaum verallgemeinerbar, können sie dennoch gut sein. Andererseits steigt deren Wert mit ihrer Reichweite zusätzlich.

Dies gilt auch für die Deutungsmusteranalyse mit Diskursiven Interviews. Die Rekonstruktion einzelner sozialer Deutungsmuster sowie gegenstandsnaher Realtypensets sind, wenn sie überzeugend gelingen, sinnvolle und befriedigende Forschungsergebnisse. Eine Idealtypologie – im Fall von Deutungsmustern also eine allgemeine Typologie sozialer Deutungsmuster – ist dennoch als höherwertigeres Ergebnis anzusehen, weil sie von konkreten Kontexten unabhängig ist. Daher sollte eine solche Typologie immer das Ziel, zumindest das „Fernziel", einer Deutungsmusteranalyse sein. Wie in Abschn. 4.4 verdeutlicht, kann man dies aber nicht fest einplanen, weil das empirische Material oft nicht für die Bildung von Idealtypen ausreicht.

Idealtypen und Typologien können dabei als eine spezifische Form von Generalisierung gelten. Man sollte sich dabei aber im Klaren sein, dass diese Form der Generalisierung nur wenig mit dem verbreiteten Verständnis von Generalisierung als statistische Repräsentativität gemein hat. Es scheint daher weniger missverständlich, die Bildung von Real- und Idealtypen als Strategien zur Erhöhung der Reichweite oder noch allgemeiner zur Steigerung des Werts qualitativer Forschungsergebnisse zu bezeichnen.

Eine Deutungsmusteranalyse mit Diskursiven Interviews hat zunächst, d. h. auf der Ebene der Erfassung individueller Derivationen, *kein Glaubwürdigkeitsbzw. Authentizitätsproblem*. Denn individuelle Derivationen, die mit Interviews erfasst werden, sind, wie in Abschn. 2.1 ausgeführt, nichts anderes als in Kommunikationen angewandte Deutungsmuster. Als solche sind sie immer „authentisch" und können nicht „falsch" oder „nicht valide" sein.[10]

Dies gilt allerdings nur für die jeweiligen Derivationen selbst, aber nicht für die Derivationen- und Deutungsmusterrekonstruktion im Forschungsprozess. Denn Derivationen und Deutungsmuster können womöglich nur unvollständig rekonstruiert werden. Das gilt sowohl für einzelne Deutungsmuster als auch für die Gesamtheit der Deutungsmuster eines Bezugsproblems.

---

[10]Möglich ist dagegen, dass Befragte sich oder die Interviewer/innen über die tatsächlich wirkmächtigen individuellen Deutungsmuster und die „wahren" Motive ihres Handelns täuschen. Diese sind aber auch nicht der Gegenstand einer Deutungsmusteranalyse mittels Diskursiver Interviews.

Die Gründe hierfür können unterschiedlich sein, sind aber vor allem auf drei „Fehlerquellen" zurückzuführen.

- So kann eine unzureichende Interviewführung dazu führen, dass Begründungen und andere Derivationen enthaltende Texte nicht in ausreichendem Maße vorhanden sind. Die Zahl der individuellen Derivationen würde dann nicht für eine Deutungsmusterrekonstruktion ausreichen bzw. die Rekonstruktion der Deutungsmuster würde auf einer „zu dünnen" Basis erfolgen. Hierdurch entsteht dann vor allem ein Glaubwürdigkeitsproblem hinsichtlich der rekonstruierten Deutungsmuster.
- Eine ähnliche Wirkung kann auch ein unzureichendes (z. B. zu früh abgebrochenes) „theoretical sampling" haben. Die dann fehlenden Kontrastierungsoptionen und eine womöglich zu kleine Fallzahl erschweren bereits die Rekonstruktion der Derivationen und Deutungsmuster, werden sich aber vor allem auf die Typenbildung abträglich auswirken.
- Unabhängig vom „theoretical sampling" können auch zu geringe oder „falsche" Kontrastierungen und Gruppierungen (z. B. infolge einer unzureichenden Kodierung) eine Typenbildung erheblich beeinträchtigen, wenn nicht gar verhindern, und dadurch die (mögliche) Reichweite der Forschungsergebnisse deutlich verringern.

Da solche „Fehler" – oft wird es sich eher um Folgen von Zielkonflikten oder einer „sperrigen" Empirie handeln – grundsätzlich nicht zu verhindern sind, sollten auch für eine Deutungsmusteranalyse mittels Diskursiver Interviews zwei allgemeine Regeln beachtet werden, die die Qualität der Forschung noch zusätzlich sichern können.

Die erste besteht in der ständigen und wiederholten Rückbindung bzw. Prüfung aller Auswertungs- und Interpretationsschritte am Datenmaterial. Dies ist zwar ohnehin ein Grundprinzip der interpretativen Rekonstruktion sozialer Deutungsmuster (vgl. Abschn. 4.2). Jenseits des ohnehin notwendigen Einsatzes im Rahmen interpretativer Rekonstruktionen können solche Prüfungen am Datenmaterial aber auch zur (Selbst)Kontrolle der Interpretationsprozesse verwendet werden (z. B., wenn dies zu bestimmten, vorher festgelegten Zeitpunkten erfolgt). Darüber hinaus können solche Prüfungen aber auch gezielt zur „Verifikation" (Erhärtung) bereits erfolgter Rekonstruktionen eingesetzt werden, insbesondere indem diese an noch nicht ausgewertetes Datenmaterial herangetragen werden.

Die zweite allgemeine Regel zur zusätzlichen Qualitätssicherung besteht darin, den gesamten Forschungsprozess möglichst umfassend und (fach)öffentlich zugänglich zu dokumentieren. Dazu gehören neben den Methoden (Diskursives

5.3 Qualitätssicherung bei der Deutungsmusteranalyse mit Diskursiven …

Interview, kontrastierende Rekonstruktion) vor allem auch alle forschungspraktischen Entscheidungen (insb. bei Problemen im Feld) sowie die Offenlegung oder Bereitstellung des Datenmaterials (vgl. a. Steinke 1999, S. 208 ff.). Eine ausführliche Dokumentation des gesamten Vorgehens ist zum einen natürlich eine Voraussetzung dafür, dass die Rückbindung der Interpretationsschritte auch „von außen" nachvollzogen werden kann. Sie hat aber auch einen Eigenwert, der über diesen Nachvollzug hinausgeht. Denn eine solche Dokumentation (u. a. auch der während der Forschung aufgetretenen Probleme und Problemlösungen) erhöht ganz allgemein die forscherische Redlichkeit. Im Extremfall könnte jeder einzelne Schritt von Unbeteiligten „repliziert" und geprüft werden und es würde an keiner Stelle im Dunkeln bleiben, „wie die denn darauf gekommen sind".[11]

Diese beiden Regeln sollten primär zur Selbstprüfung befolgt werden, vor allem um etwaige Schwächen der eigenen Forschung überhaupt erst zu erkennen. Gleichzeitig ermöglichen sie aber auch eine zumindest partielle externe Prüfung und tragen somit zur Glaubwürdigkeit und Reichweite der Forschungsergebnisse bei. Diese können schließlich auch durch ein triangulatives Vorgehen erhöht werden. So können insbesondere Gruppendiskussionen und Dokumentenanalysen (sowohl von klassischem Material als auch von Internetquellen) zur Rekonstruktion sozialer Deutungsmuster genutzt und zusätzlich zu Diskursiven Interviews verwendet werden. Sofern die Ergebnisse der unterschiedlichen methodischen Zugänge und Datenarten die Rekonstruktionen aus den Diskursiven Interviews stützen, ergänzen, modifizieren oder differenzieren, kann hierdurch – wenn auch jenseits engerer Validierungs- und Generalisierungsvorstellungen – die Glaubwürdigkeit erhöht und der Anspruch auf eine über den engeren Forschungsgegenstand hinausgehende Geltung untermauert werden.

---

[11]Eine derart „ideale" Dokumentation ist allerdings unwahrscheinlich: zum einen aufgrund des extrem hohen Arbeitsaufwandes; zum anderen aber vor allem wegen datenschutzrechtlicher und forschungsethischer Begrenzungen.

Literatur

Adamzik, Kirsten. 1995. *Textsorten – Texttypologie. Eine kommentierte Bibliographie*. Münster: Nodus.
Adamzik, Kirsten. 2008. Textsorten und ihre Beschreibung. In *Textlinguistik. 15 Einführungen*, Hrsg. Nina Janich, 145–175. Tübingen: Narr.
Alvesson, Mats. 2011. *Interpreting interviews*. Los Angeles: Sage.
Antaki, Charles. 1994. *Explaining and arguing. The social organization of accounts*. London: Sage.
Arnold, Rolf. 1983. Deutungsmuster. Zu den Bedeutungselementen sowie den theoretischen und methodologischen Bezügen eines Begriffs. *Zeitschrift für Pädagogik* 29:893–912.
Auer, Peter. 1996. From context to contextualization. *Links & Letters* 3:11–28.
Baker, Carolyn D. 2002. Ethnomethodological analyses of interviews. In *Handbook of interview research. Context and method*, Hrsg. Jaber F. Gubrium und James A. Holstein, 777–795. Thousand Oaks: Sage.
Barton, Allen H., und Paul F. Lazarsfeld. 1979. Einige Funktionen von qualitativer Analyse in der Sozialforschung. In *Qualitative Sozialforschung*, Hrsg. Christel Hopf und Elmar Weingarten, 41–89. Stuttgart: Klett-Cotta (Erstveröffentlichung 1955).
Bastian, Jasmin. 2014. *Väter und das Vorlesen. Eine Deutungsmusteranalyse*. Wiesbaden: Springer VS.
Becker, Howard S. 1959. *Soziologie als Wissenschaft vom sozialen Handeln*. Würzburg: Holzner.
Becker, Howard S. 1998. *Tricks of the trade. How to think about your research while you're doing it*. Chicago: University of Chicago Press.
Bellah, Robert N., Richard Madsen, Willam M. Sullivan, Ann Swidler, und Steven M. Tipton. 1985. *Habits of the heart. Individualism and commitment in American life*. Berkeley: University of California Press.
Belnap, Nuel D., und Thomas B. Steel. 1976. *The logic of questions and answers*. New Haven: Yale University Press.
Berger, Peter L., und Thomas Luckmann. 1990. *Die gesellschaftliche Konstruktion der Wirklichkeit. Eine Theorie der Wissenssoziologie*. Frankfurt a. M.: Fischer (Erstveröffentlichung 1966).

Bergmann, Jörg R. 1981. Frage und Frageparaphrase: Aspekte der redezuginternen und sequenziellen Organisation eines Äußerungsformats. In *Methoden der Analyse von Face-to-Face-Situationen*, Hrsg. Peter Winkler, 128–142. Stuttgart: Metzler.

Blommaert, Jan. 2001. Context is/as critique. *Critique of Anthropology* 21 (1): 13–32.

Bloor, Michael. 1997. Techniques of validation in qualitative research a critical commentary. In *Context and method in qualitative research*, Hrsg. Gale Miller und Robert Dingwall, 37–50. London: Sage.

Blumer, Herbert. 1973. Der methodologische Standort des symbolischen Interaktionismus. In *Alltagswissen, Interaktion und gesellschaftliche Wirklichkeit. Bd. 1 „Symbolischer Interaktionismus und Ethnomethodologie"*, Hrsg. Arbeitsgruppe Bielefelder Soziologen, 80–146. Reinbek: Rowohlt.

Bögelein, Nicole. 2016. *Deutungsmuster von Strafe. Eine strafsoziologische Untersuchung am Beispiel der Geldstrafe*. Wiesbaden: Springer VS.

Bögelein, Nicole, und Nicole Vetter. 2019. *Der Deutungsmusteransatz: Einführung – Erkenntnisse – Perspektiven*. Weinheim: Beltz Juventa.

Bogner, Alexander, und Wolfgang Menz. 2001. „Deutungswissen" und Interaktion. Zu Methodologie und Methodik des theoriegenerierenden Experteninterviews. *Soziale Welt* 52 (4): 477–500.

Bogner, Alexander, Beate Littig, und Wolfgang Menz, Hrsg. 2002. *Das Experteninterview. Theorie, Methode, Anwendung*. Opladen: Leske + Budrich.

Bohnsack, Ralf. 1989. *Generation, Milieu, Geschlecht. Ergebnisse aus Gruppendiskussionen mit Jugendlichen*. Opladen: Leske + Budrich.

Bohnsack, Ralf. 1991. *Rekonstruktive Sozialforschung. Einführung in Methodologie und Praxis qualitativer Forschung*. Opladen: Leske + Budrich.

Bohnsack, Ralf. 1992. Dokumentarische Interpretation von Orientierungsmustern. Verstehen – Interpretieren – Typenbildung in wissenssoziologischer Analyse. In *Analyse sozialer Deutungsmuster: Beiträge zur empirischen Wissenssoziologie*, Hrsg. Michael Meuser und Rainer Sackmann, 139–160. Pfaffenweiler: Centaurus.

Bohnsack, Ralf. 1997. „Orientierungsmuster". Ein Grundbegriff qualitativer Sozialforschung. In *Methodische Probleme der empirischen Erziehungswissenschaft*, Hrsg. Folker Schmidt, 49–61. Baltmansweiler: Schneider.

Bohnsack, Ralf. 2000. Gruppendiskussion. In *Qualitative Forschung. Ein Handbuch. Reinbek*, Hrsg. Uwe Flick, Ernst von Kardorff, und Ines Steinke, 369–384. Reinbek: Rowohlt.

Bohnsack, Ralf, Nentwig-Gesemann Iris, und Nohl Arnd-Michael, Hrsg. 2007. *Die dokumentarische Methode und ihre Forschungspraxis. Grundlagen qualitativer Sozialforschung*, 2. Aufl. Wiesbaden: VS Verlag.

Bosancic, Sasa. 2014. *Arbeiter ohne Eigenschaften. Über die Subjektivierungsweisen angelernter Arbeiter*. Wiesbaden: Springer VS.

Bourdieu, Pierre. 1976. *Entwurf einer Theorie der Praxis auf der ethnologischen Grundlage der kabylischen Gesellschaft*. Frankfurt a. M.: Suhrkamp.

Bourdieu, Pierre, et al. 2002. *Das Elend der Welt. Zeugnisse und Diagnosen alltäglichen Leidens an der Gesellschaft*. Konstanz: UVK.

Brenke, Karl, und Michael Peter. 1985. Arbeitslosigkeit im Meinungsbild der Bevölkerung. In *Gewandelte Werte, erstarrte Strukturen. Wie Bürger Wirtschaft und Arbeit erleben*, Hrsg. Michael von Klipstein und Burkhard Strümpel, 87–127. Bonn: Verlag Neue Gesellschaft.

Breuer, Franz. 2010. Wissenschaftstheoretische Grundlagen qualitativer Methodik in der Psychologie. In *Handbuch Qualitative Forschung in der Psychologie*, Hrsg. Günther Mey und Katja Mruck, 35–49. Wiesbaden: VS Verlag.
Breuer, Franz, Günter Mey, und Katja Mruck. 2011. Subjektivität und Selbst-/Reflexivität in der Grounded-Theory-Methodologie. In *Grounded theory reader*, 2. Aufl, Hrsg. Günter Mey und Katja Mruck, 427–448.
Breuer, Franz, Petra Muckel, und Barbara Dieris. 2018. *Reflexive Grounded Theory. Eine Einführung für die Forschungspraxis*. Wiesbaden: Springer VS.
Briggs, Charles. 1986. *Learning how to ask. A socio-linguistic appraisal of the role of the interviewer in social science research*. Cambridge: Cambridge University Press.
Brinker, Klaus. 2005. *Linguistische Textanalyse. Eine Einführung in die Grundbegriffe und Methoden*., 6. überarbeitete u. erweiterte Aufl. Berlin: Schmidt.
Brinkmann, Svend. 2007. Could interviews be epistemic? An alternative to qualitative opinion polling. *Qualitative Inquiry* 13 (8): 1116–1138.
Bryman, Alan. 2006. Integrating quantitative and qualitative research. How is it done? *Qualitative Research* 6 (1): 97–113.
Bühler, Karl. 1999. *Sprachtheorie: Die Darstellungsfunktion der Sprache*, 3. Aufl. Stuttgart: Fischer.
Charmaz, Cathy. 2014. *Constructing grounded theory*, 2. Aufl. Los Angeles: Sage.
Cicourel, Aaron V. 1974. *Methode und Messung in der Soziologie*. Frankfurt a. M.: Suhrkamp (Erstveröffentlichung 1964).
Cicourel, Aaron V. 1982. Interviews, survey, and the problem of ecological validity. *The American Sociologist* 17:11–20.
Cicourel, Aaron. 2005. Elicitation as a problem of discourse. In *Sociolinguistics. An international handbook of the science of language and society*, 2., completely revised and extended Aufl., Hrsg. Ulrich Ammon, Norbert Dittmar, Klaus J. Mattheier, und Peter Trudgill, 1013–1022. Berlin: de Gruyter.
Clark, Herbert H., und T.V. Carlson. 1981. Context for comprehension. In *Attention and performance IX*, Hrsg. J. Long und A. Baddeley, 313–330. Hillside: Lawrence Erlbaum Associates.
Conrad, Rudi. 1978. *Studien zur Syntax und Semantik von Frage und Antwort*. Berlin: Akademie.
Creswell, John W., und Dana L. Miller. 2000. Determining validity in qualitative inquiry. *Theory into Practice* 39 (3): 124–130.
Danner, Helmut. 2006. *Methoden geisteswissenschaftlicher Pädagogik*, 5. Aufl. München: Ernst Reinhardt.
de Swaan, Abram. 1993. *Der sorgende Staat: Wohlfahrt, Gesundheit und Bildung in Europa und den USA der Neuzeit*. New York: Campus.
Denzin, Norman K. 1970. *The research act*. Chicago: Aldine.
Deppermann, Arnulf. 2013. Interview als Text vs. Interview als Interaktion [61 Absätze] *Forum: Qualitative Social Research* 14 (3), Art. 13.
Dewe, Bernd, und Wilfried Ferchhoff. 1984. Deutungsmuster. In *Handbuch Soziologie. Zur Theorie und Praxis sozialer Beziehungen*, Hrsg. Harald Kerber und Arnold Schmieder, 76–81. Reinbek: Rowohlt.
Dewe, Bernd, und Hans-Uwe Otto. 1980. Über den Zusammenhang von Handlungspraxis und Wissensstrukturen in der öffentlichen Sozialarbeit. *Neue Praxis* 10:127–149.
Dewe, Bernd, Wilfried Ferchhoff, und Friedhelm Peters. 1978. Über einige Möglichkeiten und Grenzen interaktionstheoretischer Handlungsanalyse. *Neue Praxis* 8:352–360.

Dey, Ian. 1999. *Grounding grounded theory*. San Diego: Academic Press.

Diekmann, Andreas. 1999. *Empirische Sozialforschung. Grundlagen, Methoden, Anwendungen*. Reinbek: Rowohlt.

Dittmar, Norbert. 2009. *Transkription. Ein Leitfaden mit Aufgaben für Studenten, Forscher und Laien*. Wiesbaden: VS.

Douglas, Jack D. 1985. *Creative interviewing*. Beverly Hills: Sage.

Duranti, Alessandro, und Charles Goodwin, Hrsg. 1992. *Rethinking context. Language as an interactive phenomenon*. Cambridge: Cambridge University Press.

Durkheim, Emile. 1981. *Die elementaren Formen des religiösen Lebens*. Frankfurt a. M.: Suhrkamp (Erstveröffentlichung 1912).

Durkheim, Emile. 1984. *Regeln der soziologischen Methode*. Frankfurt a. M.: Suhrkamp.

Eisermann, Gottfried. 1962. Vilfredo Pareto als Wissenssoziologe. *Kyklos* 15:427–464.

Esping-Andersen, Gøsta. 1990. *The three worlds of welfare capitalism*. Princeton: Princeton University Press.

Eucken, Walter. 1947. *Die Grundlagen der Nationalökonomie*. Godesberg: Verlag Helmut Küpper.

Fink, Arlene. 1995. *How to ask survey questions*. Thousand Oaks: Sage.

Fischer-Rosenthal, Wolfram, und Gabriele Rosenthal. 1997. Narrationsanalyse biographischer Selbstpräsentation. In *Sozialwissenschaftliche Hermeneutik*, Hrsg. Ronald Hitzler und Anne Honer, 133–164. Opladen: Leske + Budrich.

Fix, Ulla. 2008. Text und Textlinguistik. In *Textlinguistik. 15 Einführungen*, Hrsg. Nina Janich, 15–34. Tübingen: Narr.

Flick, Uwe. 1995. *Qualitative Sozialforschung. Theorie, Methoden, Anwendung in Psychologie und Sozialwissenschaften*. Reinbek: Rowohlt.

Flick, Uwe. 2005. Standards, Kriterien, Strategien. Zur Diskussion über Qualität qualitativer Sozialforschung. *Zeitschrift für Qualitative Bildungs-, Beratungs- und Sozialforschung* 6 (2): 191–210.

Flick, Uwe. 2008. *Triangulation. Eine Einführung*, 2. Aufl. Wiesbaden: VS Verlag.

Foddy, William. 1993. *Constructing questions for interviews and questionnaires. Theory and practices in social research*. Cambridge: Cambridge University Press.

Fontana, Andrea. 2002. Postmodern trends in interviewing. In *Handbook of interview research. Context and method*, Hrsg. Jaber F. Gubrium und James A. Holstein, 161–175. Thousand Oaks: Sage.

Franck, Dorothea. 1996. Kontext und Kotext. In *Sprachphilosophie. Ein internationales Handbuch zeitgenössischer Forschung*, Hrsg. Marcelo Dascal et al., 1323–1336. Berlin: De Gruyter.

Franzmann, Andreas. 2001. Deutungsmuster-Analyse. In *Handbuch Wissenssoziologie und sozialwissenschaftliche Wissensforschung*, Hrsg. Rainer Schützeichel, 191–198. Konstanz: UVK.

Friedrichs, Jürgen. 1973. *Methoden empirischer Sozialforschung*. Opladen: Westdeutscher Verlag.

Früh, Doris. 2000. Online-Forschung im Zeichen des Qualitativen Paradigmas. Methodologische Reflexion und empirische Erfahrungen. *Forum Qualitative Sozialforschung* 1 (3), Art. 35. http://nbn-resolving.de/urn:nbn:de:0114-fqs0003353. Zugegriffen: 9. Mai 2014.

Gans, Herbert J. 1992. Über die positiven Funktionen der unwürdigen Armen. Zur Bedeutung der ‚underclass' in den USA. In *Armut im modernen Wohlfahrtsstaat*, Hrsg. Stephan Leibfried und Wolfgang Voges, 48–61. Wiesbaden: Westdeutscher Verlag.
Garfinkel, Harold. 1967. *Studies in ethnomethodology*. Englewood Cliffs: Prentice-Hall.
Garz, Detlef, Hrsg. 1994. *Die Welt als Text. Theorie, Kritik und Praxis der objektiven Hermeneutik*. Frankfurt a. M.: Suhrkamp.
Geertz, Clifford. 1987. Dichte Beschreibung. Bemerkungen zu einer deutenden Theorie von Kultur. In *Dichte Beschreibung. Beiträge zum Verstehen kultureller Systeme*, Hrsg. Clifford Geertz, 7–43. Frankfurt a. M.: Suhrkamp.
Geremek, Bronislaw. 1991. *Geschichte der Armut. Elend und Barmherzigkeit in Europa*. München: dtv.
Gerhardt, Uta. 1984. Typenrekonstruktion bei Patientenkarrieren. In *Biographie und soziale Wirklichkeit: Neue Beiträge und Forschungsperspektiven*, Hrsg. Martin Kohli und Günther Robert, 53–77. Stuttgart: Metzler.
Gerhardt, Uta. 1986. *Patientenkarrieren*. Frankfurt a. M.: Suhrkamp.
Giddens, Anthony. 1997. *Die Konstitution der Gesellschaft. Grundzüge einer Theorie der Strukturierung*. New York: Campus.
Glantz, Alexander, und Michael Tobias. 2014. Interviewereffekte. In *Handbuch Methoden der empirischen Sozialforschung*, Hrsg. Nina Baur und Jörg Blasius, 313–322. Wiesbaden: Springer VS.
Gläser, Jochen, und Laudel Grit. 2009. *Experteninterviews und qualitative Inhaltsanalyse*, 3. Aufl. Wiesbaden: VS Verlag.
Glaser, Barney G., und Anselm L. Strauss. 1967. *The discovery of grounded theory. Strategies for qualitative research*. Chicago: Aldine.
Gobo, Giampietro. 2004. Sampling, representativeness and generalizability. In *Qualitative research practice*, Hrsg. Clive Seale et al., 405–426. London: Sage.
Goffman, Erving. 1977. *Rahmen-Analyse. Ein Versuch über die Organisation von Alltagserfahrungen*. Frankfurt a. M.: Suhrkamp.
Goffman, Erving. 1981a. *Forms of talk*. Oxford: Basil Blackwell.
Goffman, Erving. 1981b. Replies and responses. In *Forms of talk*, Hrsg. Erving Goffman, 5–77. Oxford: Basil Blackwell.
Goffman, Erving. 1982. *Das Individuum im öffentlichen Austausch. Mikrostudien zur öffentlichen Ordnung*. Frankfurt a. M: Suhrkamp.
Goffman, Erving. 1986. *Interaktionsrituale. Über Verhalten in direkter Kommunikation*. Frankfurt a. M.: Suhrkamp.
Goodwin, Charles, und Alessandro Duranti. 1992. Rethinking context. An introduction. In *Rethinking context. Language as an interactive phenomenon*, Hrsg. Alessandro Duranti und Charles Goodwin, 1–42. Cambridge: Cambridge University Press.
Goody, Esther N. 1978. Towards a theory of questions. In *Questions and politeness*, Hrsg. Esther N. Goody, 17–43. Cambridge: Cambridge University Press.
Graumann, Carl F., Alexandre Métreaux, und Gert Schneider. 1991. Ansätze des Sinnverstehens. In *Handbuch qualitativer Sozialforschung*, Hrsg. Uwe Flick et al., 67–77. München: Psychologie Verlagsunion.
Groenemeyer, Axel. 1999. Armut. In *Handbuch soziale Probleme*, Hrsg. Günter Albrecht et al., 270–318. Opladen: Westdeutscher Verlag.

Guba, Egon G., und Yvonna S. Lincoln. 1998. Competing paradigms in qualitative research. In *The landscape of qualitative research*, Hrsg. Norman K. Denzin und Yvonna S. Lincoln, 195–220. Thousand Oaks: Sage.
Gubrium, Jaber F., und James A. Holstein. 1997. *The new language of qualitative method.* Oxford: Oxford University Press.
Gubrium, Jaber F., und James A. Holstein, Hrsg. 2012. *The Sage handbook of interview research. The complexity of the craft.* Thousand Oaks: Sage.
Gumperz, John J. 1992. Contextualization and understanding. In *Rethinking context. Language as an interactive phenomenon*, Hrsg. Alessandro Duranti und Charles Goodwin, 229–250. Cambridge: Cambridge University Press.
Haller, Michael. 2001. *Das Interview*, 5. Aufl. Konstanz: UVK.
Hammersley, Martyn. 1992. *What's wrong with ethnography?* London: Routledge.
Hammersley, Martyn. 2013. *What is qualitative research?* London: Bloomsbury.
Hammersley, Martyn, und Roger Gomm. 2008. Assessing the radical critique of interviews. In *Questioning qualitative inquiry. Critical essays*, Hrsg. Martyn Hammersley. London: Sage.
Harris, Wendell. 1988. *Interpretive acts: In search of meaning.* Oxford: Clarendon.
Härtel, Ulrich, Ulf Matthiesen, und Hartmut Neuendorff. 1985. Deutungsmuster Arbeit in der Krise? In *Soziologie und gesellschaftliche Entwicklung*, Hrsg. Hans-Werner Franz, 707–709. Opladen: WV.
Heinemann, Wolfgang. 2000. Textsorte – Textmuster – Texttyp. In *Text- und Gesprächsanalyse. Ein internationales Handbuch zeitgenössischer Forschung. 1. Halbband*, Hrsg. Klaus Brinker et al., 507–523. Berlin: De Gruyter.
Heinemann, Margot, und Heinemann Wolfgang. 2002. *Grundlagen der Textlinguistik. Interaktion, Text, Diskurs.* Tübingen: Niemeyer.
Helfferich, Cornelia. 2009. *Die Qualität qualitativer Daten. Manual für die Durchführung qualitativer Interviews.* Wiesbaden: VS Verlag.
Hempel, Carl. 1976. Typologische Methoden in den Sozialwissenschaften. In *Logik der Sozialwissenschaften*, Hrsg. Ernst Topitsch, 85–103. Köln: Kiepenheuer & Witsch.
Henrich, Dieter. 1952. *Die Einheit der Wissenschaftslehre Max Webers.* Tübingen: Mohr.
Heritage, John. 1984. *Garfinkel and ethnomethodology.* Cambridge: Polity Press.
Heritage, John. 2002. Ad Hoc inquiries: Two preferences in the design of routine questions in a open context. In *Standardization and tacit knowledge. Interaction and practice in the survey interview*, Hrsg. Douglas W. Maynard et al., 313–334. New York: Wiley.
Hermanns, Harry. 2000. Interviewen als Tätigkeit. In *Qualitative Forschung. Ein Handbuch*, Hrsg. Uwe Flick, Ernst von Kardorff, und Ines Steinke, 360–368. Reinbek: Rowohlt.
Hester, Stephen, und David Francis. 1994. Doing data: The local organization of a sociological interview. *British Journal of Sociology* 45 (4): 675–695.
Hindelang, Götz. 1980. Zur Klassifikation der Fragenhandlungen. In *Sprache: Verstehen und Handeln. Akten des 15. Linguistischen Kolloquiums Münster 1980*, Hrsg. Hindelang Götz und Werner Zillig, 215–225. Tübingen: Niemeyer.
Hindelang, Götz. 1994. *Einführung in die Sprechakttheorie: Sprechakte, Äußerungsformen, Sprechaktsequenzen.* Tübingen: Niemeyer.

Hindelang, Götz. 1995. Frageklassifikation und Dialoganalyse. In *Der Gebrauch der Sprache: Festschrift für Franz Hundsnurscher zum 60. Geburtstag*, Hrsg. Götz Hindelang, Eckard Rolf, und Werner Zillig, 176–196. Münster: Lit.

Hitzler, Ronald. 1993. Verstehen: Alltagspraxis und wissenschaftliches Programm. In *„Wirklichkeit" im Deutungsprozeß. Verstehen und Methoden in den Kultur- und Sozialwissenschaften*, Hrsg. Thomas Jung und Stefan Müller-Dohm, 223–240. Frankfurt a. M.: Suhrkamp.

Hitzler, Ronald, und Anne Honer, Hrsg. 1997. *Sozialwissenschaftliche Hermeneutik.* Opladen: Leske + Budrich.

Hochschild, Jennifer L. 1981. *What's fair? American beliefs about distributive justice.* Cambridge: Harvard University Press.

Hoffmann-Riem, Christa. 1980. Die Sozialforschung einer interpretativen Soziologie. *Kölner Zeitschrift für Soziologie und Sozialpsychologie* 32:339–372.

Holstein, James A., und Jaber F. Gubrium. 1995. *The active interview.* Sage University Paper Series on Qualitative Research Methods, Bd. 37. Thousand Oaks: Sage.

Holstein, James A., und Jaber F. Gubrium, Hrsg. 2002. *Handbook of interview research. Context and method.* Thousand Oaks: Sage.

Holstein, James A., und Jaber F. Gubrium. 2011. Animating interview narratives. In *Qualitative research*, 3. Aufl, Hrsg. David Silverman, 149–167. London: Sage.

Honegger, Claudia. 1978. Die Hexen der Neuzeit. Analysen zur anderen Seite der okzidentalen Rationalisierung. In *Die Hexen der Neuzeit*, Hrsg. Claudia Honegger, 21–151. Frankfurt a. M: Suhrkamp.

Honegger, Claudia. 2001. Deutungsmusteranalyse reconsidered. In *Materialität des Geistes. Zur Sache Kultur – Im Diskurs mit Ulrich Oevermann*, Hrsg. Roland Burkholz, Christel Gärtner, und Ferdinand Zehentreiter, 107–136. Velbrück: Weilerwist.

Hopf, Christel. 1978. Die Pseudo-Exploration. Überlegungen zur Technik qualitativer Interviews in der Sozialforschung. *Zeitschrift für Soziologie* 7:97–115.

Hopf, Christel. 1988. *Qualitative Interviews in der Sozialforschung. Ein Überblick.* Berlin: Max-Planck-Institut für Bildungsforschung.

Hopf, Christel. 2000. Forschungsethik und qualitative Forschung. In *Qualitative Forschung. Ein Handbuch*, Hrsg. Uwe Flick, Ernst von Kardorff, und Ines Steinke, 589–600. Reinbek: Rowohlt.

Hopf, Christel. 2002. Qualitative Interviews. Ein Überblick. In *Qualitative Forschung Ein Handbuch*, Hrsg. Uwe Flick, Ernst von Kardorff, und Ines Steinke, 349–360. Reinbek: Rowohlt.

Houtkoop-Steenstra, Hanneke. 2000. *Interaction and the standardized survey interview. The living questionnaire.* Cambridge: Cambridge University Press.

Huberman, A. Michael, und Matthew B. Miles. 1998. Data management and analysis methods. In *Collecting and interpreting qualitative materials*, Hrsg. Norman K. Denzin und Yvonna Lincoln, 179–211. Thousand Oaks: Sage.

Hundsnurscher, Franz. 1975. Semantik der Fragen. *Zeitschrift für Germanistische Linguistik* 3:1–14.

Hymes, Dell. 1974. *Foundations in sociolinguistic. An ethnographic approach.* Philadelphia: University of Pennsylvania Press.

Isenberg, Horst. 1978. Probleme der Texttypologie. Variation und Determination von Texttypen. *WZ Leipzig* 27:565–579.

Jahoda, Marie, Paul Felix Lazarsfeld, und Hans Zeisel. 2001. Die Arbeitslosen von Marienthal. Ein soziographischer Versuch über die Wirkungen langandauernder Arbeitslosigkeit. Frankfurt a. M.: Suhrkamp (Erstveröffentlichung 1933)

James, Nalita, und Hugh Busher. 2009. *Online interviewing*. Los Angeles: Sage.

Jones, Rodney. 2004. The Problem of Context in Computer-Mediated Communication. In Philip Le Vine und Ron Scollon (Hrsg.), *Discourse and technology: Multimodal discourse analysis*. Washington, D.C.: Georgetown UP. S. 20–33.

Jung, Thomas, und Stefan Müller-Dohm, Hrsg. 1993. *„Wirklichkeit" im Deutungsprozeß. Verstehen und Methoden in den Kultur- und Sozialwissenschaften*. Frankfurt a. M.: Suhrkamp.

Kallmeyer, Werner, und Fritz Schütze. 1977. Zur Konstitution von Kommunikationsschemata der Sachverhaltsdarstellung. In *Gesprächsanalysen*, Hrsg. Dirk Wegner, 159–274. Hamburg: Buske.

Kassner, Karsten. 2003. Soziale Deutungsmuster – Über aktuelle Ansätze zur Erforschung kollektiver Sinnzusammenhänge. In *Sinnformeln. Linguistische und soziologische Analysen von Leitbildern Metaphern und anderen kollektiven Orientierungsmustern*, Hrsg. Susan Geideck und Wolf-Andreas Liebert, 37–57. Berlin: De Gruyter.

Kelle, Udo. 2002. Computergestützte Analyse qualitativer Daten. In *Qualitative Forschung. Ein Handbuch*, Hrsg. Uwe Flick, Ernst von Kardorff, und Ines Steinke, 485–503. Reinbek: Rowohlt.

Kelle, Udo, und Susann Kluge. 1999. *Vom Einzelfall zum Typus. Fallvergleich und Fallkontrastierung in der qualitativen Sozialforschung*. Opladen: Leske + Budrich.

Kelle, Udo, Susann Kluge, und Gerald Prein. 1993. Strategien der Geltungssicherung in der qualitativen Sozialforschung. Zur Validitätsproblematik im interpretativen Paradigma. Arbeitspapier Nr. 24 des Sonderforschungsbereichs 186, Bremen.

Keller, Reiner. 1997. Diskursanalyse. In *Sozialwissenschaftliche Hermeneutik*, Hrsg. Ronald Hitzler und Anne Honer, 309–333. Opladen: Leske + Budrich.

Keller, Reiner. 2007. Diskurse und Dispositive analysieren. Die Wissenssoziologische Diskursanalyse als Beitrag zu einer wissensanalytischen Profilierung der Diskursforschung. Forum Qualitative Sozialforschung 8 (2), Art. 19. http://nbn-resolving.de/urn:nbn:de:0114-fqs0702198.

Keller, Reiner. 2012. *Das interpretative Paradigma. Eine Einführung*. Wiesbaden: Springer VS.

Keller, Reiner. 2014. Wissenssoziologische Diskursforschung und Deutungsmusteranalyse. In *Wissen, Methode, Geschlecht: Erfassen des fraglos Gegebenen*, Hrsg. Cornelia Behnke, Diana Lengersdorf, und Sylka Scholz, 143–159. Wiesbaden: Springer VS.

Kienpointner, Manfred. 1992. *Alltagslogik. Struktur und Funktion von Argumentationsmustern*. Stuttgart: Frommann-Holzboog.

King, Nigel, und Christine Horrock. 2010. *Interviews in qualitative research*. Los Angeles: Sage.

Kirk, Jerome, und Marc L. Miller. 1986. *Reliability and validity in qualitative research*. Beverly Hills: Sage.

Kleemann, Frank, Uwe Krähnke, und Ingo Matuschek. 2009. *Interpretative Sozialforschung. Eine praxisorientierte Einführung*. Wiesbaden: VS Verlag.

Klein, Josef. 2001. Erklären und Argumentieren als interaktive Gesprächsstrukturen. In *Text- und Gesprächsanalyse. Ein internationales Handbuch zeitgenössischer Forschung*, Bd. 2, Hrsg. Klaus Brinker et al., 1309–1329. Berlin: De Gruyter.

Klinke, Wolfgang. 1975. „Wie heißt die Antwort auf diese Frage?". In *Linguistisches Kolloquium 10*, Hrsg. Heinrich Weber und Harald Weydt, 123–132. Berlin: De Gruyter.

Kluge, Susann. 1999. *Empirisch begründete Typenbildung. Zur Konstruktion von Typen und Typologien in der qualitativen Sozialforschung*. Opladen: Leske + Budrich.
Knoblauch, Hubert. 2005. *Wissenssoziologie*. Konstanz: UVK.
Kohli, Martin. 1978. „Offenes" und „geschlossenes" Interview: Neue Argumente zu einer alten Kontroverse. *Soziale Welt* 29:1–23.
Konderding, Klaus-Peter. 2008. Diskurse, Topik, Deutungsmuster. Zur Komplementarität. Konvergenz und Explikation sprach-, kultur- und sozialwissenschaftlicher Zugänge zur Diskursanalyse auf der Grundlage kollektiven Wissens. In *Methoden der Diskurslinguistik. Sprachwissenschaftliche Zugänge zur transtextuellen Ebene*, Hrsg. Ingo H. Warnke und Jürgen Spitzmüller, 117–150. Berlin: De Gruyter.
Kruse, Jan. 2014. *Qualitative Interviewforschung. Ein integrativer Ansatz*. Weinheim: Beltz.
Kuckartz, Udo. 2010. Typenbildung. In *Handbuch Qualitative Forschung in der Psychologie*, Hrsg. Günter Mey und Katja Mruck, 553–568. Wiesbaden: Springer.
Kunze, Katharina. 2011. *Professionalisierung als biographisches Projekt: Professionelle Deutungsmuster und biographische Ressourcen von Waldorflehrerinnen und – Lehrern*. Wiesbaden: VS Verlag.
Kvale, Steinar. 1995. Validierung. Von der Beobachtung zu Kommunikation und Handeln. In *Handbuch Qualitative Sozialforschung*, Hrsg. Uwe Flick, 427–431. München: Beltz & PVU.
Kvale, Steinar. 2007. *Doing Interviews*. Los Angeles: Sage
Kvale, Steinar, und Svend Brinkmann. 2009. *Interviews. Learning the craft of qualitative research interviewing*, 2. Aufl. Los Angeles: Sage.
Labov, William. 1972. The transformation of experience in narrative syntax. In *Language in the inner city. Studies in the Black English vernacular*, Hrsg. William Labov, 354–396. Philadelphia: University of Philadelphia Press.
Labov, William, und Joshua Waletzky. 1967. Narrative analysis: Oral versions of personal experience. In *Essays on the verbal and visual arts*, Hrsg. June Helms, 12–44. Seattle: University of Washington Press.
Ladanyi, Peter. 1965. Zur logischen Analyse der Fragesätze. *Acta Linguistica Academiae Scientiarum Hungaricae* 15:37–66.
Lamnek, Siegfried. 1988. *Qualitative Sozialforschung, Bd. 1., Methodologie*. München: Psychologie Verlags Union.
Lang, Jürgen. 1993. Frage und Fragehandlung. *Romanistisches Jahrbuch* 44:43–56.
Lather, Patti. 1993. Fertile Obsession: Validity after Poststructuralism. *The Sociological Quarterly* 34 (4): 673–693.
Leibfried, Stephan, und Wolfgang Voges, Hrsg. 1992. *Armut im modernen Wohlfahrtsstaat Sonderheft 32 der Kölner Zeitschrift für Soziologie und Sozialpsychologie*. Opladen: Westdeutscher Verlag.
Lepsius, M. Rainer. 1990. Kulturelle Dimensionen der sozialen Schichtung. In *Interessen, Ideen und Institutionen*, Hrsg. M. Rainer, 96–116. Opladen: WV.
Lewis, John A. 2009. Redefining qualitative methods: Believability in the fifth moment. *International Journal of Qualitative Methods* 8 (2): 1–14.
Lincoln, Yvonna S., und Egon G. Guba. 1985. *Naturalistic inquiry*. London: Sage.
Lucius-Hoene, Gabriele, und Deppermann, Arnulf. 2004. *Rekonstruktion narrativer Identität. Ein Arbeitsbuch zur Analyse narrativer Interviews*. Wiesbaden: Verlag für Sozialwissenschaften.

Lüdemann, Christian. 1992. Deutungsmuster und das Modell rationalen Handelns: Eine Anwendung auf Deutungsmuster männlicher Sexualität. In *Analyse sozialer Deutungsmuster. Beiträge zur empirischen Wissenssoziologie*, Hrsg. Michael Meuser und Reinhold Sackmann, 115–138. Pfaffenweiler: Centaurus.

Lüders, Christian. 1991. Deutungsmusteranalyse. Annäherung an ein risikoreiches Konzept. In *Qualitativ-empirische Sozialforschung: Konzepte, Methoden, Analysen*, Hrsg. Detlef Garz und Klaus Kraimer, 377–408. Opladen: Westdeutscher Verlag.

Lüders, Christian. 2003. Gütekriterien. In *Hauptbegriffe Qualitativer Sozialforschung*, Hrsg. Ralf Bohnsack, Winfried Marotzki, und Michael Meuser, 80–82. Leske + Budrich: Opladen.

Lüders, Christian, und Michael Meuser. 1997. Deutungsmusteranalyse. In *Sozialwissenschaftliche Hermeneutik*, Hrsg. Ronald Hitzler und Anne Honer, 57–79. Opladen: Leske + Budrich.

Madill, Anna, Abbie Jordan, und Caroline Shirley. 2000. Objectivity and reliability in qualitative analysis. Realist, contextualist and radical constructionist epistemologies. *British Journal of Psychology* 91:1–20.

Malinowski, Bronislaw. 1923. The problem of meaning in primitive languages. Anhang. In *The meaning of meaning. A study of the influence of language upon thought and of the science of symbolism*, Hrsg. Charles K. Ogden und Ivor A. Richards, 296–336. New York: Harcourt.

Mangold, Werner. 1973. Gruppendiskussionen. In *Handbuch der empirischen Sozialforschung*, Bd. 2, Hrsg. René König. Stuttgart: Enke.

Mann, Chris, und Fiona Stewart. 2000. *Internet communication and qualitative research online. A handbook for researching online*. London: Sage.

Markova, Hristina. 2017. Neoliberale Hochschulpolitik? Deutungsmuster hochschulpolitischer Eliten am Beispiel der Exzellenzinitiative. In *Kapitalismus als Lebensform. Deutungsmuster, Legitimation und Kritik in der Marktgesellschaft*, Hrsg. Patrick Sachweh und Sascha Münnich, 141–162. Wiesbaden: Springer VS.

Matthiesen, Ulf. 1989. „Bourdieu" und „Konopka". Imaginäres Rendezvous zwischen Habituskonstruktion und Deutungsmusterrekonstruktion. In *Klassenlage, Lebensstil und kulturelle Praxis. Theoretische und empirische Beiträge zur Auseinandersetzung mit Pierre Bourdieus Klassentheorie*, Hrsg. Klaus Eder, 221–229. Frankfurt a. M.: Suhrkamp.

Maxwell, Joseph A. 1992. Understanding and validity in qualitative research. *Harvard Educational Review* 62 (3): 279–300.

Maynard, Douglas W., Hanneke Houtkoop-Steenstra, Nora C. Schaeffer, und Johannes van der Zouwen, Hrsg. 2002. *Standardization as tacit knowledge. Interaction and practice in the survey interview*. New York: Wiley.

Mayntz, Renate. 1985. Über den begrenzten Nutzen methodologischer Regeln in der Sozialforschung. In *Entzauberte Wissenschaft. Zur Relativität und Geltung soziologischer Forschung. Soziale Welt*, Sonderband 300, Hrsg. Wolfgang Bonß und Heinz Hartmann. Göttingen: Otto Schwarz.

Mayring, Philipp. 1983. *Qualitative Inhaltsanalyse. Grundlagen und Techniken*. Weinheim: Beltz.

McHoul, A.W. 1987. Why there are no guaranties for interrogators. *Journal of Pragmatics* 11:455–471.

Mensching, Anja. 2010. „Goldfasan" versus „Kollege vom höheren Dienst". Zur Rekonstruktion gelebter Hierarchiebeziehungen in der Polizei. In *Das Gruppendiskussionsver-*

fahren in der Forschungspraxis, Hrsg. Ralf Bohnsack, Aglaja Przyborski, und Burkhard Schäffer, 153–167. Opladen: B. Budrich.
Merkens, Hans. 1997. Stichproben bei qualitativen Studien. In *Handbuch Qualitative Forschungsmethoden in der Erziehungswissenschaft*, Hrsg. Barbara Friebertshäuser und Annedore Prengel, 97–106. Weinheim: Juventa.
Merton, Robert K., und Patricia L. Kendall. 1979. Das fokussierte interview. In *Qualitative Sozialforschung*, Hrsg. Christel Hopf und Elmar Weingarten, 171–204. Stuttgart: Klett-Cotta.
Metcalfe, Mike. 2005. Generalisation: Learning across epistemologies. Forum qualitative Sozialforschung 6 (1), Art. 17. http://nbn-resolving.de/urn:nbn:de:0114-fqs0501175.
Meulemann, Heiner. 1993. Befragung und Interview über soziale und soziologische Situationen der Informationssuche. *Soziale Welt* 44 (1): 98–119.
Meuser, Michael. 1992. „Das kann doch nicht wahr sein". Positive Diskriminierung und Gerechtigkeit. In *Analyse sozialer Deutungsmuster: Beiträge zur empirischen Wissenssoziologie*, Hrsg. Michael Meuser und Rainer Sackmann, 89–102. Pfaffenweiler: Centaurus.
Meuser, Michael. 2010. *Geschlecht und Männlichkeit. Soziologische Theorie und kulturelle Deutungsmuster*, 3. Aufl. Wiesbaden: VS Verlag.
Meuser, Michael, und Ulrike Nagel. 1991. ExpertInneninterviews – Vielfach erprobt wenig bedacht Ein Beitrag zur qualitativen Methodendiskussion. In *Qualitativ-empirische Sozialforschung. Konzepte, Methoden, Analysen*, Hrsg. Garz Detlef und Kraimer Klaus, 441–471. Opladen: WV.
Meuser, Michael, und Rainer Sackmann. 1992. Zur Einführung: Deutungsmusteransatz und empirische Wissenssoziologie. In *Analyse sozialer Deutungsmuster: Beiträge zur empirischen Wissenssoziologie*, Hrsg. Michael Meuser und Rainer Sackmann, 9–37. Pfaffenweiler: Centaurus.
Mey, Günter. 2000. Erzählungen in qualitativen Interviews: Konzepte, Probleme, soziale Konstruktion. *Sozialer Sinn* 1:135–151.
Mey, Inger. 2001. The CA/CDA controversy. *Journal of Pragmatics* 33:609–615.
Mill, John Stuart. 1843. *A system of logic, ratiocinative and inductive. Being a connected view of the principles of evidence and the methods of scientific investigation*. London: Longmans, Green.
Miller, Gale, und Robert Dingwall, Hrsg. 1997. *Context and method in qualitative research*. London: Sage.
Mishler, Elliot G. 1986. *Research interviewing. Context and narrative*. Cambridge: Harvard University Press.
Mishler, Elliot G. 1990. Validation in inquiry-guided research. The role of exemplars in narrative studies. *Harvard Educational Review* 60 (4): 415–442.
Mishler, Elliot G. 2005. Commentary 3. *Qualitative Research in Psychology* 2 (4): 315–318.
Misoch, Sabina. 2015. *Qualitative interviews*. München: Oldenbourg.
Mommsen, Wolfgang. 1974. „Verstehen" und „Idealtypus". Zur Methodologie einer historischen Sozialwissenschaft. In *Gesellschaft, Politik und Geschichte*, Hrsg. Wolfgang Mommsen und Max Weber. Frankfurt a. M.: Suhrkamp.
Mühlfeld, Claus, Paul Windolf, Norbert Lampert, und Heidi Krüger. 1981. Auswertungsprobleme offener interviews. *Soziale Welt* 32 (3): 325–352.

Müller, Matthias. 2013. Deutungsmusteranalyse in der soziologischen Sozialpolitikforschung. Überlegungen zu einem qualitativen Forschungsansatz. *Zeitschrift für Qualitative Forschung* 14 (2): 295–310.

Müller, Matthias. 2014. Dynamik sozialpolitischer Innovationen. Deutungsmuster zum Bedingungslosen Grundeinkommen. *Zeitschrift für Sozialreform* 60 (3): 295–320.

Murphy, E., R. Dingwall, D. Greatbatch, S. Parker, und P. Watson. 1998. Qualitative research methods in health technology assessment. A review of the literature. *Health Technology Assessment* 2 (16): 1–260.

Nentwig-Gesemann, Iris. 2001. Die Typenbildung der dokumentarischen Methode. In *Die dokumentarische Methode und ihre Forschungspraxis. Grundlagen qualitativer Sozialforschung*, Hrsg. Ralf Bohnsack, Iris Nentwig-Gesemann, und Arnd-Michael Nohl, 275–300. Leske + Budrich: Opladen.

Neuendorff, Hartmut, und Charles Sabel. 1978. Zur relativen Autonomie der Deutungsmuster. In *Materialien aus der soziologischen Forschung. Verhandlungen des 18. Deutschen Soziologentages vom 28. September bis 1. Oktober 1976 in Bielefeld*, Hrsg. Karl-Martin Bolte, 842–863. Darmstadt: Luchterhand.

Nohl, Arnd-Michael. 2013. *Relationale Typenbildung und Mehrebenenvergleich. Neue Wege der dokumentarischen Methode*. Wiesbaden: Springer VS.

Oakley, Ann. 1981. Interviewing women: A contradiction in terms. In *Doing feminist research*, Hrsg. Helen Roberts, 30–61. London: Routledge.

Oevermann, Ulrich. 1973. Zur Analyse der Struktur von sozialen Deutungsmustern (unv. Ms.). [später (2001) in Sozialer Sinn 2001 (1), S. 3–34. abgedruckt].

Oevermann, Ulrich. 1997. Thesen zur Methodik der werkimmanenten Interpretation vom Standpunkt der objektiven Hermeneutik. Vorgelegt zur 4. Arbeitstagung der Arbeitsgemeinschaft objektive Hermeneutik e. V. „Immanenz oder Kontextabhängigkeit? Zur Methodik der Analyse von Werken und ästhetischen Ereignissen" am 26./27. April 1997 in Frankfurt a. M. (Ms.).

Oevermann, Ulrich. 2001. Die Struktur sozialer Deutungsmuster. Versuch einer Aktualisierung. *Sozialer Sinn* 2001 (1): 35–81.

Oevermann, Ulrich. 2002. *Klinische Soziologie auf der Basis der Methodologie der objektiven Hermeneutik – Manifest der objektiv hermeneutischen Sozialforschung*. Frankfurt a. M.: Institut für hermeneutische Sozial- und Kulturforschung.

Oevermann, Ulrich, Tilman Allert, Elisabeth Konau, und Jürgen Krambeck. 1979. Die Methodologie einer „objektiven Hermeneutik" und ihre allgemeine forschungslogische Bedeutung in den Sozialwissenschaften. In *Interpretative Verfahren in den Sozial- und Textwissenschaften*, Hrsg. Hans-Georg Soeffner, 352–434. Stuttgart: Metzlersche Verlagsbuchhandlung.

Onwuegbuzie, Anthony J., und Nancy L. Leech. 2007. Validity and qualitative research: An oxymoron? *Quality & Quantity* 41 (2): 233–249.

Pareto, Vilfredo. 1955. *Allgemeine Soziologie. Ausgewählt und übersetzt von C. Brinkmann*. Tübingen: Mohr (Erstveröffentlichung 1916).

Patton, Michael Quinn. 1990. *Qualitative evaluation and research methods*. Newbury Park: Sage.

Pfister, Bernhard. 1928. *Die Entwicklung zum Idealtypus. Eine methodologische Untersuchung über das Verhältnis von Theorie und Geschichte bei Menger, Schmoller und Max Weber*. Tübingen, Mohr.

Plaß, Christine, und Michael Schetsche. 2001. Grundzüge einer wissenssoziologischen Theorie sozialer Deutungsmuster. *Sozialer Sinn* 3:511–536.

Pohlmann, Markus, Stefan Bär, und Elizângela Valarini. 2014. The analysis of collective mindsets: Introducing a new method of institutional analysis in comparative research. *Revista de Sociologia e Politica* 22 (52): 7–25.

Popitz, Heinrich, Hans-Paul Bahrdt, Ernst-August Jüres, und Hanno Kesting. 1957. *Das Gesellschaftsbild des Arbeiters. Soziologische Untersuchungen in der Hüttenindustrie*. Tübingen: Mohr.

Potter, Jonathan, und Alexa Hepburn. 2005. Qualitative interviews in psychology: Problems and possibilities. *Qualitative Research in Psychology* 2 (4): 281–307.

Przyborski, Aglaja. 2004. *Gesprächsanalyse und dokumentarische Methode. Qualitative Auswertung von Gesprächen, Gruppendiskussionen und anderen Diskursen*. Wiesbaden: VS Verlag.

Przyborski, Aglaja, und Julia Riegler. 2010. Gruppendiskussion und Fokusgruppe. In *Handbuch qualitative Forschung in der Psychologie*, Hrsg. Günter Mey und Katja Mruck, 436–448. Wiesbaden: Springer.

Przyborski, Aglaja, und Monika Wohlrab-Sahr. 2014. *Qualitative Sozialforschung. Ein Arbeitsbuch*, 2. Aufl. München: Oldenbourg.

Quasthoff, Uta. 1979. Eine interaktive Funktion von Erzählungen. In *Interpretative Verfahren in den Sozial- und Textwissenschaften*, Hrsg. Hans-Georg Soeffner, 104–126. Stuttgart: Metzler.

Reichertz, Jo. 1988. Verstehende Soziologie ohne Subjekt? Die objektive Hermeneutik als Metaphysik der Strukturen. *Kölner Zeitschrift für Soziologie und Sozialpsychologie* 40:207–221.

Reichertz, Jo. 1997. Plädoyer für das Ende einer Methodologiedebatte bis zur letzten Konsequenz. In *Beobachtung verstehen, Verstehen beobachten. Perspektiven einer konstruktivistischen Hermeneutik*, Hrsg. Tillman Sutter, 98–132. Opladen: Westdeutscher Verlag.

Reichertz, Jo. 1999. Über das Problem der Gültigkeit von Qualitativer Sozialforschung. In *Hermeneutische Wissenssoziologie. Standpunkte zur Theorie der Interpretation*, Hrsg. Ronald Hitzler, Jo Reichertz, und Norbert Schröer, 319–346. UVK: Konstanz.

Reinders, Heinz. 2005. *Qualitative interviews mit Jugendlichen führen. Ein Leitfaden*. München: Oldenbourg.

Reisigl, Martin, und Ruth Wodak. 2009. The discourse-historical approach (DHA). In *Methods of critical discourse analysis*, Hrsg. Ruth Wodak und Michael Meyer, 87–121. Los Angeles: Sage.

Richardson, Stephen A., Barbara Snell Dohrenwend, und David Klein. 1965. *Interviewing. Its forms and functions*. New York: Basic Books.

Richardson, Stephen A., Barbara Snell Dohrenwend, und David Klein. 1979. Die „Suggestivfrage". Erwartungen und Unterstellungen im interview. In *Qualitative Sozialforschung*, Hrsg. Christel Hopf und Elmar Weingarten, 205–231. Stuttgart: Klett-Cotta (Erstveröffentlichung 1965).

Ricoeur, Paul. 1972. Der Text als Modell: Hermeneutisches Verstehen. In *Verstehende Soziologie*, Hrsg. Walter L. Bühl, 252–283. München: Nymphenburger.

Riemann, Gerhard. 1986. Einige Anmerkungen dazu, wie und unter welchen Bedingungen das Argumentationsschema in biographisch-narrativen Interviews dominant werden kann. In *Sozialstruktur und soziale Typik*, Hrsg. Hans-Georg Soeffner, 112–157. Frankfurt a. M.: Campus.

Rogers, Carl R. 1993. *Die klientenzentrierte Gesprächspsychotherapie*. Frankfurt a. M: Fischer.
Rosenthal, Gabriele. 2008. *Interpretative Sozialforschung. Eine Einführung*, 2. Aufl. Weinheim: Juventa.
Rost-Roth, Martina. 2006. *Nachfragen. Formen und Funktionen äußerungsbezogener Interrogationen*. Berlin: De Gruyter.
Roulston, Kathryn. 2014. *Reflective interviewing. A guide to theory and practice*, 2. Aufl. London: Sage.
Sachweh, Patrick. 2010. *Deutungsmuster sozialer Ungleichheit. Wahrnehmung und Legitimation gesellschaftlicher Privilegierung und Benachteiligung*. Frankfurt a. M.: Campus.
Saldaña, Johnny. 2009. *The coding manual for qualitative researchers*. London: Sage.
Schatzman, Leonard, und Anselm Strauss. 1973. *Field research. Strategies for a natural sociology*. Englewood Cliffs: Prentice Hall.
Scheele, Brigitte, und Norbert Groeben. 1988. *Dialog-Konsens-Methoden zur Rekonstruktion Subjektiver Theorien*. Tübingen: Francke.
Schegloff, Emanuel A. 2002. Survey interviews as talk-in-interaction. In *Standardization as Tacit Knowledge. Interaction and Practice in the Survey Interview*, Hrsg. Douglas W. Maynard et al., 151–157. New York: Wiley.
Schetsche, Michael. 2000. *Wissenssoziologie sozialer Probleme. Grundlegungen einer relativistischen Problemtheorie*. Wiesbaden: Westdeutscher Verlag.
Schetsche, Michael, und Ina Schmied-Knittel. 2013. Deutungsmuster im Diskurs. Zur Möglichkeit der Integration der Deutungsmusteranalyse in die Wissenssoziologische Diskursanalyse. *Zeitschrift für Diskursforschung* 1 (1): 24–45.
Schiek, Daniela. 2014. Das schriftliche Interview in der qualitativen. *Zeitschrift für Soziologie* 43 (5): 379–395.
Schiek, Daniela, und Ullrich Carsten G. Hrsg. 2016. *Qualitative Online-Erhebungen. Voraussetzungen – Möglichkeiten – Grenzen*. Wiesbaden: Springer VS.
Scholz, Antonia. 2012. *Migrationspolitik zwischen moralischem Anspruch und strategischem Kalkül. Der Einfluss politischer Ideen in Deutschland und Frankreich*. Wiesbaden: Springer VS.
Schütz, Alfred. 1993. *Der sinnhafte Aufbau der sozialen Welt*. Frankfurt a. M.: Suhrkamp (Erstveröffentlichung 1932).
Schütz, Alfred, und Thomas Luckmann. 1979. *Strukturen der Lebenswelt*, Bd. 2. Frankfurt a. M.: Suhrkamp.
Schütze, Fritz. 1976a. Zur Hervorlockung und Analyse von Erzählungen thematisch relevanter Geschichten im Rahmen soziologischer Feldforschung – Dargestellt an einem Projekt zur Erforschung kommunaler Machtstrukturen. In *Kommunikative Sozialforschung*, Hrsg. Arbeitsgruppe Bielefelder Soziologen, 159–260. München: Fink.
Schütze, Fritz. 1976b. *Zur soziologischen und linguistischen Analyse von Erzählungen. Internationales Jahrbuch für Wissens- und Religionssoziologie*, Bd. 10. Opladen: Westdeutscher Verlag.
Schütze, Fritz. 1977. *Die Technik des narrativen Interviews in Interaktionsfeldstudien – Dargestellt an einem Projekt zur Erforschung von kommunalen Machtstrukturen*. Universität Bielefeld, Fakultät für Soziologie, Arbeitsberichte und Forschungsmaterialien. Bielefeld, Manuskript Nr. 1.
Schütze, Fritz. 1983. Biographieforschung und narratives Interview. *Neue Praxis* 13:283–293.

Schütze, Fritz. 1987. Das narrative Interview in Interaktionsfeldstudien I. Studienbrief der Fernuniversität Hagen.
Schütze, Yvonne. 1986. *Die gute Mutter. Zur Geschichte des normativen Musters „Mutterliebe"*. Bielefeld: Kleine.
Seale, Clive. 1999. *The quality of qualitative research*. London: Sage.
Searle, John R. 1971. *Sprechakte. Ein sprachphilosophischer Essay*. Frankfurt a. M.: Suhrkamp.
Seidman, Irving. 1998. *Interviewing as qualitative research. A guide for researchers in education and social Sciences*. New York: Teachers College.
Sikora, Jan. 2012. Fragen als Sprechakt (Zur kommunikativen Funktion von Fragen). *Studia Germanica Gedanensia* 27:101–111.
Silverman, David. 1973. Interview talk: Bringing off a research instrument. *Sociology* 7 (1): 31–48.
Silverman, David. 1997. The logics of qualitative research. In *Context and method in qualitative research*, Hrsg. Gale Miller und Robert Dingwall, 12–25. London: Sage.
Soeffner, Hans-Georg. 1989. *Auslegung des Alltags – Der Alltag der Auslegung*. Frankfurt a. M.: Suhrkamp.
Soeffner, Hans-Georg, Hrsg. 1979. *Interpretative Verfahren in den Sozial- und Textwissenschaften*. Stuttgart: Metzler.
Steinke, Ines. 1999. *Kriterien qualitativer Forschung. Ansätze zur Bewertung qualitativ-empirischer Sozialforschung*. Weinheim: Juventa.
Stenvoll, Dag, und Peter Svensson. 2011. Contestable contexts. The transparent anchoring of contextualization in text-as-data. *Qualitative Research* 11 (5): 570–586.
Strauss, Anselm L. 1991. *Grundlagen Qualitativer Sozialforschung*. München: Fink.
Strauss, Anselm L., und Jeanette Corbin. 1990. *Basics of qualitative research*. London: Sage.
Streckeisen, Ursula, Denis Hänzi, und Andrea Hungerbühler. 2007. *Fördern und Auslesen. Deutungsmuster von Lehrpersonen zu einem beruflichen Dilemma*. Wiesbaden: VS Verlag.
Strübing, Jörg. 2008. *Grounded Theory. Zur sozialtheoretischen und epistemologischen Fundierung des Verfahrens der empirisch begründeten Theoriebildung*, 2. Aufl. Wiesbaden: VS.
Strübing, Jörg, Stefan Hirschauer, Ruth Ayaß, Uwe Krähnke, und Thomas Scheffer. 2018. Gütekriterien qualitativer Sozialforschung. Ein Diskussionsanstoß. *Zeitschrift für Soziologie* 47 (2): 83–100.
Talmy, Steven. 2011. The interview as collaborative achievement. Interaction, identity, and ideology in a speech event. *Applied Linguistics* 32 (1): 25–42.
Tashakkori, Abbas, und Charles Teddlie, Hrsg. 2003. *Handbook for mixed methods in social and behavioral research*. Thousand Oaks: Sage.
ten Have, Paul. 2004. *Understanding qualitative research and ethnomethodology*. London: Sage.
ten Have, Paul. 2007. *Doing conversation analysis. A practical guide*, 2. Aufl. London: Sage.
Terhart, Ewald. 1995. Kontrolle von Interpretationen: Validierungsprobleme. In *Bilanz qualitativer Forschung, Bd. I. Grundlagen qualitativer Forschung,*, Hrsg. Eckard König und Peter Zeller, 373–397. Weinheim: Deutscher Studien Verlag.

Thomssen, Wilke. 1980. Deutungsmuster – Eine Kategorie der Analyse gesellschaftlichen Bewußtseins. In *Handbuch zur Soziologie der Weiterbildung*, Hrsg. Ansgar Weymann, 358–373. Darmstadt: Luchterhand.

Ullrich, Carsten G. 1996. Solidarität und Sicherheit. Zur sozialen Akzeptanz der Gesetzlichen Krankenversicherung. *Zeitschrift für Soziologie* 25:171–189.

Ullrich, Carsten G. 1999. Deutungsmusteranalyse und diskursives Interview. *Zeitschrift für Soziologie* 28 (6): 429–447.

Ullrich, Carsten G. 2000. *Solidarität im Sozialversicherungsstaat. Die Akzeptanz des Solidarprinzips in der Gesetzlichen Krankenversicherung*. Frankfurt a. M.: Campus.

Ullrich, Carsten G. 2008. *Die Akzeptanz des Wohlfahrtsstaates. Präferenzen, Konflikte, Deutungsmuster*. Wiesbaden: VS Verlag.

Ullrich, Carsten G., und Daniela Schiek. 2014. Gruppendiskussionen in Internetforen. Zur Methodologie eines neuen qualitativen Erhebungsinstruments. *Kölner Zeitschrift für Soziologie und Sozialpsychologie* 66 (3): 459–474.

van Oorschot, Wim, und Halman Loek. 2000. Blame or fate? Individual or social? An international comparison of popular explanations of poverty. *European Societies* 2:1–28.

Vandeweghe, Willy. 1977. Fragen und ihre Funktionen. Versuch einer Typologie auf pragmatischer Basis. In *Semantik und Pragmatik. Akten des 11. Linguistischen Kolloquiums Aachen 1976*, Bd. 2, Hrsg. Konrad Sprengel et al., 277–286. Tübingen: Niemeyer.

von Kardorff, Ernst. 1995. Qualitative Sozialforschung – Versuch einer Standortbestimmung. In *Handbuch qualitativer Sozialforschung*, Hrsg. Uwe Flick et al., 3–8. München: Psychologie Verlagsunion.

von Unger, Hella. 2014. Forschungsethik in der qualitativen Forschung: Grundsätze, Debatten und offene Fragen. In *Forschungsethik in der qualitativen Forschung. Reflexivität, Perspektiven, Positionen*, Hrsg. Petra Narimani und Rosaline M'Bayo, 15–40. Wiesbaden: Springer VS.

Wagner, Hans. 2008. *Qualitative Methoden in der Kommunikationswissenschaft. Ein Lehr- und Studienbuch. Unter Mitarbeit von Philomen Schönhagen, Ute Nawratil und Heinz Starkulla*. München: Fischer.

Wagner, Klaus R. 2001. *Pragmatik der deutschen Sprache*. Frankfurt a. M.: Lang.

Waldenfels, Bernhard. 1994. *Antwortregister*. Frankfurt a. M.: Suhrkamp.

Walther, Jürgen. 1975. Zu Logik von Frage und Antwort. In *Linguistisches Kolloquium 10*, Hrsg. Heinrich Weber und Harald Weydt, 133–141. Berlin: De Gruyter.

Weber, Max. 1985. *Wirtschaft und Gesellschaft. Grundriß der verstehenden Soziologie*. Tübingen: Mohr (Erstveröffentlichung 1921).

Weber, Max. 1995. *Gesammelte Aufsätze zur Wissenschaftslehre*. Tübingen: Mohr (Erstveröffentlichung 1922).

Weigelt, Linda. 2010. *Berührungen und Schule. Deutungsmuster von Lehrkräften. Eine Studie zum Sportunterricht*. Wiesbaden: VS Verlag.

Wernet, Andreas. 2000. *Einführung in die Interpretationstechnik der Objektiven Hermeneutik*. Opladen: Leske + Budrich.

Whyte, William Foote. 1996. *Die Street Corner Society. Die Sozialstruktur eines Italienerviertels*. Berlin: De Gruyter (Erstveröffentlichung 1943).

Wiedemann, Peter Michael. 1985. Deutungsmusteranalyse. In *Qualitative Forschung in der Psychologie. Grundfragen, Verfahrensweisen, Anwendungsfelder*, Hrsg. Gerd Jüttemann, 212–226. Weinheim: Beltz.

Williams, Malcolm. 2000. Interpretivism and generalisation. *Sociology* 34 (2): 209–224.
Wilson, Thomas P. 1982. Qualitative „oder" quantitative Methoden in der Sozialforschung. *Kölner Zeitschrift für Soziologie und Sozialpsychologie* 34:469–486.
Witzel, Andreas. 1985. Das problemzentrierte Interview. In *Qualitative Forschung in der Psychologie*, Hrsg. Gerd Jüttemann, 227–255. Weinheim: Beltz.
Witzel, Andreas, und Herwig Reiter. 2012. *The problem-centred interview*. London: Sage.
Wolde, Anja. 2007. *Väter im Aufbruch? Deutungsmuster von Väterlichkeit und Männlichkeit im Kontext von Väterinitiativen*. Wiesbaden: VS Verlag.
Wolff, Stephan. 1986. Das Gespräch als Handlungsinstrument. Konversationsanalytische Aspekte sozialer Arbeit. *Kölner Zeitschrift für Soziologie und Sozialpsychologie* 38:55–84.
Wolff, Stephan, und Claudia Puchta. 2007. *Realitäten zur Ansicht. Die Gruppendiskussion als Ort der Datenproduktion*. Stuttgart: Lucius & Lucius.
Wunderlich, Dieter. 1976. *Studien zur Sprechakttheorie*. Frankfurt a. M.: Suhrkamp.
Yang, Young-Sook. 2003. *Aspekte des Fragens. Frageäußerungen, Fragesequenzen, Frageverben*. Berlin: De Gruyter.

Sach- und Personenverzeichnis

A
Active interview, 53, 54
Alvesson, Mats, 50
Arnold, Rolf, 4

B
Barton, Allen H., 151
Becker, Howard S., 151
Berger, Peter L., 4, 38
Biografisches Interview, 20
Bohnsack, Ralf, 20, 22, 53, 141
Bourdieu, Pierre, 10
Briggs, Charles, 62
Brinker, Klaus, 143

D
Denzin, Norman K., 163
Derivation, 16–20, 70
   Definition, 14
Deutungsmuster
   Armut (Beispiel), 6
   Bezugsproblem, 9, 169
   Definition, 3–5
   Eigenschaften, 5, 10, 11, 40
   Theorie sozialer Deutungsmuster, 2, 3
   und Habitus, 10
   wissenssoziologischer Ansatz, 8–10, 38

Deutungsmusteranalyse, 15–17
   Datengewinnung, 41, 44
   Forschungsbeispiele, 24
   Rekonstruktion, 8, 17, 21, 42, 123, 138, 140, 153, 154, 157
Diskursanalyse, 20, 146
Diskursives Interview
   Definition, 38
   Interviewsetting, 56, 108
   Kontextinformation, 65, 111, 112, 143
   methodologische Prämissen, 37
   Verwendung von
      Leitfäden, 60, 82, 104
Durkheim, Emile, 3, 9

E
Esping-Andersen, Gøsta, 149, 153
Eucken, Walter, 147

F
Fix, Ulla, 143
Flick, Uwe, 160
Forschungsethik, 114, 115
   Anonymisierung, 115–117
   Freiwilligkeit der Teilnahme, 115
   informiertes Einverständnis, 116, 117
   Schadensvermeidung, 115, 117

Frage, 54, 56–61, 63, 64, 66, 85, 89, 93, 94, 99–101, 105
Form, 58, 59
Suggestivfrage, 62, 96–100
Unterstellung, 68, 98
Wirkung, 52, 57, 59, 60, 62–65, 67, 88, 97, 99–101

Vergleichskriterien, 129, 131, 137
Vergleichsstrategien, 129, 131
Interview, radikale Kritik, 46, 61
Interviewereffekt, 102
Interviewkontext, 43
Interviewmethodologie, 48, 49, 63, 144
Interviewsituation, 43, 44, 49, 57, 59, 61, 89, 91, 92, 102

G

Garz, Detlef, 143
Gerhardt, Uta, 151, 157
Gesprächssituation, natürliche, 93
Glaser, Barney G., 23, 76, 77, 80, 128, 167
Gläser, Jochen, 97
Glaubwürdigkeit, 133, 159–161, 163, 166–168, 171
Goffman, Erving, 56, 57, 64
Groeben, Norbert, 91
Grounded Theory, 23, 76, 128, 155
  Methodology, 21, 23, 127, 128, 134, 136
Grundform des Interpretierens, 125, 126
Gruppendiskussion, 20, 53
Guba, Egon G., 80, 163
Gubrium, Jaber F., 50, 53, 54
Gumperz, John J., 56
Gütekriterium, 159, 161–163, 165, 166, 168

H

Halbstrukturiertes Interview, 91
Hammersley, Martyn, 61
Helfferich, Cornelia, 97, 105
Heritage, John, 143
Hermeneutik, objektive, 4, 22, 141
Holstein, James A., 50, 53, 54
Honegger, Claudia, 149
Hopf, Christel, 60, 97, 105, 115
Hypothesengewinnung, 161

I

Idealtypus, 146
Interpretation, kontrastierende, 23, 41, 119, 123, 126, 128, 130–134, 137

J

Joint construction, 49, 51, 52, 61

K

Kardorff, Ernst von, 44
Kelle, Udo, 133, 151
Keller, Reiner, 4
Kluge, Susann, 133, 151
Kodierung, 127, 129, 130, 134–137, 139, 162, 170
  problematische, 136
Kohli, Martin, 49, 141
Konstruktivismus, 9, 38, 61
Kontext, 125, 140–146
Kontextart, 119, 142, 143
Kontextualisierung, 92, 112, 140, 143–145, 162
Kontrastierung s. Interpretation, kontrastierende
Konversationsanalyse, 43, 45, 49, 50, 64, 65
Konversationsanalytisch
  s. Konversationsanalyse
Kruse, Jan, 97

L

Laudel, Grit, 97
Lazarsfeld, Paul Felix, 151
Leitfaden, 82, 84, 86, 88, 104–106
  Fragefehler, 98, 100
  Fragetypen, 81, 86, 89
Leitfadenbürokratie, 60, 105, 107
Leitfadenkonstruktion, 60, 87, 88, 103

Leitfadeninterview, 20, 81, 82, 84, 85, 88, 101, 130
Gesprächsorganisation, 64, 88
Lincoln, Yvonna S., 80, 163
Luckmann, Thomas, 4, 38, 39
Lüders, Christian, 4

Gatekeeper, 78, 79
Schneeballverfahren, 78, 79
Selbstselektion, 78, 79
Reliabilität, 159, 162
Repräsentation, typologische, 167
Richardson, Stephen A., 60, 62, 97

M
Malinowski, Bronislaw, 140
Mangold, Werner, 53
Mayring, Philipp, 23
Methode, dokumentarische, 22
Meuser, Michael, 4
Mishler, Elliot G., 47, 50, 164
Müller, Matthias, 4

N
Narrationsanalyse, 22, 61, 66
Narratives Interview, 20, 47, 61

O
Oevermann, Ulrich, 4, 5, 9–11, 22, 141

P
Pareto, Vilfredo, 14
Peer examination, 165
Plaß, Christine, 4
Potter, Jonathan, 61
Problemzentriertes Interview, 20, 60, 61, 91
Przyborski, Aglaja, 152

Q
Qualitätssicherung, 151, 159, 160, 168, 170

R
Reichertz, Jo, 159
Reichweite, 127, 166–171
Reinders, Heinz, 97
Rekrutierung, 77–79

S
Sackmann, Rainer, 4
Sampling, 42, 71–77, 80, 154
   Samplegröße, 80
   selective sampling, 76, 80, 129
   theoretical sampling, 76, 77, 80, 129, 134, 167, 170
Scheele, Brigitte, 91
Schetsche, Michael, 4
Schütz, Alfred, 4, 38, 56
Schütze, Fritz, 22, 44, 47, 61, 66
Schütze, Yvonne, 149
Sequenzanalyse, 22, 23, 125, 127, 152
Sequenzanalytisch s. Sequenzanalyse
Sinnzusammenhang, natürlicher, 129
Soeffner, Hans-Georg, 143
Stenvoll, Dag, 145
Strauss, Anselm L., 23, 76, 77, 80, 128, 136, 167
Svensson, Peter, 145

T
Talmy, Steven, 50
Textsorte, 40, 61, 63–66, 69, 70, 89, 94, 100
Textsortenelement, 69, 99, 100
Transkription, 112, 120–122
Triangulation, 163, 171
Typ
   Idealtypen, 146–150, 152, 153, 155–157, 169
   Realtypen, 137, 147–150, 152–154, 156, 157
   Realtypenset, 147, 148
Typus, 146, 157
Typologie, 17, 119, 133, 146, 148–155, 157, 167, 169
   vs. Klassifikation, 150, 153

U
Unger, Hella von, 115

V
Validierung, kommunikative, 163, 164
Validität, 50, 103, 159, 162
 ökologische, 43
Verallgemeinerbarkeit, 159, 160, 166–169

W
Weber, Max, 147–149, 153, 157
Witzel, Andreas, 61, 91
Wohlrab-Sahr, Monika, 152
Wolff, Stephan, 144

The manufacturer's authorised representative in the EU is Springer Nature Customer Service Centre GmbH, Europaplatz 3, 69115 Heidelberg, Germany. If you have any concerns regarding our products, please contact ProductSafety@springernature.com

Printed and bound by CPI Group (UK) Ltd, Croydon, CR0 4YY

23/03/2026

02076744-0003